校企合作电子商务专业精品教材

电子商务基础与实务

主审　卢海涛

主编　庄小将　吴鸭珠　吴建中

内容提要

本书根据时代特点和企业岗位需求，从实际应用出发，全面、系统地介绍了电子商务的基础知识。本书共分 10 个项目，内容涵盖电子商务基础、电子商务技术基础、电子商务传统模式、O2O 和新零售、网络营销、网络店铺运营、电子支付与安全、电子商务物流、移动电子商务、跨境电子商务。

本书紧跟时代，贴近岗位需求，内容翔实，突出应用，可作为高职院校电子商务、市场营销等相关专业的教材，也可供电子商务相关从业人员参考使用。

图书在版编目（CIP）数据

电子商务基础与实务 / 庄小将，吴鸭珠，吴建中主编. -- 上海 : 上海交通大学出版社，2023.4（2024.5 重印）

ISBN 978-7-313-27986-6

Ⅰ. ①电… Ⅱ. ①庄… ②吴… ③吴… Ⅲ. ①电子商务－高等职业教育－教材 Ⅳ. ①F713.36

中国版本图书馆 CIP 数据核字(2022)第 222388 号

电子商务基础与实务

DIANZI SHANGWU JICHU YU SHIWU

主　　编：庄小将　吴鸭珠　吴建中

出版发行：上海交通大学出版社　　地　　址：上海市番禺路 951 号

邮政编码：200030　　电　　话：021-64071208

印　　制：北京鑫益晖印刷有限公司　　经　　销：全国新华书店

开　　本：787 mm×1092 mm　1/16　　印　　张：15.75

字　　数：364 千字

版　　次：2023 年 4 月第 1 版　　印　　次：2024 年 5 月第 2 次印刷

书　　号：ISBN　978-7-313-27986-6

定　　价：49.80 元

本书编委会

主　审　卢海涛

主　编　庄小将　吴鸭珠　吴建中

副主编　徐燕婷　杨　琪　张　怡

于永芳　孙大兵

前言

PREFACE

迅猛发展的电子商务给社会、经济、生活带来了深远而巨大的影响。从传统电商，到移动电商，再到新零售，消费者的购物体验进一步提升；从网络广告，到微信营销，再到直播电商，企业营销的媒介更加丰富多样；从信息化，到数字化，再到智慧化，电子商务信息系统的科技含量越来越高；从在线购物，到在线娱乐、在线社交，再到在线生活服务、在线教育、在线办公，电子商务涉及的行业领域越来越广……

在这种形势下，电子商务人才需求激增。为了满足企业需求，很多学校都设置了电子商务专业，并开设了"电子商务"课程，目的是帮助学生快速构建电子商务专业知识体系，掌握电子商务专业基本技能，为后续深入学习更多电子商务知识打下良好基础。

为了满足学校对高质量电子商务教材的迫切需求，编者广泛听取了专家的建议，并结合职业教育特点和职教改革要求，精心策划和编写了本书。

整体而言，本书具有以下特点。

01 立德树人，润物无声

党的二十大报告指出："育人的根本在于立德。"本书有机融入党的二十大精神，积极践行"立德树人"的教育理念，以培养学生正确的世界观、人生观和价值观为己任，设置了"素养之窗"特色模块，传承中华优秀传统文化，弘扬科技强国、创新创业、工匠精神、绿色环保等主旋律，厚植爱党、爱国、爱社会主义情怀，使学生专业知识、实践能力和综合素养同步提升，以期对学生起到"润物细无声"的教育效果。

02 校企合作，职业引领

本书结合企业对电子商务相关人才的实际要求，通过任务实施及项目实训将知识重心落在职业需求和岗位的实际应用上，从而培养学生的科学思维方式、创新能力和职业素养，帮助学生实现从校园到企业的平稳过渡和从职业水平到岗位要求的无缝对接。

03 全新形态，全新理念

本书融入“项目式”教学理念，采取任务驱动式的体例结构，每个任务以微课视频的方式导入，同时设有任务实施模块，形式活泼，内容新颖，大大增强了本书的趣味性和应用性，真正做到以学生为中心，在激发学生学习兴趣的同时，引导学生“在做中学，在学中做”，确保他们更加主动、顺利地进入精彩的电子商务世界。

本书遵循“必需、够用、兼顾发展”的原则，根据电子商务的学科特点构建知识体系，内容系统全面，又精简实用，微课拓展知识丰富，体现融媒体式教材特色。同时，本书融入了当前电子商务的新理论、新知识、新方法、新案例，内容具有较强的前瞻性。

此外，本书根据需要安排了多种非常有特色的小栏目，包括“提示”“知识拓展”“课堂讨论”等，这些小栏目不仅能加强学生对知识点的理解，丰富学生的知识面，还能丰富教师的教学手段，活跃课堂气氛。

04 数字资源，丰富多彩

本书配有丰富的数字资源，学生可以借助手机或其他移动设备扫描二维码观看相关内容的微课视频，以便更好地理解和掌握本书内容。此外，本书还配有课件、教案、素材与实例、习题答案等配套教学资源，学生可以登录文旌综合教育平台“文旌课堂”（www.wenjingketang.com）查看和下载。如果学生在学习过程中有什么疑问，也可登录该网站寻求帮助。

此外，本书还提供了在线题库，支持“教学作业，一键发布”，教师只需通过微信或“文旌课堂”App 扫描扉页二维码，即可迅速选题、一键发布、智能批改，查看学生的作业分析报告，提高教学效率，提升教学体验。学生可在线完成作业，并巩固所学知识，提高学习效率。

本书在编写过程中，参考了大量的资料。由于部分资料来自网络，我们未能确认出处，也暂时无法联系到原作者。对此，我们深表歉意，并欢迎原作者随时与我们联系，我们将按规定支付酬劳。

由于编者水平有限，书中存在的不妥之处，恳请各位读者批评指正。

目录
CONTENTS

项目一

电子商务基础

项目导读

电子商务是现代商务活动的重要组成部分，代表着未来商务的发展方向。它不仅改变了人们的购物方式，还带来了一场技术与社会革命，其影响已远远超过商务本身。我国电子商务已深度融入生产生活各领域，在经济社会数字化转型方面发挥着举足轻重的作用。因此，我们要掌握电子商务知识，成为电子商务需要的新时代人才。

知识目标

- 了解电子商务的定义、特点、分类及电子商务的实现。
- 了解互联网发展和应用现状及电子商务发展现状和趋势。
- 了解电子商务涉及的法律问题和现行电子商务法律法规。

能力目标

- 能够更好地理解电子商务的分类。
- 能够使用各种网络工具进行网上信息检索。
- 能够分析电子商务发展中存在的法律问题。

素养目标

- 培养创业创新意识，提高创业创新能力。
- 树立消费者权益保护意识，学会用法律武器维护自身合法权益。

任务一 初识电子商务

任务导入

扫码观看微课视频“苏宁易购电子商务模式的探索”，然后结合你对电子商务的理解说一说什么是电子商务，以及电子商务给你的生活带来了哪些便利。

苏宁易购电子商务模式的探索

一、什么是电子商务

电子商务是20世纪90年代末才出现的新生事物。由于出现的时间较短，再加上这是一个发展极为迅速的领域，业界对电子商务的认识还有待于在实践中进一步发展和完善。因此，目前还没有统一的定义。

纵观电子商务的各种定义，它们的区别主要体现在对电子和商务这两个词的外延和范围的界定上。

（一）电子的界定

电子即电子技术，这是一个覆盖范围极广的领域。无疑，电子技术是现代高新技术的核心，而现代电子技术的核心又是计算机技术和通信技术。计算机网络是计算机技术和通信技术结合的产物，Internet（因特网）则是计算机网络技术中最为重要的应用。可以说，自20世纪90年代中期以来，Internet是整个电子技术乃至整个高新技术中发展最快的领域之一。

由于Internet在整个电子技术中的特殊地位，在对电子商务定义的理解中，一般人认为“电子”指的就是Internet。当然，也有人认为电子商务中的“电子”是以Internet为主要工具，同时也包括了其他计算机网络、通信设备（如电话、传真）等电子手段。甚至还有人认为，电子商务中的“电子”就是现代高新技术，商务活动中使用到的高新技术手段都可以包括在“电子”一词中。

（二）商务的界定

有学者认为，商务是将社会资源转换为产品和服务，并以盈利为目的的向消费者进行销售的有组织的活动。社会资源包括：自然资源、资本、劳动力和企业家等。在这一定义中，商务的核心是销售活动。同一般的销售活动相比，商务活动的规模较大，具有严格的商业协议，并受到相应的法律法规的保护，是一种有组织的活动。

商务也有广义和狭义之分。广义的商务是指一切与买卖商品和服务相关的商业事务。狭义的商务仅指销售商品和服务的活动。

（三）电子商务的界定

正是由于有了对“电子”和“商务”的不同理解，电子商务也有广义和狭义之分。

电子商务定义的不同理解

广义的电子商务（electronic business, EB）是指通过电子方式（包括电话、广播、电视、传真、计算机网络、移动通信等）进行的各种商务活动。狭义的电子商务（electronic commerce, EC）是指人们在互联网上开展的交易活动。两者的区别是：在电子技术的应用方面，EB 比 EC 包含的范围广；在商务活动的涵盖内容方面，EB 比 EC 包含的内容多，EB 不仅包括商业领域，还包括政务、金融、出版、服务、教育、医疗等领域。

二、电子商务的特点

当前，电子商务已成为市场经济商务运行的主要模式之一，通过采用最新的互联网技术创新成果，使其具有许多区别于传统商务活动的明显特征。

（一）高效性

电子商务活动中，无论是买卖双方的信息交换，还是企业内部的信息传递，都可以通过 Internet 高速地实现。这极大地提高了商务活动的交易速度和运作效率。此外，网上店铺能够在无人值守的情况下运行，使得电子商务能够尽可能地摆脱时间的限制，为消费者提供一周 7 天、一天 24 小时的购物服务。

（二）全球化

在 Internet 中，计算机与计算机之间、客户机与服务器之间能够方便地实现信息的双向传输，从而实现信息的快速交换。正是有了这种交互性，使得商务活动能够在不同地点的不同人之间非面对面地进行，这就是电子商务的虚拟性，它将传统商务的实体市场的地域性改为网上虚拟环境的全球性。也就是说，电子商务市场是商业全球化的市场。

（三）数字化

电子商务活动中的各种信息都能以数字形式采集、存储、处理和传输，这使得现代商务活动朝着“无纸”商务、信息商务、快速商务的方向发展。例如，电子商务活动中的资金支付，大多都是在网络环境上进行的，通过传递支付指令信息来实现网络的数字化资金转移支付。

（四）个性化

由于计算机技术的发展，数据挖掘技术的实现，企业可以通过客户画像，有效识别目标客户，捕捉客户需求，从而为其提供个性化的服务。这种满足客户个性化需求的特点，只有在技术进步的今天才能在电子商务模式下得以实现，这也是电子商务的新特点。

（五）低成本

在网络环境下，电子商务减少了交易过程中的很多中间环节，节约了交易成本。因此，它具有低成本渗透到各个过程环节中的特点，从经济上实现更高的价值增值，从而成为企业或个人普遍采用的一种商务模式。

素养之窗

近年来，在国家政策的大力扶持下，我国电子商务迅速发展。电子商务为创业创新提供了广阔的平台和发展空间，电商创业已成为“大众创业、万众创新”时代背景下的热门选择。因此，当代大学生须培养创业创新意识，提高创业创新能力。大家可以参加中国国际“互联网+”大学生创新创业大赛等相关赛事，在实践中锻炼自身的能力。

电子商务相关竞赛专栏

三、电子商务的分类

电子商务其他分类角度

电子商务的应用非常广泛，按不同的角度可以将其分为不同的类型。按照交易主体分类，电子商务可以主要分为以下几种类型。

（1）B2B（business to business）电子商务，是指企业对企业（或商家对商家）的电子商务，交易双方都是企业（或商家）。企业（或商家）可以通过 Internet 寻找最佳合作伙伴，完成从订购到结算的全部交易行为，包括向供应商订货、签约、支付，以及解决在商贸过程中发生的其他问题，如索赔、商品发送管理和物流跟踪等。B2B 电子商务具有交易金额大、交易操作规范、交易过程复杂和交易对象广泛等特点，现已成为电子商务的主流模式之一，其市场蕴藏着巨大的商机。

（2）B2C（business to customer）电子商务，是指企业对用户的电子商务。这是用户利用 Internet 直接参与经济活动的形式，类似于电子零售商务。目前，在 Internet 上有各种类型的网上店铺，提供各种商品和服务的交易。通过网上店铺买卖的商品可以是实体化的，如书籍、鲜花、服装、食品、汽车、电视等；也可以是数字化的，如新闻、音乐、电影、软件等。除一般的商品交易外，网上店铺还可以提供各类在线服务，如在线旅游、在线医疗、在线教育等。

知识拓展

O2O（online to offline）电子商务是在B2C电子商务基础上创新发展起来的，是一种打通线上线下交易渠道的新型电子商务模式，它让互联网成为线下交易的“前台”，实现了线上购买、线下服务。目前，与我们日常生活密切相关的O2O电子商务应用主要有网上订票、外卖订餐、交通出行等。

（3）C2C（customer to customer）电子商务，是指用户对用户的电子商务。这种电子商务模式的典型应用是网络拍卖和网上交易。例如，eBay是全球最早的C2C电子商务平台，其典型应用是为买卖双方搭建拍卖平台。目前，典型的C2C电子商务平台有淘宝、闲鱼等。

案例阅读

淘　宝

2003年5月10日，淘宝成立，淘宝首页如图1-1所示。同年10月推出第三方支付工具“支付宝”，以“担保交易模式”使消费者对淘宝上的交易产生信任。2004年，推出“淘宝旺旺”，将即时聊天工具和网络购物联系起来。

图1-1　淘宝首页

2005年5月，淘宝超越日本雅虎，成为亚洲最大的网络购物平台。同年，淘宝成交额突破80亿元，超越沃尔玛。2006年，淘宝第一次在我国实现了一个可能——互联网不仅仅是作为一个应用工具存在，它将最终构成生活的基本要素，据官方数据显示，当时每天有近 900 万人在淘宝“逛街”。

2008 年，淘宝 B2C 新平台淘宝商城（天猫前身）上线。2010 年 1 月 1 日淘宝发布全新首页，此后聚划算上线，然后又推出一淘。2011 年 6 月 16 日，阿里巴巴集团旗下淘宝分拆为 3 个独立的公司，即沿袭原 C2C 业务的淘宝（taobao），平台型 B2C 电子商务服务商淘宝商城（tmall）和一站式购物搜索引擎一淘（etao）。2012 年 1 月 11 日，淘宝商城正式宣布更名为“天猫”。

近几年，淘宝通过在消费内容赛道的投资，已打造出逛逛和淘宝直播两大内容中心场。逛逛作为前端种草的产品，2020 年底上线至今月活跃用户数已突破 2.5 亿，日活跃用户数超 5 000 万。淘宝直播吸引了超 6 亿消费者“边看边买”，在直播渠道帮品牌积累了 1.2 亿会员，帮 4 000 多个新品牌实现了 500%的增长，为超过 300 万商家品牌提供了服务。

2022 年 1 月 6 日，阿里巴巴宣布原淘宝天猫业务的新组织架构，其中最大的调整来自淘宝、天猫。在坚持淘宝、天猫双品牌运营的基础上，新设立产业运营及发展中心、平台策略中心、用户运营及发展中心。

阿里巴巴方面亦表示新设三大中心，意味着阿里巴巴电商最核心的淘宝、天猫两大业务在后台实现全面融合。此轮调整后，大淘宝将形成统一的平台机制，确保消费者的购物体验更简单顺畅，中小商家的发展和成长更具确定性。

截至 2022 年 5 月 20 日，作为最大的消费人口聚集平台，淘宝天猫平台上有近 9 亿规模的年度活跃消费者（annual active consumer, AAC）。淘宝天猫商家数总数量超 1 000 万，交易额破亿商家达 1 163 个，且保持年增速 50%以上；平台交易额在 7 万亿基础上实现大规模增长。

（资料来源：https://baike.baidu.com/item/%E6%B7%98%E5%AE%9D%E7%BD%91/112187?fromtitle=%E6%B7%98%E5%AE%9D&fromid=145661&fr=aladdin，有改动）

（4）C2B（consumer to business）电子商务，即用户对企业的电子商务。C2B 电子商务是由用户先提出需求，然后生产企业或商贸企业按需组织生产、提供货源的电子商务模式。C2B 电子商务模式下，用户可根据自身需求定制商品，或主动参与商品设计、生产和定价，彰显了用户的个性化需求。

案例阅读

海尔的 C2B 电子商务模式

海尔诞生于 1984 年，是知名的家电品牌。自成立以来，海尔始终坚持以消费者为中心的发展理念。2000 年，海尔为实施电子商务进行了重组，投资建立了电子商务有限公司，启动了B2B和B2C电子商务工程。

2012年，海尔与天猫携手发起了“网络定制液晶电视”活动，给出6项指标让消费者自行选择，开始试水消费者个性化定制，创下了“两天内出售万台电视”的记录，为其C2B电子商务模式的应用拉开了序幕。2013年9月，海尔与聚划算进行合作，以团购的方式销售3款定制彩电，4小时内5 000台彩电全部售罄；2014年3月，海尔又推出了15款定制商品，最终售出16 000多台彩电。这些数据证明了海尔C2B电子商务模式非常受消费者青睐，也进一步坚定了海尔以满足消费者需求为中心的发展理念。

随着“互联网+”计划的实行，大数据、云计算等新技术的应用，制造企业的发展理论转变为以消费者为核心、以消费者需求为导向，海尔实施的C2B电子商务模式，更能得到消费者的认可，可以在激烈的市场竞争中突显一定的竞争优势。另外，为了更好地满足消费者的个性化需求，海尔还创建了智能制造平台和智慧生活体验馆，通过这些平台可以为消费者提供更好的服务。海尔官网如图1-2所示。

图1-2 海尔官网首页

（资料来源：http://house.enorth.com.cn/system/2013/03/14/010742945.shtml，有改动）

（5）G2B（government to business）电子政务涵盖了政府对企业的各项事务，包括政府采购、税收、商检等。G2B电子政务的主要应用领域是政府采购交易和企业缴税。一方面，政府作为消费者通过G2B电子政务向企业采购商品时，需要通过互联网发布采购清单，增加了政府采购的透明度；另一方面，网上纳税的普及，简化了办事流程，为企业提供了方便。G2B 电子政务的网上平台主要有中国政府采购网（见图 1-3）和提供网上纳税服务的各地税务局官网。

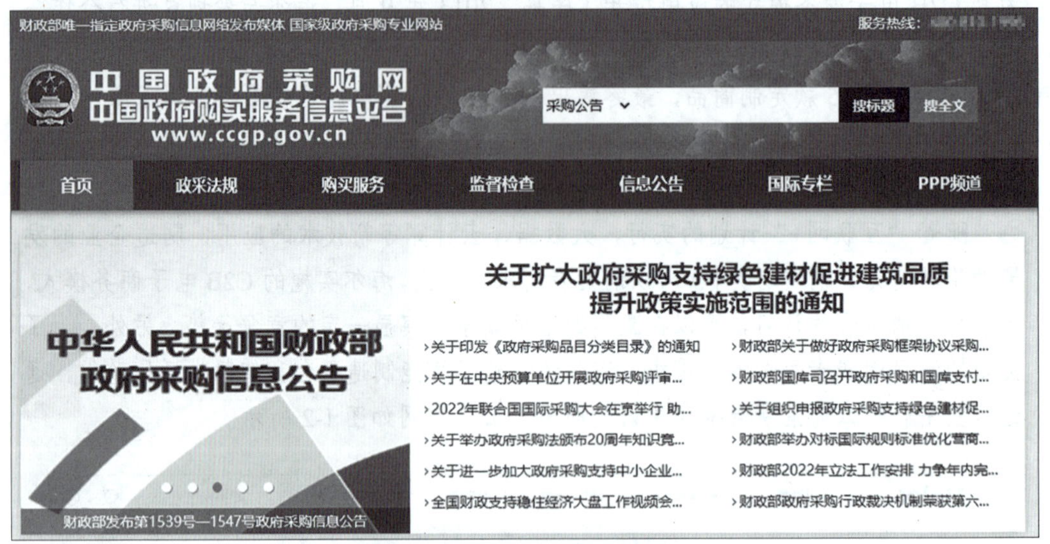

图 1-3　中国政府采购网首页

四、电子商务的实现

电子商务实质上是每个交易主体通过电子市场完成的交易事务，而任何一笔交易事务的实现都离不开信息流、资金流和物流。信息流和资金流传递的快捷性和物流运送的差异性决定了电子商务三流整合的方式，也决定了电子商务实际运作中是否可行和高效的关键。因此，从三流整合的角度去研究电子商务，是电子商务发展模式研究的基础，也是电子商务实现的关键。

（一）信息流

信息流主要指商务信息的传输过程。按商务信息的内容划分，信息流可以分为商流信息流、物流信息流、资金信息流。商流信息流主要包括商品信息、供求信息、市场信息等；物流信息流主要包括商品库存信息、商品运输动态等；资金信息流主要包括付款信息、到账信息等。

（二）资金流

资金流主要指资金的转移过程。在商品交易过程中，资金转移过程的起点是消费者，终点是商家。在非现钞交易的情况下，中间还会经过银行等金融机构。在电子商务交易中，消费者对订单的支付过程是在互联网上完成的，而实际的款项结算则是由银行在金融专用网络上完成的。

（三）物流

物流主要指商品在空间和时间上的位移过程。在电子商务交易中，物流只有在无形商品交易中可以直接通过网络传输的方式配送商品（或服务），如各种电子出版物、信息咨询服务、付费软件等。而对于大多数有形商品交易而言，商品的转移仍要经过传统的物流方式实现。

在电子商务活动中，要强调“三流”的整合。其中，物流是物质基础，信息流是桥梁和载体，资金流是目的。而在电子商务中，除了物流以外，信息流和资金流都可以通过计算机和网络实现。因此，电子商务的实现，需要互联网企业和传统企业的密切合作，搭建电子商务平台，构建安全的网络支付环境，提供完善的物流配送支持。

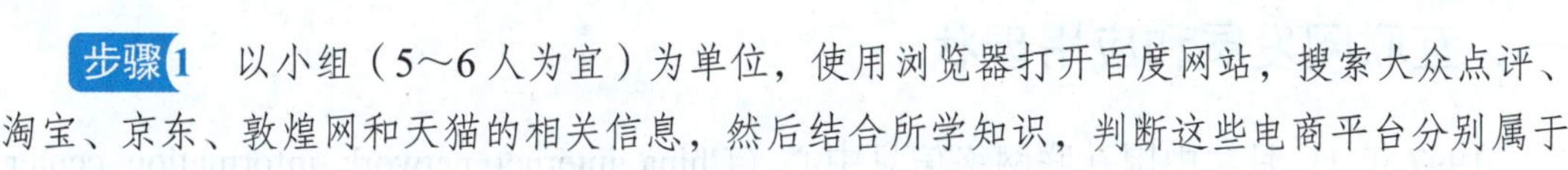

任务实施 “电商平台连连看”小游戏

步骤1 以小组（5～6人为宜）为单位，使用浏览器打开百度网站，搜索大众点评、淘宝、京东、敦煌网和天猫的相关信息，然后结合所学知识，判断这些电商平台分别属于什么类型，并比较不同电商平台类型的优缺点。

步骤2 得出结论后，使用直线将下方的各电商平台LOGO与其对应的电子商务类型连接起来，如图1-4所示。

图1-4 电商平台连连看

步骤3 各小组推选一名组长，轮流上台阐述答案并进行说明，最后由老师综合点评。

任务二 了解电子商务的发展

任务导入

扫码观看微课视频“我国电子商务的发展”，然后结合你对各种电子商务新业态的理解说一说你认为电子商务未来发展的新格局是什么样的。

扫一扫

我国电子商务的发展

一、互联网发展和应用现状

1997 年 11 月，中国互联网络信息中心（China internet network information center，CNNIC）发布了第 1 次《中国互联网络发展状况统计报告》（以下简称《报告》）。该《报告》显示，我国网民规模仅为 62 万，基本使用电话线拨号接入互联网。此后的 8 年间，宽带上网逐渐兴起，网民增长成为我国互联网快速发展的重要印证。2005 年 6 月，我国网民规模突破 1 亿；2008 年 6 月，网民规模达 2.53 亿，首次位居世界第一。

2022 年 8 月 31 日，CNNIC 发布第 50 次《报告》。该《报告》显示，截至 2022 年 6 月，我国互联网发展和应用状况的数据情况如表 1-1 所示。

表 1-1　截至 2022 年 6 月我国互联网发展和应用状况

类　别	指标名称	数据情况
总规模	网民规模（亿）	10.51
	互联网普及率（%）	74.4
在线应用方面	在线办公用户规模（亿）	4.61
	在线旅行预订用户规模（亿）	3.33
	在线医疗用户规模（亿）	3.00
即时通信等应用方面	即时通信用户规模（亿）	10.27
	网络视频用户规模（亿）	9.95
	短视频用户规模（亿）	9.62

二、电子商务发展现状和趋势

（一）电子商务发展现状

近年来，随着新技术应用日益深入，电子商务新业态层出不穷，并已成为经济增长的新亮点。我国电子商务显示出了强劲的韧性，成为构建以国内大循环为主体、国内国际双循环相互促进的新发展格局的重要力量。

1. 网络零售额连续 9 年全球第一

国家统计局数据显示，2021 年，我国电子商务交易额达 42.3 万亿元，同比增长 19.6%，其中商品类交易额约为 31.3 万亿元，服务类交易额约为 11 万亿元；全国网上零售额约为 13.09 万亿元，同比增长 14.1%。自 2013 年起，我国已连续 9 年成为全球最大的网络零售市场。

2. 农村电商助力乡村振兴

农村电商新基建不断完善，规模稳步提升，有效助力乡村振兴。商务大数据监测显示，2021 年全国农村网络零售额达 2.05 万亿元，同比增长 11.3%；全国农产品网络零售额达 4 221 亿元，同比增长 2.8%。

3. 跨境电商成为稳外贸的重要力量

近年来，国际贸易面临严峻挑战。作为新兴贸易业态，跨境电商凭借其线上化、多边化、本地化、非接触式交货、交易链条短等优势，呈现高速增长态势，成为稳定外贸的重要力量。海关统计调查显示，2021 年，我国跨境电商进出口规模约为 1.92 万亿元，同比增长 18.6%。

4. 直播电商形式呈现多样化发展

直播电商已成为许多线下企业开辟线上市场的重要手段。综合性电商平台、短视频平台、社交平台加大对直播电商的投入，推动了直播电商加速发展，网红带货、店主直播、导购直播等多样化的直播电商形式纷纷涌现。商务大数据监测显示，2022 年上半年，商务大数据重点监测的电商平台累计直播场次数超 6 000 万场，累计观看人次超 5 170 亿人次，直播商品数超 4 750 万个。

5. 电子商务从业人数继续增长

数字技术与实体经济融合、线上与线下融合发展加速，带动了更多人从事电子商务行业。据电子商务交易技术国家工程实验室、中央财经大学中国互联网经济研究院测算，2021 年，我国电子商务从业人员达 6 727.8 万人，同比增长 11.8%。

当前，电子商务发展日新月异，各种新兴技术应用于电子商务，促进了电子商务与实体经济的深度融合，催生了电子商务的新业态和新模式。扫码阅读微课文档资料

"近年来电商界十大事件"，了解电子商务领域的迅速发展。

近年来电商界十大事件

（二）电子商务发展趋势

在"十四五"时期，电子商务将"成为促进强大国内市场、推动更高水平对外开放、抢占国际竞争制高点、服务构建新发展格局的关键动力"。未来电子商务的发展将主要着眼于以下几个方面。

1. 鼓励模式业态创新

发挥电子商务对价值链重构的引领作用，鼓励电子商务企业挖掘用户需求，推动社交电商、直播电商、内容电商、生鲜电商等新业态健康发展。鼓励电子商务企业积极发展远程办公、云展会、无接触服务、共享员工等数字化运营模式，不断提升电子发票、电子合同、电子档案、电子面单等在商业活动中的应用水平。稳妥推进数字货币研发，探索数字人民币在电子商务领域的支持作用。大力发展数据服务、信息咨询、专业营销、代运营等电子商务服务业。鼓励各类技术服务、知识产权交易、国际合作等专业化支撑平台建设。

2. 强化技术应用创新

引导电子商务企业加强创新基础能力建设，提升企业专利化、标准化、品牌化、体系化、专业化水平。通过自主创新、原始创新，提升企业核心竞争力，推动 5G、云计算、大数据、物联网、人工智能、区块链、虚拟现实、增强现实等新一代信息技术在电子商务领域的集成创新和融合应用。加快电子商务技术产业化，优化创新成果快速转化机制，鼓励电商平台企业拓展产学研用融合通道，为数字技术提供丰富的电子商务产品和应用。鼓励发展商业科技，探索构建商业科技全链路应用体系，支持电子商务企业加大商业科技研发投入，提高运营管理效率，创新用户场景，提升商贸领域网络化、数字化、智能化水平。

3. 带动生产制造智能化发展

鼓励电子商务平台与工业互联网平台互联互通，协同创新，推动传统制造企业"上云用数赋智"，培育以电子商务为牵引的新型智能制造模式。支持发展网络智能定制，引导制造企业基于电子商务平台对接用户个性化需求，贯通设计、生产、管理、服务等制造全流程，发展按需生产、个性化定制、柔性化生产、用户直连制造 C2M（customer to manufactory）等新模式。支持发展网络协同制造服务，实现企业网上接单能力与协同制造能力无缝对接，带动中小制造企业数字化、智能化发展。

4. 深化协同创新

促进电子商务企业协同发展，发挥电商平台在市场拓展和产业升级等方面的支撑引领作用，加强数据、渠道、人才、技术等平台资源有序开放共享，强化创新链和产业链有机结合，推动产业链上下游、大中小企业融通创新。促进电子商务区域协同发展，引导电子商务服务区域重大战略，构建优势互补、深度协同的电子商务区域发展生态。

5. 推动供应链数字化转型

支持电子商务平台加速金融、物流、仓储、加工及设计等供应链资源的数字化整合，培育产业互联网新模式新业态。鼓励工业电子商务平台向数字供应链综合服务平台转型，提供线上线下一站式服务，解决采购、营销、配送、客户服务等业务痛点。鼓励企业依托电子商务平台发展可视化、弹性化供应链业务体系，提升供应链快速响应能力。

任务实施 下载并阅读《中国电子商务报告（2021）》

请同学们从商务部官网下载并阅读《中国电子商务报告（2021）》。一方面，锻炼学生从网上获取电子商务相关资料的技能；另一方面，通过阅读报告全文，让学生进一步了解我国电子商务的发展状况。

步骤1 以小组（5～6人为宜）为单位，通过浏览器访问商务部官方网站（http://www.mofcom.gov.cn）。

步骤2 在“政务公开”栏目下，进入“分析报告”子栏目，最后在页面底部单击“中国电子商务报告年度报告”按钮，进入年度报告专题页面，如图1-5所示。

首页 | 工作动态 | 工作通知 | 政策法规 | 电子商务 | 电子政务 |

首页 > 专题活动 > 年度报告

《中国电子商务报告（2021）》[2022-11-16]
《中国电子商务报告（2020）》[2021-09-15]
《中国电子商务报告（2019）》[2020-07-02]
《中国电子商务报告（2018）》[2019-05-30]
《中国电子商务报告（2017）》[2018-05-31]

图1-5 年度报告专题页面

步骤3 在年度报告专题页面中单击《中国电子商务报告（2021）》对应的超链接，进入《中国电子商务报告（2021）》发布页面。

步骤4 在《中国电子商务报告（2021）》发布页面中右击“中国电子商务报告（2021）.pdf”超链接，从弹出的快捷菜单中选择“将目标另存为”选项，打开“另存为”对话框，指定保存位置后单击“保存”按钮。

步骤5 打开下载得到的 PDF 文件，详细阅读报告全文，如图 1-6 所示。并以小组为单位提炼一份简单的分析报告。

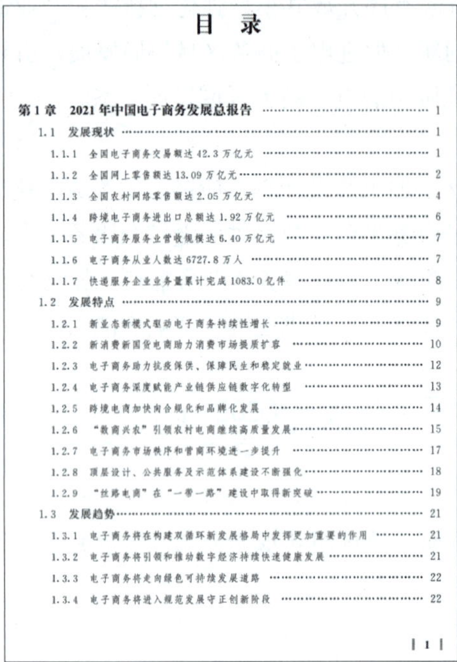

目　录

| 1 |

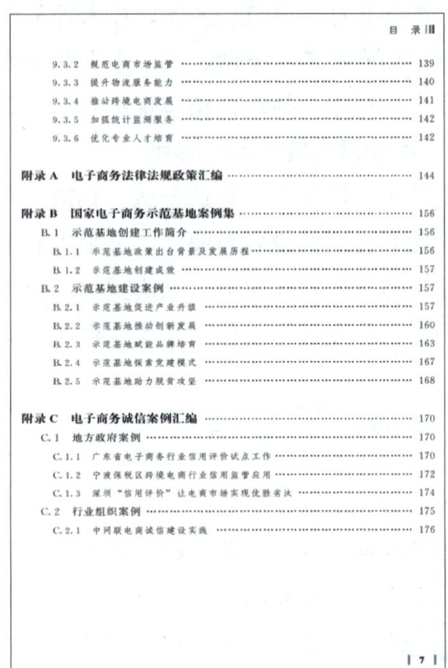

目　录 Ⅲ

| 7 |

图 1-6　年度报告目录（部分）

步骤6 各小组推选一名组长，轮流上台阐述对我国电子商务发展状况的理解，最后由老师综合点评。

任务三　了解电子商务的法律环境

任务导入

扫码观看微课视频“网经社发布《2020—2021 年度中国电子商务法律报告》”，然后结合你对电子商务法律环境的理解说一说你知道的电子商务涉及的法律问题主要有哪些。

网经社发布《2020—2021 年度中国电子商务法律报告》

法律问题是电子商务中的前沿问题，涉及消费者的切身利益，因此受到全社会的普遍关注。成熟统一的法律法规体系能够为电子商务活动提供良好的环境，保证电子商务交易的顺利进行，从而使电子商务更加稳定、有序地发展。

一、电子商务涉及的法律问题

（一）网络经营主体的法律地位问题

在新技术、新平台的助推下，电子商务创造了很多新的商业形态和交易模式，不同身份的个人或组织得以充分地参与到电子商务活动中来。如何在法律上界定网络经营主体的地位及其相互之间的法律关系，确定各自的权利、义务和责任是电子商务面临的主要法律问题。例如，网站、网络交易平台、网店店主、代购、微商、直播带货主播等角色的法律地位，他们和生产商、消费者之间的关系等，都需要在法律上加以明确。

（二）网络欺诈问题

电子商务的交易过程是在网络虚拟市场完成的，交易过程中所需的身份信息或商品（服务）信息往往都是由交易双方自主提供，其真实性很难得到保障。并且互联网是一个开放的虚拟世界，不法人员不仅可以通过技术手段窃取用户的隐私信息，还可以冒充别人的身份骗取消费者的隐私信息或资金。

因此，如何确保网上商品（服务）信息的真实性和完整性，规范网络推销和广告行为，打击网络欺诈，已成为电子商务法律法规主要关注的问题。

（三）“霸王条款”问题

网络服务提供商与用户之间的用户协议或交易规则是维持电子商务市场交易秩序的重要内容。但是，如果完全把用户协议和交易规则交由网络服务提供商制定和解读，又会存在许多法律风险。并且在实践中，网络服务提供商单方面、任意地变更协议条款的情形也非常普遍，这使得用户的权益受到明显损害。此外，多数网络用户在注册或购买商品（服务）时，往往也不会注意和阅读这些条款，其合法权益极易遭受侵犯。

（四）隐私信息保护问题

注册账号几乎是用户使用互联网应用或交易平台的必备环节，而注册账号需要填写姓名、通信地址、电话、电子邮件、性别、职业等个人隐私信息。并且用户使用交易平台时也会留下记录和偏好信息，这些信息都属于识别用户个人身份的信息。用户隐私信息一旦泄露，轻则带来电话骚扰，重则引来诈骗圈套，其危害不容忽视。

（五）知识产权保护问题

当今社会，知识产权是企业重要的市场竞争资源，保护知识产权是维持市场秩序的重要举措。然而，电子商务的流行使得知识产权保护面临极为复杂的环境，网络销售渠道成为销售盗版产品的便捷途径，严重侵犯了他人的商标权或专利权等。

二、现行电子商务法律法规

课堂讨论

什么是电子商务法？你知道电子商务涉及哪些法律问题吗？

（一）我国电子商务相关法律法规

为适应电子商务的快速发展，让电子商务有法可依，我国一直在不断完善电子商务相关的法律。尤其在《中华人民共和国电子商务法》（以下简称《电子商务法》）施行以后，我国相关的立法活动有了明确的方向和纲领，一大批新法和新规不断问世。自电子商务发展以来，我国在电子商务领域颁布的主要法律法规如表 1-2 所示。

表 1-2　近年来与电子商务相关的立法情况

生效时间	法律法规简介
2005 年 4 月 1 日	2004 年 8 月 28 日，第十届全国人民代表大会常务委员会第十一次会议通过《中华人民共和国电子签名法》。这是我国为了规范电子签名行为，确立电子签名的法律效力，维护有关各方的合法权益而制定的法律。当前为 2019 年 4 月 23 日第十三届全国人民代表大会常务委员会第十次会议修正版本
2019 年 1 月 1 日	2018 年 8 月 31 日，第十三届全国人民代表大会常务委员会第五次会议通过《电子商务法》。这是我国电子商务领域的首部综合性法律
2020 年 7 月 1 日	2020 年 6 月 24 日，中国广告协会发布《网络直播营销行为规范》，这是国内第一个关于网络视频营销活动的自律规范。该规范侧重为从事网络直播营销活动的商家、主播、平台、主播服务机构和参与营销互动的用户等主体提供行为指南
2020 年 10 月 1 日	2020 年 8 月 20 日，文化和旅游部发布《在线旅游经营服务管理暂行规定》。该规定明确了在线旅游经营者不得滥用大数据分析等技术手段，侵犯旅游者的合法权益。此外，该规定还针对在线旅游行业“低价游”“非法删评论”等业内存在的热点问题做出了具体规定
2021 年 5 月 1 日	2021 年 3 月 15 日，国家市场监督管理总局出台《网络交易监督管理办法》，该办法制定了一系列规范交易行为、保障消费者权益的具体制度规则
2021 年 9 月 1 日	2021 年 6 月 10 日，第十三届全国人民代表大会常务委员会第二十九次会议通过《中华人民共和国数据安全法》。这是我国为了规范数据处理活动，保障数据安全，促进数据开发利用，保护个人、组织的合法权益，维护国家主权、安全和发展利益而制定的法律
2021 年 11 月 1 日	2021 年 8 月 20 日，第十三届全国人民代表大会常务委员会第三十次会议通过《中华人民共和国个人信息保护法》。应用程序过度收集个人信息、一揽子授权、强制同意、大数据“杀熟”……这些侵害公民个人信息权益的行为将受到法律制约

素养之窗

法律是维护一个国家社会秩序、政治秩序、经济秩序的重要保障，是公理正义的殿堂。当代大学生要树立消费者权益保护意识，科普相关法律法规知识，真正做到知法、懂法、守法、用法，利用法律武器维护自身的合法权益。

（二）《电子商务法》重要内容解读

《电子商务法》不仅是一部专门针对电子商务的法律，还是电子商务领域法律体系的总纲。下面，解读其中几个广受关注的重要内容。

1. 将微商、代购、直播销售纳入监管

案例：上海市公安局虹口分局经侦支队收到辖区某服装企业提供的一条线索，有网红主播在某电商平台直播间内销售假冒该企业品牌的服饰。经过初步调查，警方锁定了这名网红主播正是廖某。正在直播带货的廖某等50余名犯罪嫌疑人被警方抓获，其中41人已被依法批准逮捕，如图1-7所示。

图1-7　直播带货售假

《电子商务法》第九条第一款规定：本法所称电子商务经营者，是指通过互联网等信息网络从事销售商品或者提供服务的经营活动的自然人、法人和非法人组织，包括电子商务平台经营者、平台内经营者以及通过自建网站、其他网络服务销售商品或者提供服务的电子商务经营者。

解读：随着各类创新技术的应用，电子商务新形态不断产生，通过微信、网络直播等形式销售商品、提供服务的情况日益增多，由此也带来了大量的消费维权问题。《电子商务法》通过“其他网络服务”将这些新形态纳入电子商务经营主体的范围之中，有利于加强对相关从业主体的监管。

2. 电商平台不得删除消费者评价

案例：2020 年 10 月，北京市西城区市场监督管理局发布的行政处罚决定书显示，北京寺库商贸有限公司（以下简称“寺库”）擅自删除了举报人通过寺库 App 于 2020 年 2 月 4 日上传的其在寺库电商平台购买商品后给出的一星差评。北京市西城区市场监督管理局于 2020 年 6 月 30 日向寺库送达了《行政处罚告知书》。寺库的上述行为违反了《电子商务法》第三十九条第二款的规定。依据《电子商务法》第八十一条第一款第四项的规定，北京市西城区市场监督管理局责令寺库立即改正违法行为并处以 5 万元的行政处罚。

《电子商务法》第十七条规定：电子商务经营者应当全面、真实、准确、及时地披露商品或者服务信息，保障消费者的知情权和选择权。电子商务经营者不得以虚构交易、编造用户评价等方式进行虚假或者引人误解的商业宣传，欺骗、误导消费者。

《电子商务法》第三十九条第二款规定：电子商务平台经营者不得删除消费者对其平台内销售的商品或者提供的服务的评价。

《电子商务法》第八十一条第一款规定：电子商务平台经营者违反本法规定，有下列行为之一的，由市场监督管理部门责令限期改正，可以处二万元以上十万元以下的罚款；情节严重的，处十万元以上五十万元以下的罚款：

（一）未在首页显著位置持续公示平台服务协议、交易规则信息或者上述信息的链接标识的；

（二）修改交易规则未在首页显著位置公开征求意见，未按照规定的时间提前公示修改内容，或者阻止平台内经营者退出的；

（三）未以显著方式区分标记自营业务和平台内经营者开展的业务的；

（四）未为消费者提供对平台内销售的商品或者提供的服务进行评价的途径，或者擅自删除消费者的评价的。

解读：刷销量、刷好评、删差评等“炒信用”“刷单”行为会严重误导消费者，损害消费者的知情权和选择权。《电子商务法》不仅明确了电子商务经营者信息披露的一般义务，还对上述不正当行为定责定罚，有力地保护了消费者的知情权和选择权，如图 1-8 所示。

图 1-8　严查删差评行为

3. 制约大数据“杀熟”

案例：2020 年 10 月 5 日，外出游玩的程某花了 217 元通过去哪儿 App 预订了一家酒店。出于好奇，他和朋友又打开另一部手机搜索了同一酒店。令他们惊讶的是，相同入住日期下的同一房型，在另一部手机上价格为 169 元，再换一部手机又变为 175 元。程某表示，自己付费开通了去哪儿钻石 plus 会员，另外两个账号都是非付费会员。

《电子商务法》第十八条规定：电子商务经营者根据消费者的兴趣爱好、消费习惯等特征向其提供商品或者服务的搜索结果的，应当同时向该消费者提供不针对其个人特征的选项，尊重和平等保护消费者合法权益。电子商务经营者向消费者发送广告的，应当遵守《中华人民共和国广告法》的有关规定。

解读：电子商务平台通过交易活动积累了大量的用户信息和消费数据，通常会利用大数据对消费者进行个人画像，有目的地提供搜索结果，进行精准营销。甚至有的平台还会抬高富裕群体搜索结果中的商品或服务单价。这类大数据“杀熟”事件屡见不鲜，引发了消费者的普遍不满，如图 1-9 所示。

图 1-9　大数据“杀熟”

今后，打击大数据“杀熟”类似的电子商务违法行为，是执法单位的重要工作内容。

4. 禁止“默认勾选”，应显著提示搭售

案例：2018 年中秋前夕，南京消费者张女士在途牛旅游网为家人选购中秋节旅游产品时，遇到了搭售保险的情况。张女士在途牛旅游网官网首页任意点击一款产品，以“丽江双飞 6 日游 15 人小团”为例，其单价为 3 419 元，在勾选完时间和人员之后，页面自动跳转到结算页面，结算中，多出了保险费 250 元。这让她很费解和愤怒，因为保险应该是自愿购买，网站未经消费者同意就默认自动购买，对消费者有失公平。

《电子商务法》第十九条规定：电子商务经营者搭售商品或者服务，应当以显著方式提请消费者注意，不得将搭售商品或者服务作为默认同意的选项。

解读：一些电子商务经营者在销售商品或者提供服务的过程中，经常采取使用很小的

字号、默认勾选等方式，使消费者在不知情、难以察觉的情况下陷入捆绑搭售的陷阱。上述行为不仅有违诚实信用，也侵害了消费者的知情权、选择权和公平交易权。《电子商务法》通过多角度规范，有力打击了“默认勾选”等不正当行为。

5. 电子商务平台不可以强制店家“二选一”

案例：2020年初，贵州省黔西县某网络餐饮平台代理商要求黔西县多家网络餐饮经营者只能接受其一家提供的平台服务。如果餐饮经营者坚持在其他网络餐饮平台经营，本平台将对其进行下线处理，或提高服务费收取标准、下调星级指数、通过技术手段限制交易，强制商家在平台之间进行“二选一”，如图1-10所示。黔西县人民检察院经群众举报获悉该案线索后，立案调查核实。2020年5月，检察院向黔西县市场监督管理局发出行政公益诉讼诉前检察建议，督促该局对此平台代理商涉嫌实施不正当竞争行为查证后依法处理，并对辖区内网络餐饮平台存在的不正当竞争违法行为开展全面排查整治。

图1-10 电商平台强制“二选一”

《电子商务法》第二十二条规定：电子商务经营者因其技术优势、用户数量、对相关行业的控制能力以及其他经营者对该电子商务经营者在交易上的依赖程度等因素而具有市场支配地位的，不得滥用市场支配地位，排除、限制竞争。

解读：电子商务平台的“二选一”“独家交易”等行为是《电子商务法》明确禁止的行为，同时也违反《中华人民共和国反垄断法》《中华人民共和国反不正当竞争法》等法律的规定，既破坏了公平竞争秩序，又损害了消费者权益。

任务实施 解读《2020—2021年度中国电子商务法律报告》

互联网消费的快速发展，使其日益成为我国现代经济流通领域中重要组成部分，与此同时也出现了社交电商涉传、网络售假、不正当竞争、网络交易平台乱象、用户信息泄露、知识产权侵权、消费者权益及生活服务领域对灵活就业者合法权益保护缺乏规制等一系列问题。请同学们下载并阅读《2020—2021年度中国电子商务法律报告》，深入理解电子商务领域发展中存在的法律问题及经典案例，并学会用法律武器维护自身权益。

步骤1 以小组（5～6 人为宜）为单位，从网经社官网下载并阅读《2020—2021 年度中国电子商务法律报告》。

步骤2 各小组选取其中感兴趣的案例，对其进行深入解读。

步骤3 各小组推选一名组长，轮流上台阐述自己小组对所选案例的解读，最后由老师综合点评。

项目实训

（一）实训目标

（1）熟悉电子商务的定义，理解电子商务与传统商务的不同。

（2）掌握电子商务的分类和行业应用。

（3）了解我国当前的电子商务法律环境及电子商务涉及的法律问题。

（二）实训内容

（1）海尔是传统企业向互联网和电子商务转型较成功的例子，请查找相关资料，了解海尔原有的经营模式和当前的电子商务模式，比较传统商务与电子商务运作过程的不同，并填写表 1-3。

表 1-3　传统商务与电子商务运作过程比较

运作过程	传统商务	电子商务
交易前的准备		
贸易磋商		
合同与执行		
支付与结算		

（2）分别浏览天猫、去哪儿旅行、腾讯微保、学堂在线等网站，查看其提供的商品或服务，并分析网站各自的优缺点，同时查找相关资料，分析不同行业电子商务发展现状，并填写表 1-4。

表 1-4　不同行业电子商务应用

网　站	所属行业	发展现状	优　点	缺　点
天猫				
去哪儿旅行				
腾讯微保				
学堂在线				

（3）上网了解《中华人民共和国消费者权益保护法》和《电子商务法》的内容，结合自己的网络购物经历，分析讨论如何维护网络消费者权益，并填写表 1-5。

表 1-5　维护网络消费者权益

项　目	内　容
网络购物中的维权经历	
网络消费者权益保护途径	

项目考核

（一）名词解释

（1）电子商务；（2）B2B；（3）C2B；（4）电子商务经营者。

（二）单项选择题

（1）狭义的电子商务用 E-Commerce 表示，广义的电子商务用（　　）表示。

A．E-Internet　　B．E-Intranet

C．E-Business　　D．E-Consumer

（2）广义的电子商务是指通过各种（　　）进行的商务活动。

A．互联网　　B．电话　　C．电子方式　　D．电视

（3）下列选项中，属于我国典型的 B2B 电子商务交易平台的是（　　）。

A．1688　　B．淘宝　　C．微信　　D．京东

（4）电子商务中的信息流、资金流和物流可以（　　）。

A．相互代替　　B．相互排斥　　C．有机整合　　D．形成“一流”

（三）多项选择题

（1）电子商务中所包含的几种流有（　　）。

A．信息流　　B．资金流　　C．数据流　　D．物流

（2）电子商务具有的特点，表现在（　　）。

A．全球化　　B．数字化　　C．高成本　　D．高效性

（3）电子商务按交易主体分类，包含（　　）几种。

A．B2C　　B．C2C　　C．B2B　　D．G2B

（4）电子商务涉及的法律问题有（　　）。

A．网络欺诈问题　　B．“霸王条款”问题

C．隐私信息保护问题　　D．知识产权保护问题

（四）思考题

（1）简述电子商务的特点。

（2）简述电子商务按交易主体划分的类型。

（3）简述电子商务的发展趋势。

（4）电子商务涉及的法律问题有哪些方面？

项目评价

请结合本项目学习情况进行自评、互评和师评，并将评价结果填入表 1-6 中。

表 1-6　项目评价

评价项目	评价内容	评价分数			
		分值	自评	互评	师评
知识（40%）	对电子商务的定义、特点、分类及电子商务实现等相关知识点的理解和运用程度	10 分			
	对互联网发展和应用现状及电子商务发展现状和趋势的了解程度	15 分			
	对电子商务涉及的法律问题和现行电子商务法律法规的理解和运用程度	15 分			
技能（40%）	出色完成“电商平台连连看”小游戏	10 分			
	使用各种网络工具进行网上信息检索的熟练度	15 分			
	对电子商务发展中存在的法律问题的分析能力	15 分			
素养（20%）	遵守课堂纪律，上课精神饱满	5 分			
	具有自主学习意识，做好课前准备	5 分			
	善于思考，积极参与，勇于提出问题	5 分			
	具有团队合作精神，出色完成小组任务	5 分			
合计	综合分数______自评（25%）+互评（25%）+师评（50%）	100 分			
	综合等级______	指导老师签字__________			
综合评价	最突出的表现（创新或进步）： 还需改进的地方（不足或缺点）：				

项目二

电子商务技术基础

项目导读

电子商务活动需要通过信息技术来实现，而信息技术的革新又推动着电子商务的升级和发展。例如，随着互联网的普及，网络购物走进了千家万户；随着 4G 网络的广泛覆盖，移动支付蓬勃发展起来；随着虚拟现实和增强现实技术的不断应用，线上线下融合成为电子商务的主要发展方向……

知识目标

- 了解互联网技术相关知识。
- 了解新兴技术相关知识。

能力目标

- 能够在域名注册服务机构申请域名。
- 能够利用互联网了解新兴技术相关的产品或服务。

素养目标

- 感受电子商务在减污降碳中发挥的积极作用，践行绿色环保理念。
- 感受我国在信息基础设施建设方面的巨大成就，增进对科技强国的认识。

任务一 了解互联网技术

任务导入

扫码观看微课视频“从全球5G最新进展，看中国5G的真正实力”，然后结合你对互联网技术的理解说一说你知道的互联网服务与应用。

扫一扫

从全球5G最新进展，看中国5G的真正实力

互联网的诞生是人类发展历程中的一座里程碑，也是电子商务能够在全球范围内普及的基础。可以说，没有互联网相关技术的发展，就没有精彩纷呈的电子商务世界。

一、互联网概述

互联网是由若干计算机网络相互连接而成的网络。其中，因特网（Internet）是目前全球最大的一个计算机互联网，它由各种不同类型和规模的计算机网络连接而成，这些计算机网络以一组通用的协议相连，最终形成了一个逻辑上单一的、巨大的开放型国际网络。

提　示

Internet（首字母大写）是一个专有名词，特指因特网；internet（首字母小写）是一个普通名词，泛指由若干计算机网络相互连接而成的网络（互联网）。

一般来说，我们日常所使用的互联网就是因特网，因特网是由美国的“阿帕网”发展演变而来的，现在已发展成为一个覆盖全球的开放型国际网络。

总而言之，互联网是现代信息社会最重要的基础设施，它最核心的价值是全球网络“互连”所产生的规模效应。例如，企业在网络直播平台开展直播带货活动，一夜之间就可以让名不见经传的新产品红遍全国。

知识拓展

认识计算机网络

计算机网络是指把分布在不同地理位置上的具有独立功能的多台计算机、终端及其附属设备在物理上互连，通过互联网协议进行通信，以共享硬件、软件和数据资源。按照网络规模的大小，计算机网络可分为局域网、城域网和广域网，它们之间的区别如表 2-1 所示。

表 2-1　计算机网络的分类

网络分类	应用区域
局域网（local area network, LAN）	家庭、办公室或校园之内
城域网（metropolitan area network, MAN）	城市之内
广域网（wide area network, WAN）	国家、大洲之间

二、互联网协议

互联网协议是互联网正常运行的核心要素，它的内容主要是数据交换要遵守的规则、标准或约定。只有在遵循互联网协议的前提下，互联网中的各对象才能接收到对方发送的消息或数据。其中，最重要的协议是传输控制协议/网际协议。

传输控制协议/网际协议（transport control protocol/internet protocol, TCP/IP），是指能够在多个不同网络间实现信息传输的协议簇。TCP/IP 不仅仅只有 TCP 和 IP 两个协议，而是一系列协议构成的协议簇，只是因为 TCP 和 IP 协议最具代表性，所以统称为 TCP/IP。

TCP/IP 是一个四层的分层体系结构，自上而下分为应用层、传输层、网络层和网络接口层，其关系与应用及各层的主要协议如表 2-2 所示。

表 2-2　TCP/IP 的层级结构

分层名称	关系与应用	主要协议
应用层	各种互联网服务及应用程序通过该层进行沟通	远程登录协议（Telnet）、文件传输协议（file transfer protocol, FTP）、简单邮件传送协议（simple mail transfer protocol, SMTP）等
传输层	提供了节点间的数据传送及应用程序之间的通信服务，主要用于数据传输、数据确认和丢失重传等	TCP 协议和用户数据报协议（user data protocol, UDP）等
网络层	提供了基本的数据封包传送功能，让每个数据包都能到达目的主机，但并不检查数据是否被正常接收	IP 协议，互联网控制信息协议（internet control message protocol, ICMP），地址解析协议（address resolution protocol, ARP），反向地址转换协议（reverse address resolution protocol, RARP）等

（续表）

分层名称	关系与应用	主要协议
网络接口层	用于接收 IP 数据包并进行传输	点对点协议（point to point protocol, PPP），高级数据链路控制协议（high-level data link control, HDLC）

三、IP 地址与域名

接入互联网的计算机数以亿计，用户想要在两台计算机之间进行信息交流或开展商务活动，除了必要的互联网协议之外，还要为各自的计算机设定一个唯一的编号或名称作为标识，方便对方准确、快速地找到自己。IP 地址与域名是目前比较常用的计算机标识方法。

（一）IP 地址

IP 地址是 IP 协议中的一项重要内容，通常被称为网际协议地址，它给互联网上的每台计算机或其他设备都规定了一个全世界范围内唯一的地址。IP 地址分为 IPv4 地址和 IPv6 地址两类。

1. IPv4 地址

IPv4 地址由 32 位的二进制数组成。为方便阅读，将 32 位的二进制数每 8 位为一组，分为 4 组，每一组都转换为一个十进制数，中间用“.”分开，这种表示方式称为“点分十进制”。例如，IPv4 地址 11000000 10101000 00000001 00000001 可表示为 192.168.1.1。

2. IPv6 地址

IPv6 地址由 128 位的二进制数组成。为方便阅读，将每 4 位二进制数转换为 1 位十六进制数，并将每 4 位十六进制数用“:”分开，这种表示方式称为“冒分十六进制”。例如，2001:0db8:86a3:08d3:1319:8a2e:0370:7344 就是一个 IPv6 地址。

在计算机上，用户可以通过在命令行窗口中执行“ipconfig”命令来快速查询本机的 IP 地址，具体操作步骤如下。

步骤 1 在桌面左下角的“开始”菜单中选择“运行”选项（或者按“win+R”快捷键），打开“运行”程序，然后在输入框中输入“cmd”，单击“确定”按钮，如图 2-1 所示。

步骤 2 此时桌面上会弹出一个黑色的命令行窗口，其中有一个光标在闪动。在命令行窗口中输入命令文本“ipconfig”。输入完毕后按回车键，命令行窗口中就会出现计算机的 IP 地址及其他相关信息，如图 2-2 所示。

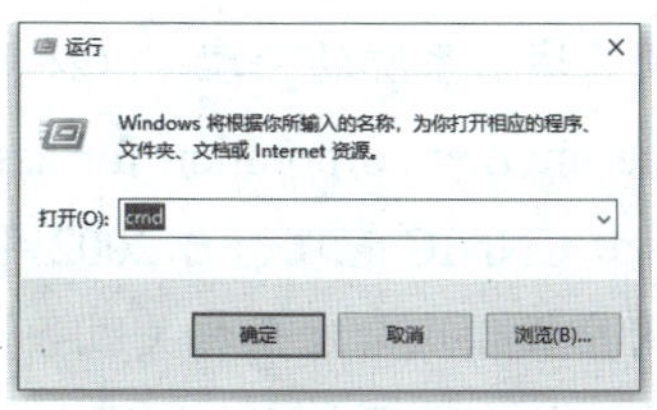

图 2-1 “运行”程序

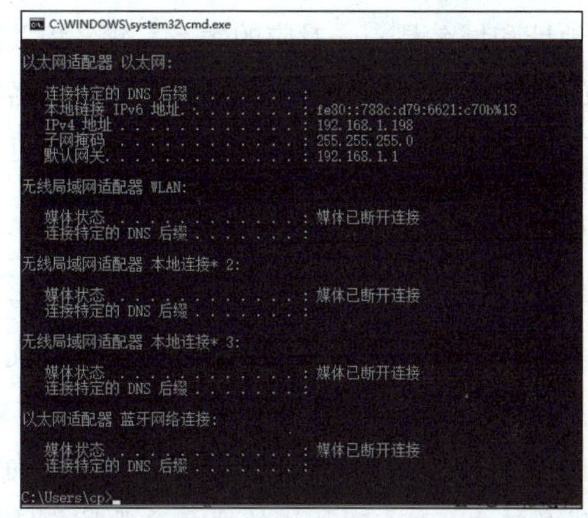

图 2-2 命令行窗口显示的本机 IP 地址等信息

（二）域名

课堂讨论

大家上网时会发现，很多网址都是以“.com”结尾的，那么你们知道“.com”的含义吗？

万维网是基于互联网建立起来的，计算机用户通过网页浏览器访问网站时输入其 IP 地址即可。但在实际应用中，IP 地址使用起来非常不方便，于是人们又发明了另一套易于识记的字符型的地址方案，这就是域名。域名系统（domain name system, DNS）是分层次的，一般由主机名、机构名、机构类别与高层域名组成。域名从左到右构造，表示的区域范围从小到大，也就是后面的名字所表示的区域包含前面的名字所表示的区域（各部分由“.”分隔）。

例如，在域名“software.fudan.edu.cn”中，各个部分依次表示软件学院、复旦大学、教育机构和中国，完整含义就是中国复旦大学软件学院。

常见的顶级域名及其含义如表 2-3 所示。

表 2-3 常见的顶级域名及其含义

组织模式的顶级域名	含 义	地理模式的顶级域名	含 义
int	国际组织	cn	中国
gov	政府部门	us	美国
net	网络组织	de	德国
mil	军事组织	uk	英国
edu	教育机构	fr	法国
com	商业机构	au	澳大利亚
org	非营利组织	jp	日本

IP 地址和域名是一一对应的关系，域名相关的信息存放在域名服务器内，用户只需了解易记的域名地址，其对应转换工作就留给域名服务器。此外，即使在 IP 地址发生变化的情况下，通过改变解析对应的条件，域名仍可保持不变。

提　示

目前，互联网上的通用顶级域名及国家和地区顶级域名系统的管理，以及根服务器系统的管理由互联网名称与数字地址分配机构（the internet corporation for assigned names and numbers, ICANN）管理，我国国内域名则由 CNNIC 管理。自 2002 年起，CNNIC 作为域名注册管理机构，不再直接面向最终用户提供域名注册相关服务，域名注册服务转由 CNNIC 认证的域名注册服务机构提供。当前，国内知名的域名注册服务机构有万网（阿里云旗下品牌）、易名等。

四、互联网服务与应用

在信息社会，互联网是一项基础设施，它的应用领域非常广泛，基于互联网的各种服务与应用为用户提供了很多便捷的功能。下面，主要介绍几种对电子商务发展起到重要推动作用的互联网服务与应用。

（一）电子商务网站

万维网是当前最流行、最受欢迎的互联网信息浏览工具。在互联网协议的帮助下，用户可以通过计算机上的浏览器程序（如 QQ 浏览器、360 浏览器、火狐浏览器、UC 浏览器、谷歌浏览器等）访问各种网页，或者通过已打开的网页中的链接逐级浏览，从而漫游整个万维网。

通过浏览各类网站，用户可以了解各类商品信息、市场信息及消费评价；商家可以通过网站发布网络广告或者直接销售商品；有共同爱好和兴趣的用户可以在论坛网站互相交流，互相推荐商品和服务……可以说，电子商务网站是企业进行电子商务活动最重要的工具之一。

（二）电子邮件服务

电子邮件服务是互联网最早提供的网络服务之一，也是非常重要的网络服务应用。通过电子邮件系统，用户可以快速地与世界上任何一个角落的网络用户取得联系。时至今日，电子邮件营销仍然是一种行之有效的广告方式，并且在跨境电子商务中扮演着非常重要的角色。通过电子邮件，交易双方可以传递包含文字、图像和声音等不同内容的商务信息。

（三）搜索引擎服务

搜索引擎是指根据一定的策略、运用特定的计算机程序从互联网上采集信息，在对信息进行组织和处理后，为用户提供检索服务，并将检索的相关信息展示给用户的系统。搜索引擎可以提高人们获取信息的速度，为人们提供更好的网络使用体验。

搜索引擎是用户上网必备的网络工具，在流量为王的电子商务领域，提供搜索引擎服务的网站便拥有了巨大的商业价值。网站通过搜索引擎发布网络广告，或者借助搜索引擎检索规则使自身能被用户更快地发现，是电子商务活动的主要内容之一。

（四）社交网络服务

社交网络服务（social networking service, SNS）是指利用网络信息技术（主要是 Web 技术）为用户提供的一种基于互联网（包括移动互联网）的社交服务工具或平台。社交网络是互联网发展到一定阶段后的产物，它改变了互联网信息传播的机制，也对电子商务有着非常重要的影响。

在信息大爆炸的网络世界，人们开始从社交关系中获取精准的推荐消息或即时信息，“朋友圈”“社交圈”“兴趣圈”成为信息的主流传播渠道。这一信息传播路径的变革导致电子商务企业在进行网络营销时必须将品牌形象拟人化并进入用户的“朋友圈”才能产生效果。否则，企业的营销信息就会淹没在网络的信息海洋中。

（五）共享经济

线上线下融合是互联网发展的主流趋势，共享经济就是在这一背景下的新型电子商务应用。共享经济是指通过互联网把社会闲置资源和需求集中到一个平台上，采用数字化匹配对接进行交易，其本质是整合线下的闲置物品或服务。对于供给方来说，是通过在特定时间内让渡物品的使用权或提供服务，来获得一定的经济回报；对于需求方来说，是不直接拥有物品或服务的所有权，而是通过租、借等方式使用需要的物品或享受对应的服务。

提　示

共享经济概念中的闲置资源可以理解为：个人或组织自身所有的资源，对外公开使用，在没有处于使用状态或被占用的状态时，即为闲置资源。

在住宿、交通、教育及旅游等领域，新的网络共享模式不断涌现，如房屋共享、车位共享、专家共享、社区服务共享、导游共享等都是共享经济的产物。

素养之窗

共享单车业务是一种分时自行车租赁服务，也是一种新型环保共享经济。共享单车的出现使得自行车重新成为城市居民重要的出行方式之一，以其为代表的共享经济进入黄金期。如今，越来越多的人选择用共享单车解决“出行最后一公里”的问题。杭州、北京等多个城市相继引入共享单车业务，规划自行车道，以减少私家车等高碳出行方式。可以说，以共享单车业务为代表的绿色出行行业正在引领中国民众的生活新风尚，助力减污降碳行动。

“十四五”时期，我国生态环境保护将进入减污降碳协同治理新阶段。2021 年 9 月 17 日世界骑行日，生态环境部环境发展中心与中环联合认证中心发布《共享骑行减污降碳报告》，首次解读运营以来，美团单车及电单车用户的减污降碳贡献。生态环境部宣传教育中心为骑行减污降碳成绩前 100 名的美团单车及电单车用户颁发了首批“减污降碳达人”证书，认可共享单车用户骑行减碳的贡献，予以鼓励。

五、移动互联网相关技术

移动互联网是移动通信终端与互联网结合的产物。在移动互联网环境下，用户可以使用智能手机、平板电脑或其他无线终端设备，通过速率较高的移动网络，在移动状态下（如在乘坐地铁、公交车等交通工具时）随时、随地访问互联网，享受商务、娱乐等各种网络服务。移动互联网相关技术组成如图 2-3 所示。

移动互联网终端技术	移动互联网通信技术	移动互联网应用技术
智能手机	3G/4G/5G	移动购物
平板电脑	Wi-Fi	移动娱乐
可穿戴设备	蓝牙	移动教育
……	……	……

移动互联网其他相关技术		
二维码技术	LBS定位技术	……

图 2-3　移动互联网相关技术组成

（一）移动互联网终端技术

移动互联网终端技术包括硬件设备的设计和智能设备操作系统的开发技术两个部分。其中，智能设备操作系统的开发尤为重要。

典型智能设备操作系统

（二）移动互联网通信技术

无线通信网络既包括允许用户建立远距离无线网络连接的全球语音和移动通信网（如3G/4G/5G），也包括为近距离无线连接服务的 Wi-Fi 技术和蓝牙技术。

1. 3G/4G/5G 技术

（1）3G 即第三代移动通信技术，是指支持高速数据传输的蜂窝移动通信技术。3G 服务能够同时传送声音及数据信息，速率一般在几百 kbps 上下。

（2）4G 即第四代移动通信技术，是 3G 技术的延伸。按照国际电信联盟（international telecommunication union, ITU）的定义，静态传输速率达到 1 Gbps，用户在高速移动状态下传输速率可以达到 100 Mbps 的技术，就可以称为 4G。4G 带宽更高，能够传输更高质量的视频及图像，流媒体、直播都成为了 4G 时代常见的应用方式。

（3）5G 即第五代移动通信技术，是指具有高速率、低时延和大连接特点的新一代宽带移动通信技术，是实现人机物互联的网络基础设施。ITU 定义了 5G 的三大类应用场景：① 增强移动宽带主要面向移动互联网流量爆炸式增长，为移动互联网用户提供更加极致的应用体验；② 超高可靠低时延通信主要面向工业控制、远程医疗、自动驾驶等对时延和可靠性具有极高要求的垂直行业应用需求；③ 海量机器类通信主要面向智慧城市、智能家居、环境监测等以传感和数据采集为目标的应用需求。

2. Wi-Fi 技术

在无线局域网的范畴内，Wi-Fi 技术是指“无线相容性认证”，同时也是一种无线联网的技术，通过无线电波来连接网络。目前，使用 Wi-Fi 技术配置的网络常常与现有的有线网络互相协调，共同运行。Wi-Fi 技术的典型应用场景有楼宇之间的网络连接，餐饮娱乐、零售消费及医疗场景中的网络服务；企业办公地、家庭、仓储、会展等场所中的网络接入；监控系统的网络连接等。

3. 蓝牙技术

蓝牙技术和 Wi Fi 技术一样，同属于短距离无线通信技术。蓝牙技术可以为固定设备或移动设备之间的通信环境建立通用的无线空中接口，使各种便携移动设备和计算机设备（见图 2-4）能够不需要电线或电缆就能在近距离范围内实现相互通信或操作。

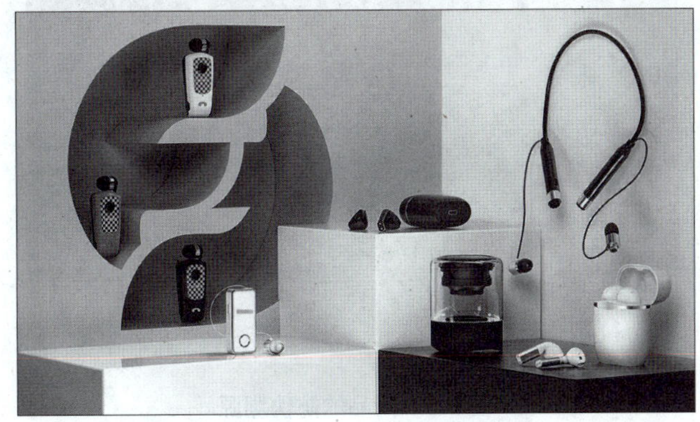

图 2-4　各类由蓝牙连接的电子产品

（三）移动互联网应用技术

移动互联网应用技术是指借助移动互联网终端（如手机、平板电脑等）实现传统的互联网应用或服务。例如，可在线购买火车票的铁路 12306App、可在线购物的京东 App、可在线听音乐的酷我音乐 App、可在线学习的学堂在线 App 等。随着手机的便携性和智能化的不断提升，很多原来只能在电脑上实现的应用如今都能移植到移动端，移动互联网用户规模也早已超过传统互联网用户，移动应用渐渐成为网络应用的主流。

（四）移动互联网其他相关技术

移动互联网极大地拓展了电子商务的应用场景，成为传统行业进入电子商务领域的桥梁。移动互联网的一些其他相关技术，如二维码技术、手机定位技术等在打通线上线下消费场景、开展 O2O 业务等方面发挥着不可替代的作用，成为电子商务企业必不可少的营销助手。

1. 二维码

二维码又称二维条码，它是用特定的几何图形按一定规律在平面（二维方向）上分布的黑白相间的图形。二维码在代码编制上巧妙地利用了构成计算机内部逻辑基础的“0”“1”比特流的概念，使用若干与二进制相对应的几何形体来表示文字数值信息。使用微信、支付宝等带有二维码扫描功能的软件扫描二维码图形就可以识别出二维码的内容。在电子商务活动中，用户通常使用二维码实现以下功能。

（1）信息获取：可获得如名片、地图、Wi-Fi 密码等资料。

（2）网站跳转：可跳转到微博、微信、手机网站或其他 App 上。

（3）广告推送：可直接浏览商家推送的视频、音频广告等。

（4）手机购物：可直接下单购物。

（5）防伪溯源：可查看商品的生产地、加工、运输和销售信息，如图 2-5 所示。

图 2-5　商品的防伪溯源

（6）优惠促销：可下载电子优惠券或抽奖等。

（7）会员管理：可获取电子会员信息，享受 VIP 服务。

（8）手机支付：可通过第三方支付提供的移动支付功能对现实交易进行结算。

随着我国移动互联网的飞速发展，国内二维码的应用率在全球遥遥领先。目前，世界上 90%的二维码个人用户在中国。其中，二维码在移动支付方面的应用尤为普及。

2. 手机定位

手机定位就是通常所说的基于位置的服务（location based services, LBS），是指通过移动终端和移动通信网的配合，确定移动用户的地理位置，提供位置数据给用户本人、他人或程序，实现各种与位置相关的业务。

目前，大部分手机 App 都会要求用户授权开通 LBS 功能，以此提供相关的商务服务。特别是在地图类 App 中，当用户以自己为中心，对周边的美食、酒店、银行、团购优惠等信息进行搜索时，手机中的地图工具就能详细地列出相应的商家地址。

任务实施 在万网申请域名

截至 2022 年 6 月，我国域名总数为 3 380 万个，“.CN” 域名数为 1 786 万个，如果你也需要申请域名，可在万网申请，具体操作步骤如下。

步骤1 在浏览器中访问万网官方网站（https://wanwang.aliyun.com），如图 2-6 所示。可以使用淘宝网、微博、支付宝或钉钉等账号登录万网。

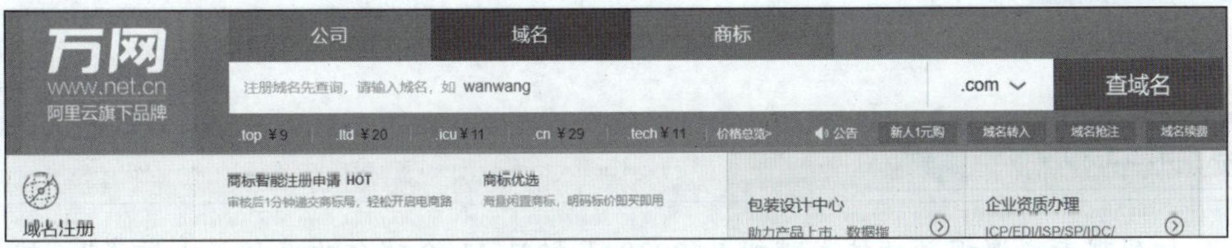

图 2-6 万网官方网站首页

步骤2 设计一个易于传播并与企业名称相关的域名。例如，企业名称为“禧贝科技有限公司”，可以将域名设置为“xibeikj.com”。在万网首页的搜索栏中输入“xibeikj”，然后在右侧选择顶级域名，此处保持默认选项“.com”，然后单击“查域名”按钮。

步骤3 进入域名查询结果列表页，如图 2-7 所示。在域名查询结果列表中，我们可以看到“xibeikj.com”处于“已注册”状态。此时，企业可以单击“委托阿里云购买”按钮，从注册者手中购买这一域名。或者，也可以放弃“.com”顶级域名，转而选择购买“.cn”或“.top”等顶级域名。

图 2-7　域名查询结果列表页

步骤 4　确定域名后，在该域名右侧单击“加入清单”按钮，此时域名会出现在右侧的“域名清单”区域，单击“立即结算”按钮即可进入支付页面，随后在线支付费用即可。操作完成后，这个域名就暂时属于你了。（域名使用权有效期为一年，到期后可续费。）

任务二　了解新兴技术

任务导入

扫码观看微课视频“技术赋能是 2020 天猫双 11 全球狂欢季的最大惊喜”，然后结合你对新兴技术的理解说一说日常生活中还有哪些新兴技术广泛应用于电子商务活动。

扫一扫

技术赋能是 2020 天猫双 11 全球狂欢季的最大惊喜

一、云计算

云计算中的“云”是一个图形化的比喻（见图 2-8），指代互联网。通俗来说，云计算就是基于互联网的超大型计算模式。云计算的基本过程是通过互联网将数据从功能较弱的个人计算机或服务器中转移到成千上万个符合工业标准的服务器组成的高性能计算机集群中进行运算，然后再将运算结果返回给用户。云计算服务可以在数秒之内处理数以千万计甚至亿计的信息。

图 2-8　云计算示意图

经过十几年的发展，云计算已经成为一种互联网基础设施的交付与使用模式，用户可以通过互联网以按需、易扩展、按使用情况付费的方式获得所需的虚拟资源，如硬件、存储、平台、软件等。在云计算的帮助下，用户可以像使用水电一样使用互联网基础设施。目前，较为知名的云计算服务提供商有阿里云、腾讯云和华为云。

云计算在电子商务中的应用主要表现在以下几个方面。

（1）电子商务需要强大的软硬件系统支撑，但大多数企业的网站建设成本较高，需要配置大量的计算机和网络设备，并投入一定的资金以维护和更新设备。云计算对客户端设备要求较低，并且云计算的实时计算能力与分布式处理能力能快速处理、整合信息，并通过网络将结果返回给用户，在大大减少企业成本支出的同时，还提高了企业运营效率。

（2）在云计算服务下，用户的数据大都存储在云端，用户与企业可以在任何时间、任何地点开展电子商务活动，进一步增强了电子商务的灵活性。

（3）云计算提升了各大安全软件的病毒样本收集能力，加快了安全软件处理病毒的速度，从而为用户提供更安全的电子商务环境。

二、大数据

互联网生产数据的能力已经空前强大，每个用户在使用互联网的过程中会留下海量的数据，在这种情况下，大数据便产生了。大数据是指无法在一定时间范围内使用常规软件工具进行捕捉、管理、处理的数据集合。

大数据技术是指为了传送、存储、分析和应用大数据而采用的软件和硬件技术，也可将其看作面向数据的高性能计算机系统。就技术层面而言，大数据技术必须依托云计算进行数据挖掘，因此，大数据与云计算密不可分。

大数据技术在电子商务中的应用主要有以下几种场景：① 基于用户行为分析的产品推荐；② 基于用户评价的产品设计；③ 基于数据分析的广告投放；④ 基于社区热点的趋势预测和病毒式营销；⑤ 基于数据分析的产品定价；⑥ 基于用户异常行为的用户流失预测；⑦ 基于环境数据的外部形势分析；⑧ 基于物联网数据分析的产品生命周期管理。

例如，电子商务平台可以利用大数据技术对用户的个人信息、交易历史、购买过程的行为轨迹等数据，以及同一商品其他访问或成交用户的个人数据，进行用户行为的相似性分析，为用户推荐商品。此外，大数据技术还能根据浏览这一商品的用户还浏览了哪些商品或购买了哪些商品来预测用户的潜在需求。

产品推荐的另一个重要方面是基于用户社交行为分析的社区营销。通过分析用户在微博、微信、社区里的兴趣、关注、爱好和观点等数据，投其所好，为用户推荐他本人喜欢的、他的圈子流行的商品。

三、物联网

物联网（internet of things, IoT）是新一代信息技术的重要发展方向，可以将其简单理解为让所有能行使独立功能的普通物品实现互联互通的网络。在物联网中，每个用户都可以应用电子标签连接真实的物品，可以利用物联网的中心计算机集中管理和控制机器、设备和人员，也可以遥控家庭设备、汽车，以及搜索位置、防止物品被盗。物联网通过将各种物品数据进行连接，最终聚集成物品大数据，从而实现物物相连。

在电子商务领域，物联网的主要应用是智能零售。零售按照距离可以分为远场零售、中场零售和近场零售，三者分别以电商、超市和自动售货机为代表。物联网更多应用在中场零售和近场零售，对传统的超市和售货机进行数字化升级和改造，诞生了无人便利店和自动售货机等新零售模式。

四、人工智能

人工智能（artificial intelligence, AI）也称机器智能，可以概括为研究智能程序的一门科学，主要目标是研究用机器模仿和执行人脑的某些智力功能，如判断、推理、识别、感知、理解、思考、规划、学习等思维活动，探究相关理论，研发相应技术。

（一）人工智能的关键技术

人工智能已经逐渐发展为一个庞大的技术体系，它涵盖了机器学习、深度学习、人机交互、自然语言处理、机器视觉等多个领域的技术。

1. 机器学习

机器学习是一门多领域交叉学科，涉及统计学、系统辨识、逼近理论、神经网络、优化理论、计算机科学、脑科学等诸多领域。机器学习主要研究计算机怎样模拟或实现人类的学习行为，以获取新的知识或技能，重新组织已有的知识结构，使之不断改善自身的性能。

2. 深度学习

深度学习是机器学习研究中的一个新领域，其目标是建立、模拟人脑进行分析学习的神经网络，它模仿人脑的机制来解释图像、声音和文本等数据。

3. 人机交互

人机交互研究的主要是人和计算机之间的信息交互，它是人工智能领域重要的外围技术。人机交互与认知心理学、人机工程学、多媒体技术、虚拟现实技术等密切相关。人机交互技术除了传统的基本交互和图形交互外，还包括语音交互、情感交互、体感交互及脑机交互等技术。

4. 自然语言处理

自然语言处理是研究人与计算机交互语言问题的一门学科。它主要研究的是能实现人与计算机之间用自然语言进行有效通信的各种理论和方法。自然语言处理涉及的领域较多，主要包括机器翻译、机器阅读理解和问答系统等。

5. 机器视觉

机器视觉是指用机器人代替人眼来做测量和判断，让计算机拥有类似人类的提取、处理、理解及分析图像和图像序列的能力。机器视觉系统是通过机器视觉设备（图像摄取装置）将被摄取目标转换成图像信号，传送给专用的图像处理系统，得到被摄取目标的形态信息，根据像素分布和亮度、颜色等信息，将其转变成数字信号，图像处理系统再对这些信号进行各种分析并抽取目标特征，根据判别的结果来控制现场的设备动作。

（二）人工智能在电子商务中的应用

在电子商务领域，人工智能技术已逐渐发展成为助推销量增长和优化电子商务运营的强大工具。

1. 智能客服机器人

智能客服机器人的主要职责是客户服务，消费者可以通过文字、图片、语音与机器人进行交流。智能客服机器人可以有效降低人工成本、优化用户体验、提升服务质量、最大程度挽回夜间流量，以及帮助客服解决重复咨询问题。

2. 智能分拣机器人

智能分拣机器人不仅灵活高效而且适用性强，它对场地要求比较低，数量也能根据场地条件进行增减。与人工相比，在相同分拣量的情况下，货物分拣更及时、准确，分拣环节的减少让货物搬运次数相应减少，货物更有安全保障。

3. 图片识别

一般来说，电商平台的商品展示与消费者的需求描述是通过搜索环节产生联系的。不过，基于文字的搜索行为有时很难直接引导用户找到他们想要的商品。通过人工智能，可以让消费者轻松搜索到他们正在寻找的商品。消费者只需将商品图片上传到电商平台，人工智能就能够理解商品的款式、规格、颜色、品牌及其他的特征，最后为消费者提供同类型商品的销售入口。

五、区块链

（一）区块链及区块链技术

根据中华人民共和国工业和信息化部信息中心发布的《中国区块链技术和应用发展白皮书》中描述，区块链的定义可分为狭义和广义两种。

狭义区块链是一种按照时间顺序经数据区块以顺序相连的方式组合成的一种链式数据结构，并以密码学方式保证的不可篡改和不可伪造的分布式账本。

广义区块链是利用块链式数据结构来验证和存储数据、利用分布式节点共识算法来生成和更新数据、利用密码学的方式来保证数据传输和访问的安全、利用由自动化脚本代码组成的智能合约来编程和操作数据的一种全新的分布式基础架构与计算范式。

当前，分布式系统、时间戳技术、非对称加密技术、共识机制、智能合约、信任机制、防伪溯源等区块链技术体系已经形成。未来，随着区块链技术的创新发展及应用场景的丰富，区块链体系将更加完善。

（二）区块链技术在电子商务中的应用

区块链具有两大核心特点：一是数据难以篡改、二是去中心化。基于这两个特点，区块链所记录的信息更加真实可靠，可以帮助人们解决互不信任的问题，从而构建区块链视角下的电子商务体系，实现电子商务信息价值链的互联互通，区块链技术在电子商务中的典型应用如表 2-4 所示。

表 2-4　区块链技术在电子商务中的典型应用

典型应用	实　例
供应链金融	招商银行区块链门户网站——一链通
去中心化的身份认证服务	美图公司基于 AI 技术打造的美图智能通行证，通过在区块链上用人脸特征作为通证秘钥
智能合约	蚂蚁集团推出的“蚂蚁链—区块链合同”产品，基于可靠的实名认证、权威数字证书、可信时间戳等区块链技术，为合同安上“智慧大脑”

素养之窗

目前，京东已构建起以人工智能（AI）、大数据（bigdata）、云计算（cloud）、物联网设备（device）及前沿探索（exploration）的“ABCDE”技术战略，全力打造高效的“新基建”，助力“亦庄智造”领跑世界，推动自身的智能供应链和智能物流融入国家新基建的总体部署，让更多行业和消费者共享新基建数字红利。

京东正在持续提升自身在自动化、数字化及智能决策方面的能力。京东不仅通过自动搬运机器人、分拣机器人、智能快递车等，在仓储、运输、分拣及配送等环节大大提升了效率，还自主研发了仓储、运输及订单管理系统等，支持客户供应链的全面数字化。

六、虚拟现实和增强现实

虚拟现实（virtual reality, VR）和增强现实（augmented reality, AR）是结合了仿真、计算机图形学、人机接口、图像处理与模式识别、多传感、人工智能等多项技术的交叉技术，两者在实现原理和展现方式上有所区别。

（一）虚拟现实技术

VR 可以创建和体验虚拟世界，它可以利用计算机生成一个模拟环境，通过交互式三维动态视景和系统仿真带给用户身临其境的体验，如图 2-9 所示。

VR 主要包括模拟环境、感知、自然技能和传感设备等技术。其中，模拟环境是指由计算机生成实时动态的三维图像；自然技能是指计算机通过对人体行为动作数据进行处理，并对用户输入做出实时响应的技术……通过 VR，人们可以全角度观看电影、比赛、风景、新闻等，VR 游戏技术甚至可以追踪用户的行为，对用户的移动步态等进行追踪并提供交互功能。

图 2-9　虚拟现实应用场景

（二）增强现实技术

AR 可以实时计算摄影机影像位置及角度，并赋予其相应的图像、视频、3D 模型。VR 是百分之百的虚拟世界，而 AR 则以现实世界的实体为主体，借助数字技术让用户可以探索现实世界并与之交互。用户通过 VR 看到的场景、人物都是虚拟的，而通过 AR 看到的场景、人物半真半假。AR 中的现实场景和虚拟场景的结合需借助摄像头进行拍摄，在拍摄画面的基础上结合虚拟画面进行展示和互动，如图 2-10 所示。

图 2-10　增强现实应用场景

AR 包含了多媒体、三维建模、实时视频显示及控制、多传感器融合、实时跟踪注册、场景融合等多项新技术。AR 与 VR 的应用领域类似，如尖端武器、飞行器的研制与开发等，但 AR 对真实环境进行增强显示输出的特性，使其在医疗、军事、古迹复原、网络视频通信、电视转播、旅游展览、建设规划等领域的表现更加出色。

VR 和 AR 的发展给电子商务带来了新的体验。用户通过 VR 可以在虚拟世界中了解商品信息；用户通过 AR 可以拥有试妆、试衣、试戴等原本在线下实体店才能拥有的体验感，这消除了电子商务用户无法直接感知商品的缺陷，拉近了用户与商品的距离，使用户的体验感更强。

任务实施　利用互联网了解阿里云的产品

阿里云创立于 2009 年，是全球领先的云计算及人工智能科技公司。阿里云服务着制造、金融、政务、交通、医疗、电信、能源等众多领域的领军企业，包括中国联通、铁路 12306、中石化、中石油、飞利浦、华大基因等大型企业客户，以及微博、知乎等明星互联网公司。在天猫“双 11”全球狂欢节、铁路 12306 春运售票等极富挑战的应用场景中，阿里云保持着良好的运行纪录。阿里云官网首页如图 2-11 所示。

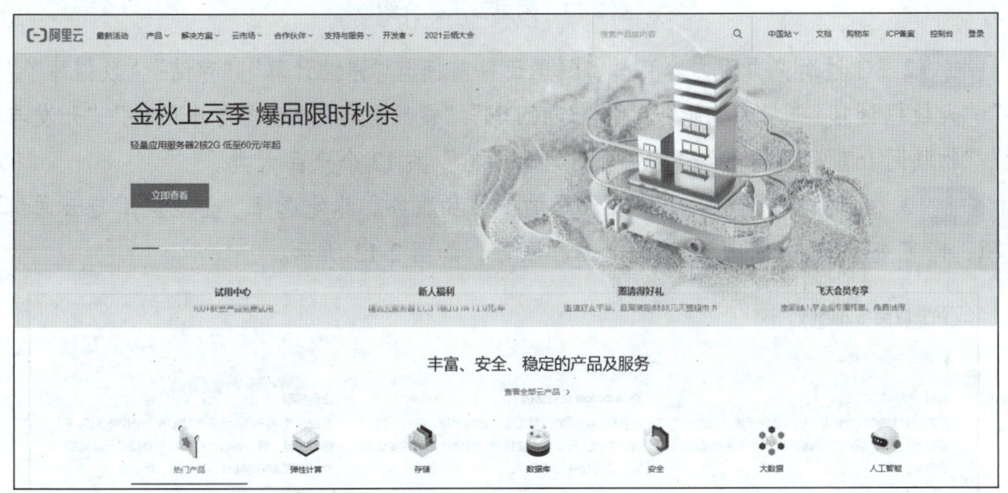

图 2-11　阿里云官网首页

如果你想了解阿里云在新兴技术方面的研究成果，可在阿里云官网查询其旗下的产品，具体操作步骤如下。

步骤 1　在浏览器中访问阿里云官方网站（https://www.aliyun.com），将光标移至导航栏中的“产品”栏目上方，在展开的下拉列表中选择“查看全部产品”选项，进入“阿里云产品”页面。该页面显示了阿里云的所有产品，如图 2-12 所示。

了解所有阿里云产品

弹性计算
存储
数据库
安全
大数据计算
人工智能
网络与CDN
视频服务
容器与中间件
开发与运维
物联网IoT
混合云
企业应用与云通信

弹性计算

云服务器

云服务器 ECS HOT
云服务器 ECS是一种弹性可伸缩的计算服务，助您降低 IT 成本，提升运维效率，使您更专注于核心业务创新。

弹性裸金属服务器（神龙）
一种可弹性伸缩的高性能计算服务，具有安全物理隔离的特点，分钟级的交付周期将提供给您实时的业务响应能力。

轻量应用服务器
可快速搭建且易于管理的轻量级云服务器，提供基于单台服务器的应用部署，安全管理，运维监控等服务。

GPU 云服务器
提供 GPU 算力的弹性计算服务，具有超强的计算能力，服务于深度学习、科学计算、图形可视化、视频处理多种应用场景。

FPGA 云服务器
一款提供了现场可编程门阵列(FPGA)的计算实例，基于阿里云弹性计算框架，可分钟级轻松创建FPGA实例，创建自定义的专用硬件加速器。

专有宿主机
阿里云专为企业用户定制优化的解决方案。具有物理资源独享、部署更灵活、配置更丰富、性价比更高等特点。

阿里云云盒
基于OnECS 架构，计算、存储、网络超融合技术，软硬一体输出到客户机房，为客户提供低延时、本地部署、免运维的全托管云服务。

弹性加速计算实例 EAIS
支持将用户所需的CPU与GPU解耦，位于不同的物理机中，通过ECS实例+EAIS实例的组合搭建一款新型的GPU实例。

无影云电脑

无影云电脑
无影是阿里云打造的云端一体、安全高效的一站式云上办公空间，在算力、安全、成本、敏捷、开放等方面具有超越传统PC的优势。

无影云桌面
无影云桌面是一种易用、安全、高效的云上桌面服务，它支持快速便捷的桌面环境创建、部署、统一管控与运维。

高性能计算 HPC

超级计算集群
面向高性能计算、人工智能/机器学习、科学/工程

弹性高性能计算 E-HPC
面向科研，生产，教育和行业大计算，提供快捷，

批量计算
可支持海量作业并发规模，系统自动完成资源管

图 2-12　阿里云产品介绍

步骤2　通过浏览页面内容可知，阿里云目前拥有“弹性计算”“存储”“数据库”“安全”“大数据计算”“人工智能”“网络与 CDN”“视频服务”“容器与中间件”“开发与运维”“物联网 IoT”“混合云”“企业应用与云通信”共 13 个产品大类。

步骤3　任意浏览其中一个产品大类的产品和服务。此处选择“企业应用与云通信”选项，即可查看到该产品大类下的产品和服务，如图 2-13 所示。

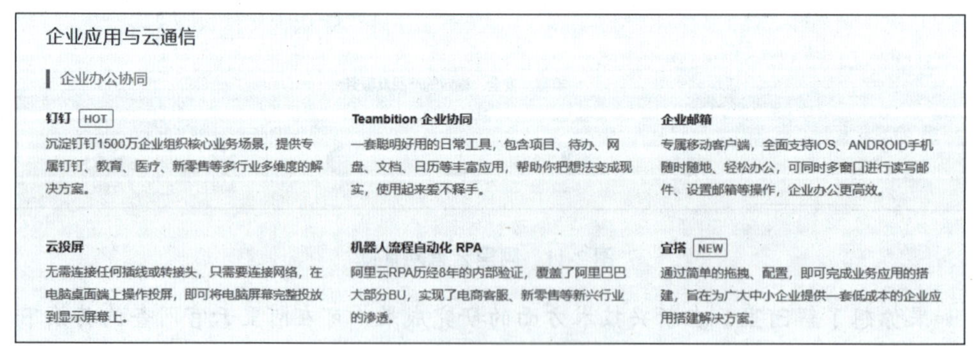

图 2-13　“企业应用与云通信”大类下的具体产品和服务

步骤4　通过浏览页面上的内容可知，“企业应用与云通信”大类下又分为“企业办公协同”“行业引擎”“域名与网站”“智能客服”等 9 个小类。其中，“企业办公协同”的代表产品为钉钉，它是一款专为企业打造的智能办公平台，受到很多单位和学校的欢迎。

项目实训

如今，二维码在人们日常生活中随处可见，公交地铁、饭店超市、食品包装、看病就医……只要用手机扫一扫，人们就可以获取相关的信息或服务。在现实场景中，不少商家将二维码作为线上线下流量互通的入口，如图 2-14 所示。

图 2-14　二维码营销

（一）实训目标

（1）熟悉互联网服务与应用。

（2）了解互联网技术和新兴技术及其在电子商务中的应用，感受互联网技术和新兴技术对电子商务的积极影响。

（二）实训内容

（1）在浏览器中访问草料二维码网站（https://cli.im），如图 2-15 所示。

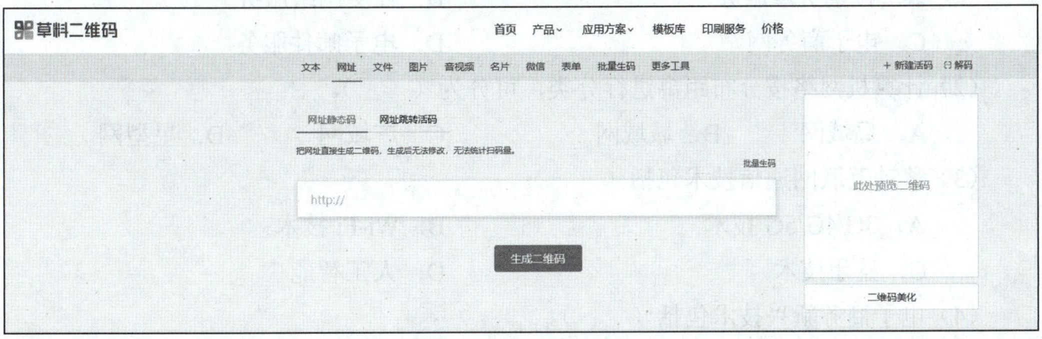

草料二维码　首页　产品　应用方案　模板库　印刷服务　价格
文本　网址　文件　图片　音视频　名片　微信　表单　批量生码　更多工具　+ 新建活码　解码
网址静态码　网址跳转活码
把网址直接生成二维码，生成后无法修改，无法统计扫码量。
批量生码
http://
生成二维码
此处预览二维码
二维码美化

图 2-15　草料二维码网站

（2）使用网站相关功能，分别以网址、图片、个人名片信息、微信号为素材制作相应的二维码。相关素材可自己整理，也可使用本书配套素材“素材与实例”→“项目二”→“项目实训”→“二维码素材”文件夹中的资料。

（3）将生成的二维码在班级群分享，同学们使用微信的扫码功能获取二维码中的信息。

项目考核

（一）名词解释

（1）IP 地址；（2）搜索引擎；（3）云计算；（4）人工智能。

（二）单项选择题

（1）传输控制协议/互联网协议的简称是（　　）。

A．HTTP　　B．IMAP　　C．TCP　　D．TCP/IP

（2）TCP/IP 是一个（　　）层协议体系结构。

A．三　　B．四　　C．五　　D．七

（3）在电子商务领域，物联网的作用主要体现在（　　）。

A．工业制造　　B．物流仓储

C．智能零售　　D．服务行业

（4）机器翻译属于人工智能的（　　）技术。

A．机器学习　　B．自然语言处理

C．人机交互　　D．深度学习

（三）多项选择题

（1）互联网的典型应用包括（　　）。

A．搜索引擎服务　　B．社交网络服务

C．电子商务网站　　D．电子邮件服务

（2）计算机网络按分布距离进行分类，可分为（　　）。

A．局域网　　B．城域网　　C．广域网　　D．星型网

（3）移动互联网通信技术包括（　　）。

A．3G/4G/5G 技术　　B．Wi-Fi 技术

C．蓝牙技术　　D．人工智能

（4）电子商务新兴技术包括（　　）。

A．大数据　　B．人工智能　　C．云计算　　D．物联网

E．区块链　　F．VR 和 AR

（四）思考题

（1）简述 TCP/IP 的层级结构。

（2）互联网服务与应用主要有哪些？

（3）电子商务的新兴技术主要有哪些？

（4）大数据在电子商务领域中的应用主要有哪些方面？

项目评价

请结合本项目学习情况进行自评、互评和师评，并将评价结果填入表 2-5 中。

表 2-5 项目评价

评价项目	评价内容	评价分数			
		分值	自评	互评	师评
知识（40%）	对互联网技术相关知识点的理解和运用程度	20 分			
	对新兴技术相关知识点的理解和运用程度	20 分			
技能（40%）	在万网上申请域名的熟练度	20 分			
	对阿里云产品的理解和分析能力	20 分			
素养（20%）	遵守课堂纪律，上课精神饱满	5 分			
	具有自主学习意识，做好课前准备	5 分			
	善于思考，积极参与，勇于提出问题	5 分			
	具有团队合作精神，出色完成小组任务	5 分			
合计	综合分数______自评（25%）+互评（25%）+师评（50%）	100 分			
	综合等级	指导老师签字____________			
综合评价	最突出的表现（创新或进步）： 还需改进的地方（不足或缺点）：				

项目三 电子商务传统模式

项目导读

选择什么样的电子商务模式是企业开展电子商务活动首先要考虑的问题。好的电子商务模式能够为企业的经营策略提供依据，使企业明确核心产品或服务、找到稳定的收入来源，从而维持企业的长久经营。在信息技术的推动下，电子商务模式层出不穷，其中发展最早、最成熟的当属 B2B、B2C 和 C2C 模式。上述 3 种模式既是当前电子商务交易平台的主流模式，也是很多其他新型电子商务模式创新的基础。

知识目标

- 了解 B2B 电子商务的定义、分类及 B2B 电子商务平台的交易流程、盈利模式和运营要点。
- 了解 B2C 电子商务的定义、分类及 B2C 电子商务平台的交易流程、盈利模式和运营内容。
- 了解 C2C 电子商务的定义、分类及 C2C 电子商务平台的交易流程、盈利模式和运营要点。

能力目标

- 能够在 B2B 电子商务平台创建企业账户。
- 能够在 B2C 电子商务平台提供在线客户服务。
- 能够在 C2C 电子商务平台发布商品。

素养目标

- 感受电子商务交易平台在扶农助农方面的积极作用，践行社会主义核心价值观。
- 感受国货崛起与中国制造的力量，增强民族自信心。

任务一 了解 B2B 电子商务模式

任务导入

扫码观看微课视频“数字时代的内贸生意从 1688 开始”，然后结合你对电子商务的理解说一说你知道的电子商务模式。

数字时代的内贸生意从 1688 开始

一、B2B 电子商务模式概述

（一）什么是 B2B 电子商务

B2B 电子商务中的“B”是 business 的缩写，通常指企业，“2”是 to 的谐音，组合起来就是企业对企业的电子商务。B2B 电子商务运营模式下的电子商务平台主要为企业双方提供信息发布和交易撮合服务，以此获取会员费、广告费、增值服务费等收入。此外，B2B 电子商务使企业能够与它们的供应商、分销商、代理商及其他合作伙伴建立良好的关系，上下游有机地联系在一起，从而降低彼此之间的交易成本。目前，我国常见的 B2B 电子商务平台有 1688、中国制造网等。

（二）我国 B2B 电子商务的发展阶段

（1）萌芽阶段（1997—2000 年）。1997 年 12 月，中国化工网（英文版）上线，成为国内第一家垂直型 B2B 电子商务网站。1999 年可以算是我国电子商务元年，充满了机遇和未知，我国电子商务在这一年真正进入了实质化商业阶段，阿里巴巴 B2B 电子商务平台成立。

（2）起步阶段（2001—2003 年）。受到互联网经济泡沫的影响，这一阶段我国 B2B 电子商务发展缓慢、艰难，部分早期的电商消失。例如，成立不久的阿里巴巴艰难发展，国内寻求投资无果的情况下，差点夭折。

（3）发展阶段（2004—2007 年）。2004 年起，以阿里巴巴为代表的 B2B 电子商务开始稳步盈利，垂直 B2B 电子商务开始崭露头角。

（4）多样化阶段（2008 年—至今）。2008 年以来，中小企业电商意识逐步提高，我国 B2B 电子商务开始呈现多样化发展。综合类平台细化发展，垂直类平台开始深耕。

B2B 电子商务平台的发展经历了 3 个阶段：信息平台阶段、交易平台阶段、生态平台阶段。

（1）信息平台阶段是 B2B 电子商务平台发展的初级阶段。此阶段，平台仅具备信息整合的能力，通过汇集众多的买卖信息，吸引更多的企业会员。

（2）交易平台是现阶段 B2B 电子商务平台发展的主流形式，商品交易中，客户服务、商品展示、支付结算、物流管理等都可以在平台上完成。

（3）构建生态平台是 B2B 电子商务平台发展的趋势。随着新兴技术的不断发展，在网站功能不断完善的背景下，B2B 电子商务将打通供应链，上下游企业以平台为中心结成一个互助互利、具备自我发展功能的商业生态系统，从而为用户提供集线上交易、大数据应用、人工智能服务和供应链金融为一体的服务。

（三）B2B 电子商务的分类

B2B 电子商务的分类标准较多，常见的有以下 3 种。

1. 按照运营主体分类

按照 B2B 电子商务交易平台的运营主体分类，B2B 电子商务可以分为自营 B2B 电子商务平台和第三方中介 B2B 电子商务平台两种类型，如图 3-1 所示。

图 3-1 典型的自营和第三方中介 B2B 电子商务平台

（1）自营 B2B 电子商务平台。规模较大的企业自身实力雄厚，知名度高，上下游客户众多，在进行电子商务活动时，它一般选择自建交易平台。例如，美菜成立于 2014 年，它是一个餐饮食材自营 B2B 电子商务交易平台，运营方是北京云杉世界信息技术有限公司。又如，科通芯城成立于 2010 年，它是我国首家面向中小企业的 IC 元器件自营 B2B 电子商务交易平台，隶属科通集团。

（2）第三方中介 B2B 电子商务平台。第三方中介 B2B 电子商务平台是指不参与交易，只为生产商（或经销商）与采购商提供电子商务交易基础设施服务，如行业资讯、供求信息、网上开店服务、支付服务、物流服务等。第三方中介 B2B 电子商务平台的运营主体一般是纯互联网企业，既不生产产品也不销售产品，如 1688、中国制造网、环球资源等。

自营 B2B 电子商务平台和第三方中介 B2B 电子商务平台的比较，如表 3-1 所示。

表 3-1 自营和第三方中介 B2B 电子商务平台的比较

类 型	优 点	缺 点
自营 B2B 电子商务平台	可以有效把握订单，赚取采购与销售差价，获取较高利润	规模扩张速度受阻，承担风险和资金压力
第三方中介 B2B 电子商务平台	模式轻松，利于快速积累用户及交易量，扩大市场份额	平台存在跑单风险，交易变现只能通过收取佣金

2. 按照贸易类型分类

按照企业从事贸易活动的类型分类，B2B 电子商务可以分为内贸 B2B 电子商务平台和外贸 B2B 电子商务平台两种，如图 3-2 所示。前者是指该电子商务平台的客户都是从事国内贸易的企业，如 1688、中钢网等；后者是指该电子商务平台的客户都是从事进出口贸易的企业，如敦煌网、阿里巴巴国际站等。

图 3-2 内贸和外贸 B2B 电子商务平台

3. 按照服务的行业分类

按照电子商务平台服务的行业分类，B2B 电子商务可以分为水平 B2B 电子商务平台和垂直 B2B 电子商务平台。

（1）水平 B2B 电子商务平台，又称综合 B2B 电子商务平台，是指将多个行业的买卖双方集中到一个网络平台，为其提供信息交流、广告促销、拍卖竞标、商品交易、仓储配送等相关服务。之所以用“水平”这一概念，主要是指该模式下的电子商务平台涉及行业广泛、企业众多。目前，国内典型的水平 B2B 电子商务平台主要有环球资源和 1688（见图 3-3）等。

图 3-3　1688 首页

（2）垂直 B2B 电子商务平台，又称行业 B2B 电子商务平台，是指在某一个行业或细分市场运营的 B2B 电子商务模式，其用户主要是与该行业有关的企业。垂直 B2B 电子商务专注于某一具体行业，分为上游和下游两个方向。在垂直 B2B 电子商务模式下，商家聚集于某一具体的细分领域，与上游供应商形成供货关系，与下游客户形成销货关系。国内的垂直 B2B 电子商务平台有食品行业的食品商务网，钢铁行业的中钢网等，如图 3-4 所示。

图 3-4　中钢网首页

水平 B2B 电子商务平台和垂直 B2B 电子商务平台的比较，如表 3-2 所示。

表 3-2 水平和垂直 B2B 电子商务平台的比较

类 型	优 点	缺 点
水平 B2B 电子商务平台	覆盖广、服务全，潜在用户群大，获利机会多	深度不够，用户群不稳定
垂直 B2B 电子商务平台	专业性很强，信息可靠性高，容易将特定产业的上下游企业聚集在一起，形成较强的聚集效应，并易于建立起忠诚的用户群	宽度不够，不易转化为多元化经营

二、B2B 电子商务平台的交易流程

在实际应用中，B2B 电子商务平台通常分为自营 B2B 电子商务平台和第三方中介 B2B 电子商务平台。下面以这两种类型为例介绍 B2B 电子商务的交易流程。

（一）自营 B2B 电子商务平台交易流程

企业自营 B2B 电子商务平台按照交易对象的不同，还可以分为采购商的 B2B 电子商务平台和供应商的 B2B 电子商务平台。

1. 基于采购商的 B2B 电子商务平台的交易流程

采购商的 B2B 电子商务平台是以采购商为主导，又称为买方主导的 B2B 电子商务平台。基于采购商的 B2B 电子商务平台的交易是由采购商基于自身平台与其上游的供应商开展的各种商务活动，即网络采购。网络采购一般采用网上招投标方式。网上招投标包括公开招标、邀请招标两种，是进行大宗商品买卖、工程建设项目的发包与承包时采取的一种交易方式，网上招投标的交易流程如图 3-5 所示。

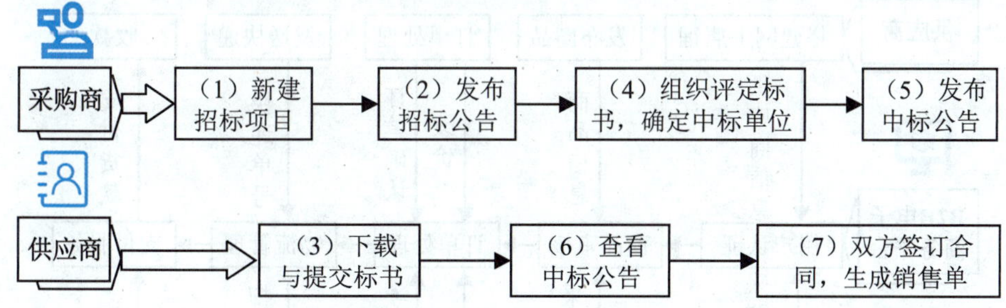

图 3-5 基于采购商的 B2B 电子商务平台的交易流程

2. 基于供应商的 B2B 电子商务平台的交易流程

供应商的 B2B 电子商务平台是以供应商为主导，又称为卖方主导的 B2B 电子商务平台。基于供应商的 B2B 电子商务平台的交易指的是供应商基于自身平台与其下游的采购商开展的电子商务活动。基于供应商的 B2B 电子商务平台的交易流程如图 3-6 所示。

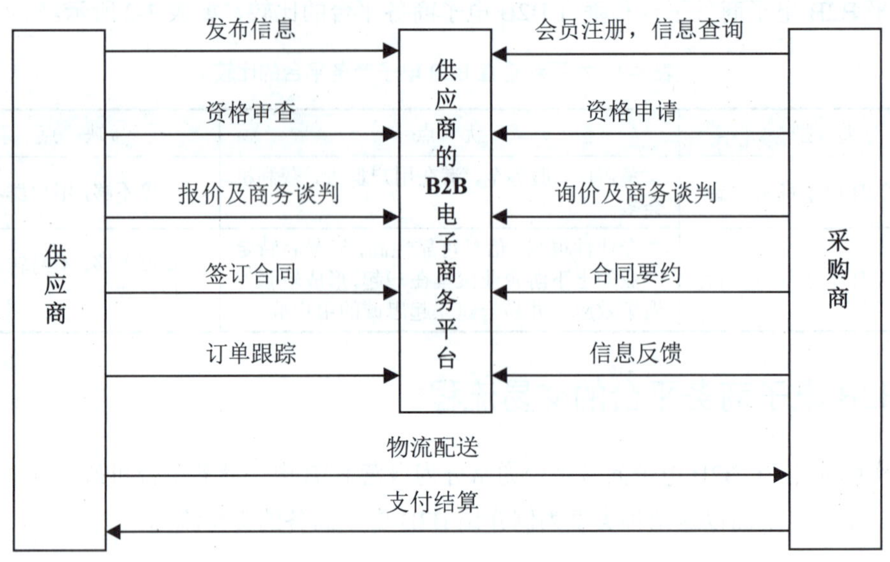

图 3-6　基于供应商的 B2B 电子商务平台的交易流程

（二）第三方中介 B2B 电子商务平台的交易流程

第三方中介 B2B 电子商务平台的交易主要是由第三方中介提供 B2B 电子商务交易平台，采购商和供应商需要登录第三方中介的 B2B 电子商务平台来进行交易。第三方中介 B2B 电子商务平台的交易流程中，涉及的参与主体包括采购商、供应商、第三方中介的 B2B 电子商务平台、物流配送中心和网上银行等，其交易流程如图 3-7 所示。

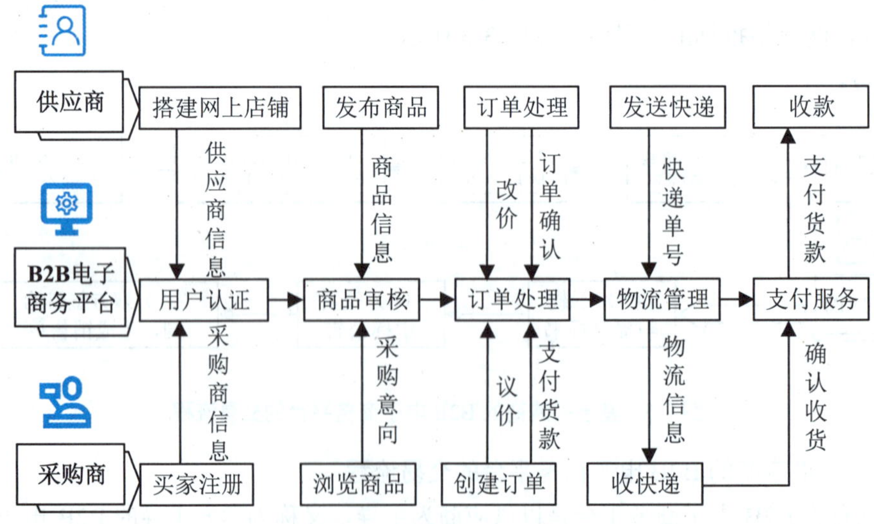

图 3-7　第三方中介 B2B 电子商务平台的交易流程

（1）供应商（卖家）和采购商（买家）必须向平台提供企业相关资质证明材料，以完成用户认证。大多数平台允许用户同时注册两种身份。

（2）完成卖家认证的企业可以搭建网络店铺并将商品信息上传到店铺，同时平台会审核商品；完成买家认证的企业可以浏览商品或发出采购信息。

（3）买家确定采购商品的规格和数量后，就可以创建订单，创建好的订单会立即出现在卖家的管理后台。此时卖家需要进行订单处理并与买家沟通，确认订单信息。如果买家要求合理的价格优惠，卖家还可以修改订单并再次要求买家确认相关信息。买家确认订单信息并支付货款后（此时货款并未直接进入卖家账户），卖家将订单提交给仓库。

（4）卖家仓库按照订单上的要求配货并发送快递，此时物流公司会提供相关物流信息，买家可随时查看快递状态。

（5）买家收到快递，在平台确认收货，平台通过支付工具将货款自动打入卖家账号。

三、B2B 电子商务平台的盈利模式

目前，国内 B2B 电子商务平台的盈利模式主要有销售收入、会员费、交易佣金、广告费、竞价排名费、增值服务费、线下服务费等。

（一）销售收入

企业采取自营 B2B 电子商务平台模式运营电子商务项目时，自营 B2B 电子商务平台就相当于企业的网上销售渠道，企业可以获取商品交易的销售收入。

（二）会员费

会员费是 B2B 电子商务平台最主要的收入来源之一。企业注册为平台类电子商务企业的会员，每年交纳一定的会员费，就可以享受建立商铺，发布企业资料、商品信息和商情信息，营销推广，客户管理等服务，以及各类线下增值服务。例如，诚信通就是 1688 为内贸企业量身打造的，以企业诚信体系为内核的电子商务会员服务，包括各类身份认证与技术服务。诚信通会员可享受的权益如图 3-8 所示。

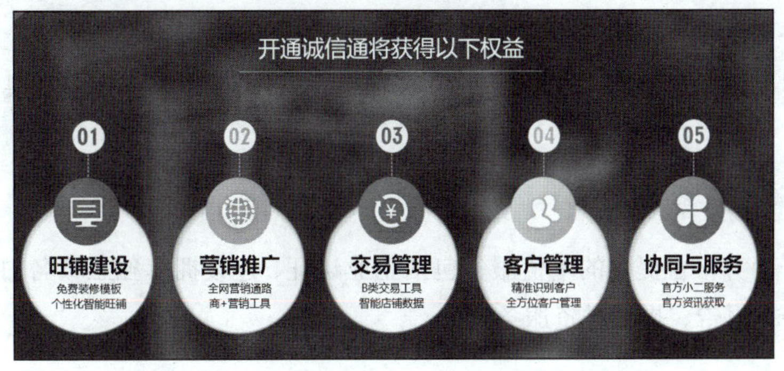

图 3-8　诚信通会员的主要权益

（三）交易佣金

一部分 B2B 电子商务平台会对发生在平台内的交易收取一定的交易佣金。例如，以下是敦煌网的佣金收取标准（截至 2022 年 11 月 30 日）。

（1）当单笔订单金额少于 300 美元时，平台佣金率为 12.5%～21.5%（中国品牌手机、土耳其合作伙伴专用类目按 5.5%收取，“DH Special”类目暂不收取佣金）。

（2）当单笔订单金额大于等于 300 美元且少于 1 000 美元时，平台佣金率为 4.0%～8.0%（中国品牌手机、土耳其合作伙伴专用类目按 1.5%收取，“DH Special”类目暂不收取佣金）。

（3）当单笔订单金额大于等于 1 000 美元时，平台佣金率为 0.15%～3.5%（“DH Special”类目暂不收取佣金）。

（四）广告费

网络广告也是 B2B 电子商务平台的主要收入来源之一。比较典型的广告类型有弹出广告、轮播广告、横幅广告等。图 3-9 为 1688 家居百货市场首页的轮播广告。

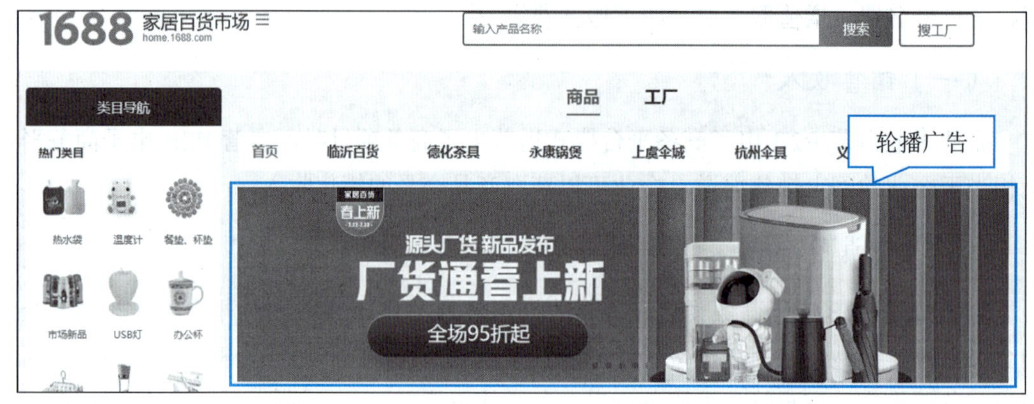

图 3-9　1688 家居百货市场首页的轮播广告

（五）竞价排名费

B2B 电子商务平台内的竞价排名与搜索引擎网站的竞价排名类似。企业在一定的时间内对产品关键词进行竞价，价格越高，企业的商品信息出现在用户搜索结果列表中的位置越靠前。

（六）增值服务费

B2B 电子商务平台提供的增值服务包括企业认证、建设拥有独立域名的网站站点、提供行业数据分析报告、提供融资服务等。

（七）线下服务费

B2B 电子商务平台除了提供线上交易服务，还会为商家提供一些线下服务，主要包括展会、研讨会等。通过展会，供应商和采购商可以面对面地交流，一般的中小企业非常青睐这种方式。

四、B2B 电子商务平台的运营

（一）重技术投入，专注平台打造

B2B 电子商务平台最基本的功能是为买卖双方提供网上交易的基础设施，这些网络基础设施的建设需要大量技术研发投入。同时，为了提升平台的客户忠诚度，要不断地进行平台优化，专注平台打造。

（二）重内容质量，整合信息资讯

企业与企业之间的交易并不像零售交易那样灵活，很多企业采取线上联系、线下交易的模式开展电子商务活动。因此，从信息资讯的内容建设入手，也是国内 B2B 电子商务平台发展的普遍选择。

例如，环球资源通过展会、数字化贸易平台及贸易杂志等多种渠道连结全球诚信买家及已核实供应商，为它们提供定制化的采购方案及值得信赖的市场资讯。

素养之窗

2021 年 5 月，广东省惠东县菜农石青天的近 2 万斤滞销包菜被美菜承包了，如图 3-10 所示。美菜将这批滞销包菜以爱心助农价在美菜商城 App 上线，包菜刚一上线就被广深两地的餐饮商户“秒杀”一空。实际上，类似的事情在美菜并不鲜见。

图 3-10 美菜员工赶到包菜地帮忙采收

美莱一直在探索扶农助农新模式，本着“美莱助农，振兴乡村”的社会责任，在“农产品救急”的基础上，加强“汇爱扶弱、助农兴产”的企业行动。美莱相关负责人称，今后美莱将响应国家“乡村振兴”号召，继续致力于让农业成为更高效的产业，让农民成为更有吸引力的职业。

任务实施　在 1688 创建企业账户

从事 B2B 电子商务交易，需要在 B2B 电商平台创建企业账户。假设你所在的企业想在 1688 上创建企业账号，可按下述步骤进行操作。

步骤 1　在浏览器中访问 1688 网站（https://www.1688.com），在页面顶部单击“免费注册”超链接，在弹出的对话框中，单击“同意协议”按钮，进入“账户注册”页面，如图 3-11 所示。

图 3-11　1688 账户注册页面

步骤 2　注册企业账户时，需要输入企业名称。此时需要注意，企业名称必须与营业执照上的企业名称一致。

步骤 3　注册成功后，可进一步完善“基本信息”和“公司信息”，如图 3-12 所示。完善信息后，单击“保存”按钮即可。

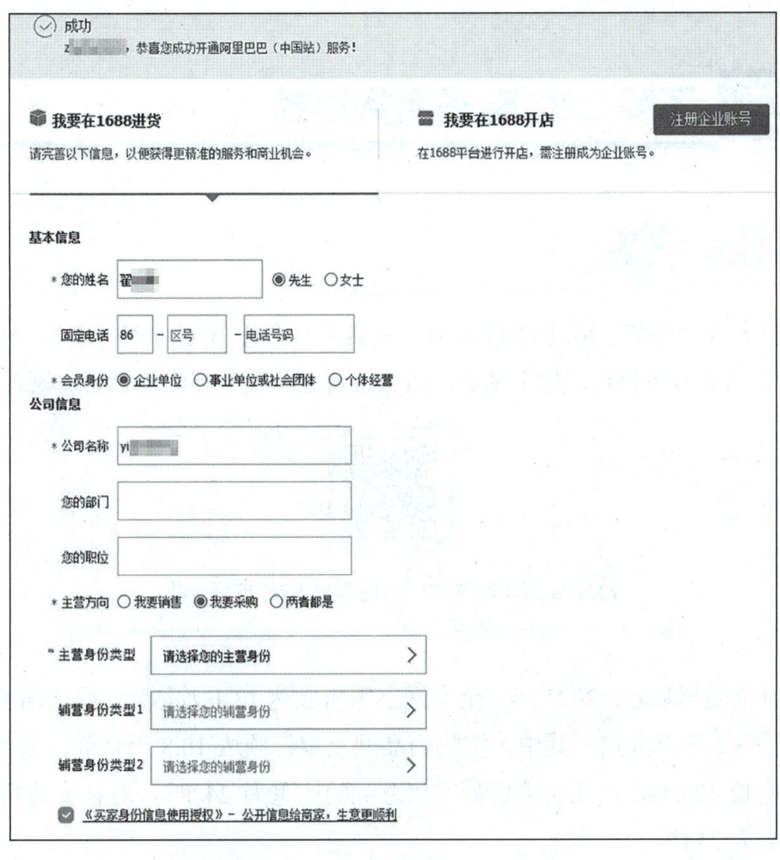

图 3-12　完善信息页面

步骤4 用创建好的账户登录，进入1688商家工作台（见图3-13），可以进行店铺的试运营。完成在1688开店，还需要完成订购诚信通和认证两步。

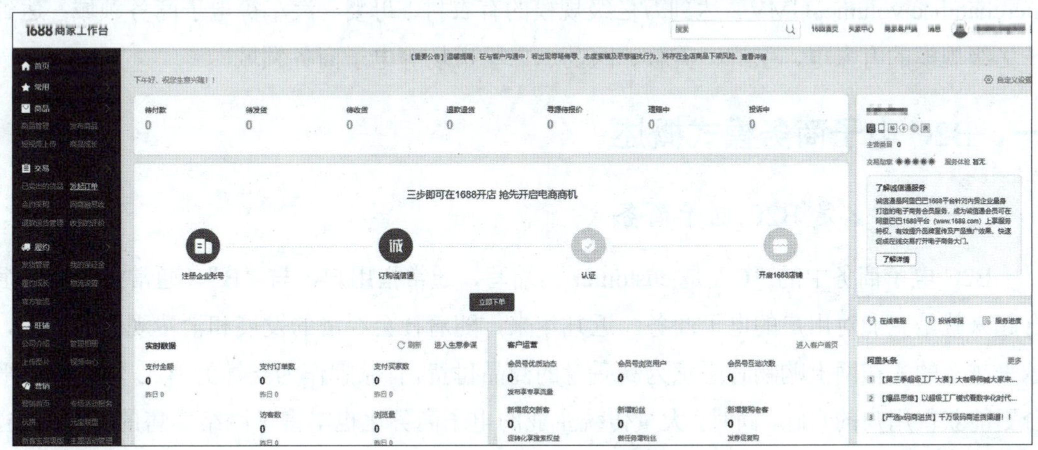

图 3-13　1688 商家工作台页面

任务二 了解 B2C 电子商务模式

任务导入

扫码观看微课视频“2021 年第 4 季度我国网络零售 B2C 市场分析”，然后说一说什么是 B2C 电子商务模式，你平时使用的电子商务平台中哪些属于这种模式。

2021 年第 4 季度我国网络零售 B2C 市场分析

国家统计局数据显示，2021 年，全国网上零售额达 13.1 万亿元，同比增长 14.1%，增速比上年加快 3.2 个百分点。其中，实物商品网上零售额达 10.8 万亿元，首次突破 10 万亿元，同比增长 12.0%，占社会消费品零售总额的比重为 24.5%，对社会消费品零售总额增长的贡献率为 23.6%。

网络零售又称网络购物，是指交易双方以互联网为媒介进行的商品交易活动，即通过互联网进行的信息的组织和传递，实现了有形商品和无形商品所有权的转移或服务的消费。B2C 电子商务和 C2C 电子商务是网络零售的两种模式。其中，商品交易总额（gross merchandise volume, GMV）达到万亿级规模的有农村、母婴、汽车等电子商务领域；达到千亿级规模的有家电、生鲜、美妆、医药、二手市场等电子商务领域。

一、B2C 电子商务模式概述

（一）什么是 B2C 电子商务

B2C 电子商务中的“C”是 customer 的缩写，通常指用户，与“B”（通常指企业）组合起来就是企业对用户的电子商务。近几年来，随着社会经济的发展和消费观念的升级，越来越多的人在网上购物时愿意为高质量的商品付费，有品牌作为支撑的 B2C 电子商务平台更能获得用户的青睐。同时，大量传统企业的电子商务化也丰富了网络零售的商品品类，促进了 B2C 电子商务市场的扩张。因此，目前 B2C 电子商务已经占据网上零售市场的主要份额。

B2C 电子商务越来越关注客户个性化服务。在当前“以客户为中心”的时代，谁真正了解客户，拥有客户并有效地服务于客户，谁就能在竞争中赢得先机。电子商务的迅速发展为企业的客户关系管理带来了无限的发展空间，它主要借助网络环境下信息获取和交流的便利对客户信息进行收集和整理；充分利用大数据、云计算、人工智能等新兴技术将大量客户资料加工成有用的信息，给信息打上标签，形成客户画像，有效识别目标客户，捕捉客户需求；以信息技术和网络技术平台为核心开展客户服务管理，为匹配的客户提供个性化服务，从而提高客户满意度和忠诚度，产出更多的价值。

知识拓展

客户画像即客户信息标签化，利用这些标签将客户形象具体化，完美地抽象出一个客户的信息全貌。通过客户画像，企业可以更加了解自己的目标客户群体，从而为其提供有针对性的服务。客户画像的建立是一个长期积累的过程，其核心价值就是从业务角度出发对客户进行分析，了解客户需求及需求变化，有效识别目标客户。识别目标客户后，企业要以客户偏好的方式促成初次交易，建立客户关系。与客户建立关系后，企业需要对客户进行持续的管理和维护，提高客户满意度和忠诚度，防止客户流失。这个完整的过程即电子商务客户关系管理。

电子商务客户关系管理是一个系统工程，既需要传统客户关系管理理论作指导，又需要互联网技术作支撑，电子商务客户关系管理的内容如图 3-14 所示。其中，电子商务客户信息管理是系统运行的基础，无法处理海量的客户信息，服务也就无从谈起；电子商务客户满意度管理和电子商务客户忠诚度管理是客户服务的目标与核心，所有客户服务都是为了让客户满意并维持长久的合作关系；电子商务客户服务管理是关键内容，它是让客户满意的重要手段。

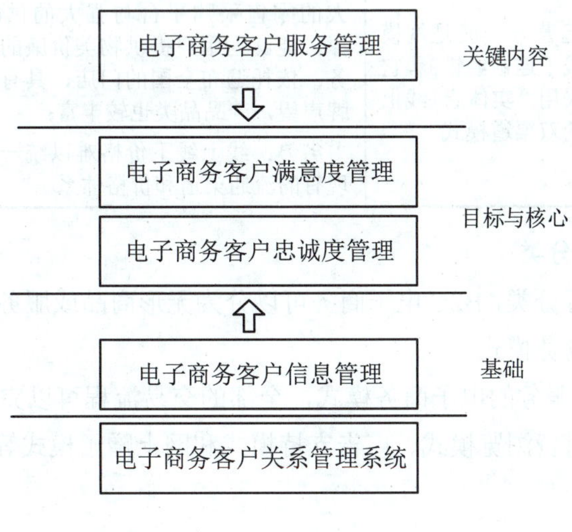

图 3-14 电子商务客户关系管理的内容

（二）B2C电子商务的分类

B2C电子商务为企业和用户提供了更简捷、方便的商品交易方式，且其分类标准较多，不同分类标准下B2C电子商务的类型存在着差别。

1. 按照平台运营主体分类

B2C电子商务的主要应用形式是大型的网购商城，不同的运营主体为用户提供的商品和服务有着较大的区别。具体来说，B2C电子商务模式下的网购商城大致有综合平台商城、综合独立商城、网络品牌商城和连锁购销商城4种，如表3-3所示。

表3-3　B2C网购商城按照平台运营主体分类

类　型	定　义	特　点	代表企业
综合平台商城	商城运营方不参与买卖双方的交易，仅作为第三方提供交易支持服务。商品的采购、上架、营销、发货均由入驻平台的网店自主运营及维护	优势：没有商品销售的压力，也没有库存商品占用资金，同时也无须承担网店经营成本； 劣势：平台难以控制商品的质量和客户服务水平，用户的购物体验在不同网店差异很大	天猫
综合独立商城	商城运营方就是交易的卖家，即使有其他企业入驻，其网店也属于平台代管运营	优势：商城运营方掌控商品销售的全过程，不仅可以保证商品质量和客户服务水平，还可以用规模优势压缩商品进货成本； 劣势：内部结构复杂；资金投入巨大；网店的经营策略不如店主自营灵活	京东
网络品牌商城	商城运营方一般是知名的网络品牌，采用自主生产或贴标的形式提供商品	优势：对市场变化反应敏感，商品创新快；对品牌有完全的自主权； 劣势：品牌推广投入大、销售利润低、商城的商品品类少	凡客诚品
连锁购销商城	商城运营方一般是规模较大的线下连锁经销商，它们一般采用“实体店+线上商城”的双渠道模式	优势：与生产商关系密切，依托线下强大的零售采购平台与强大的供应链的支撑，能够为用户提供物美价廉的商品或服务；依托遍布全国的门店，具有较高的品牌声望，产品品类也较丰富； 劣势：线上线下价格难以统一，易冲击现有的流通渠道和价格体系	苏宁易购

2. 按照交易客体分类

按照交易客体进行分类，B2C电子商务可以分为无形商品或服务的电子商务模式和有形商品或服务的电子商务模式。

（1）无形商品或服务的电子商务模式，全部的交易流程可以完全通过网络进行，主要有网上订阅模式、付费浏览模式、广告支持模式和网上赠予模式等，如表3-4所示。

表 3-4 无形商品或服务的电子商务模式的主要类型

类 型	定 义	实 例
网上订阅模式	是指企业通过网页向互联网用户提供网上直接订阅服务，用户可以直接浏览或消费	在线教育、在线娱乐、在线游戏、在线服务等
付费浏览模式	是指通过网页向互联网用户提供计次收费性（或交纳会员费成为其会员）网上信息浏览和信息下载的服务	期刊网、百度文库等
广告支持模式	是指在线服务商免费向互联网用户提供信息在线服务，而营业活动全部用广告收入支持	百度、雅虎等在线搜索服务网站
网上赠予模式	是指企业向互联网用户赠送商品（主要是软件类），吸引他们购买其他商品，以扩大企业的知名度和市场份额	360 软件管家等

（2）有形商品或服务的电子商务模式，查询、洽谈、订购和支付结算等均可通过网络进行，但最终的交付，需要通过传统的方式实现。根据经营主体的不同，有形商品或服务的电子商务模式可以分为独立 B2C 网站和 B2C 电子化交易市场两种。

知识拓展

有形商品或服务的两种电子商务模式

（1）独立 B2C 网站。独立 B2C 网站是指由企业自行搭建的网上交易平台，需要企业具有较强的资金和技术实力，能够完成自身网站的开发、建设、支付和维护等一系列活动，如唯品会等。

（2）B2C 电子化交易市场。B2C 电子化交易市场也称为 B2C 电子商务中介或 B2C 电子市场（electronic marketing, EM）运营商，指在互联网环境下利用通信技术和网络技术等手段把参与交易的买卖双方集成在一起的虚拟交易环境。B2C 电子市场运营商一般不直接参与电子商务交易，而是由专业的中介机构负责电子商务市场的运营，其经营的重点是聚集入驻卖家和买家，扩大交易规模。常见的 B2C 电子化交易市场有天猫、招商银行信用卡商城等。

3. 按照商品品类分类

按照 B2C 电子商务平台所经营的商品品类覆盖的范围大小分类，可以将其分为垂直 B2C 电子商务和综合 B2C 电子商务。

（1）垂直 B2C 电子商务是指专门销售某一品牌或某一品类的商品。垂直 B2C 电子商务又可以分为品牌垂直电子商务和平台垂直电子商务。品牌垂直电子商务只销售单一品牌的商品，如小米商城、华为商城只销售小米、华为旗下的商品；平台垂直电子商务是指只销售某一品类的商品，该交易平台上聚拢了多个品牌供消费者选择，如聚美优品就涵盖了化妆品品类下的多个品牌。

（2）综合 B2C 电子商务是指销售多品类、多品牌商品的综合性电子商务平台，如天猫、京东等，它们销售的商品品类非常多，并且每个品类下又包含很多的品牌，可以满足广大消费者的不同需求。

4. 按照企业与用户的买卖关系分类

按照企业与消费者之间的买卖关系分类，B2C 电子商务可以分为卖方企业对买方个人的 B2C 电子商务和买方企业对卖方个人的 B2C 电子商务两种模式。

（1）卖方企业对买方个人的 B2C 电子商务模式即企业出售商品或服务给个人用户，是最常见的 B2C 电子商务模式，代表平台有京东、天猫等。

（2）买方企业对卖方个人的 B2C 电子商务模式即企业在网上向个人求购商品或服务（主要是服务）的一种 B2C 电子商务模式，如设计类网站、招聘类网站等。

二、B2C 电子商务平台的交易流程

不同类型 B2C 电子商务的交易流程基本上大同小异。整合了信息流、资金流和物流的 B2C 电子商务平台的交易流程如图 3-15 所示。

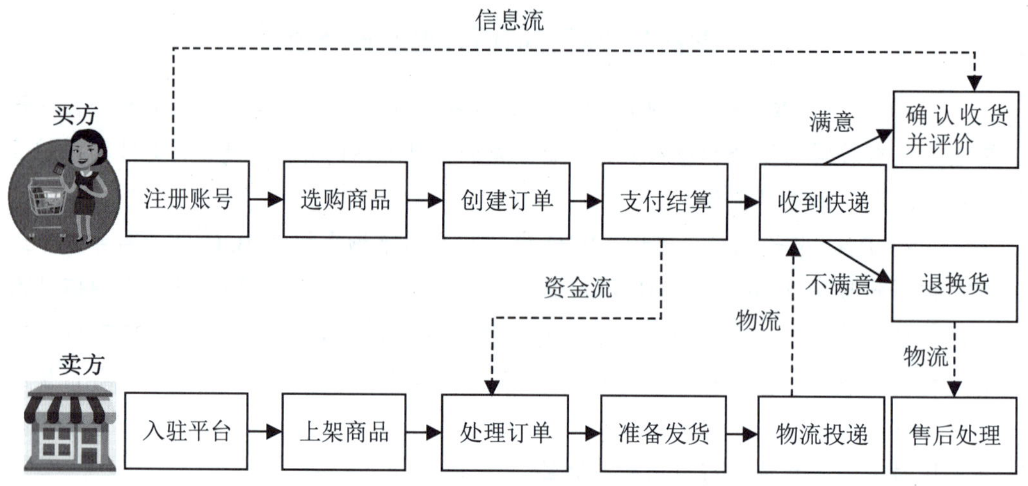

图 3-15　B2C 电子商务平台的交易流程

（一）买家交易流程

（1）注册账号。买家在购物之前，必须先注册账号。一般来说，注册账号时，用户需要设置用户名、登录密码、收货地址、电话号码等个人信息。

（2）选购商品。账号注册成功后，买家就可以选购商品了。对于购买目标明确的买家，可以通过使用平台提供的搜索工具按关键词进行搜索，找到心仪的商品就可以将其放入购物车。在购物车里，买家可以随时修改采购商品的规格和数量。

（3）创建订单。确认好要购买的商品后，买家就可以提交订单了。订单提交后，交易平台会将买家购买商品的数量、规格、地址、电话等信息提交给卖家。

（4）支付结算。买家确认价格后进入支付结算环节，支付方式主要有货到付款、网银支付、第三方支付等。未支付的订单有时间限制，超过时限订单就会自动取消。

（5）收到快递。卖家在买家付款以后就会安排物流发货。买家可通过物流查询系统了解商品的物流信息。收到商品后买家需要查看商品是否完好或有没有缺漏。

（6）确认收货并评价，或者退换货。如果买家对商品满意，即可确认收货，并对商品和店铺进行评价；如果买家对商品不满意，应第一时间联系卖家，申请售后处理。

（二）卖家交易流程

（1）入驻平台。主流电子商务交易平台都会对入驻企业提出资质审核或入驻要求。例如，商家入驻天猫商城时，不仅需要提交品牌信息、企业信息及相关资质证明，还需要缴纳一定数额的保证金和年费，如图 3-16 所示。

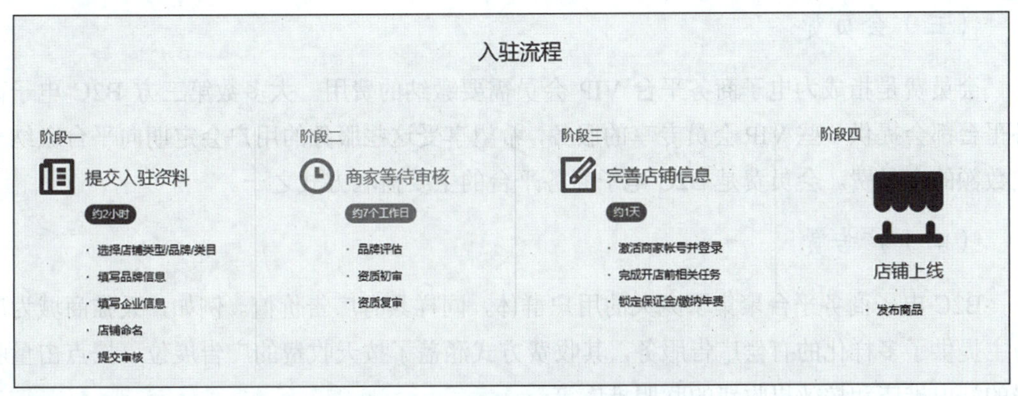

图 3-16　天猫的商家入驻流程

（2）上架商品。卖家入驻平台并创建店铺以后，就可以发布商品了。发布商品时要严格遵守平台的相关要求。

（3）处理订单。买家有购买意向时，卖家需要通过客服软件与买家积极沟通，引导交易达成。例如，当买家希望商品价格更优惠一些时，卖家可以修改价格以促成交易。客户服务是贯穿交易始终的一项重要工作，它不仅可以解决买家的疑问，确保订单的达成，还可以提高买家的忠诚度，使其成为网店的回头客。

（4）准备发货。买家支付货款后，卖家要通知仓库打包商品并打印出货单。

（5）物流投递。商品打包完成后，卖家联系物流公司，填写快递面单，并在后台及时录入物流信息，方便买家进行查询。

（6）售后处理。如果买家对商品不满意，卖家应安抚买家，确认问题并及时处理，同时也要详细告知买家退换货流程，避免出现进一步的交易纠纷。

三、B2C 电子商务平台的盈利模式

（一）销售利润及返点

电子商务平台销售自己生产或采购的商品，可以获取销售利润。例如，京东自营商品的销售额扣除其采购成本、平台基础设施建设的固定成本，以及推广成本，剩下的就是京东的利润。并且从供应商那里采购商品，还可以享受一定比例的返点。

（二）交易佣金

以京东为例，它在经营自营商品的同时还吸引了大量的第三方卖家入驻。第三方卖家除了需要缴纳平台使用费，还需要从成交订单中按一定费率向京东商城缴纳交易佣金。京东商城的平台使用费和交易佣金根据商品的不同而有所差异。以男士钱包商品为例，其平台使用费为 1 000 元/月，按年度收取；交易佣金按每个订单成交金额的 8%收取。

（三）会员费

会员费是指成为电子商务平台 VIP 会员需要缴纳的费用。大多数第三方 B2C 电子商务平台都会提供一些 VIP 会员专享的服务，希望享受这些服务的用户会定期向平台缴纳一定数额的会员费。会员费是 B2C 电子商务平台的主要盈利方式之一。

（四）广告费

B2C 电子商务平台聚集了庞大的用户群体，同样具有广告价值。例如，天猫商城为广告主提供了多样化的有偿广告服务，其收费方式涵盖了按天收费的广告展位、按点击量收费的站内推广和按效果收费的联盟推广等。

（五）增值服务费

增值服务费是指为商家提供物流、金融等增值服务并收取一定的费用。2012 年 11 月，京东正式对商家开放物流服务系统平台，自此，其物流系统除满足自身需求外，还对外提供物流服务。

四、B2C 电子商务平台的运营

B2C 电子商务平台的运营主要包括成本控制、产品定价、促销活动、销售统计与分析、客户服务等内容。

（一）成本控制

一直以来，网络零售对消费者最大的吸引力就是产品价格便宜。因此，如何尽可能地降低“成本”就成为 B2C 电子商务平台运营的第一要务。需要注意的是，这里所说的“成

本”不仅表现为产品和营销成本，还表现为办公成本、人工成本、物流成本、融资成本等。谁能在相同质量的产品上给出更低的报价，谁就能真正打动消费者。

例如，阿里巴巴集团开发阿里云相关产品的原始动力就来源于成本压力。从淘宝、1688、天猫等对网络资源的巨大需求来看，阿里巴巴集团寻求从技术上获得突破，从而降低平台对网络资源的使用成本几乎是其唯一可做的选择。

（二）产品定价

对于刚刚起步的B2C电子商务平台来说，最重要的工作就是积累用户，此时平台应该降低自己的利润空间，推出物美价廉的产品。同时，还可以用其他方式继续积累用户，如推出赠品、减免运费等。当平台用户达到一定规模后，就可以逐渐减少活动频率或上调产品的价格。实际上，当用户习惯在某个平台购物后，他们就不会因为几块钱的差价而去别的平台购物了。

（三）促销活动

促销活动对B2C电子商务平台的意义重大。首先，促销活动可以将库存商品迅速变现；其次，促销活动能够迅速打造平台的品牌影响力，积累更多的用户；最后，促销活动给消费者带来的实惠可以提升消费者的满意度，平台在此基础上可以进行口碑营销，甚至让消费者自发地宣传企业的品牌或商品。在社交媒体时代，口碑对交易达成的影响力已经毋庸置疑。例如，天猫的“双11”购物狂欢节、京东商城的618店庆日都是非常成功的促销活动，它们对于平台的发展具有重要的促进作用。

（四）销售统计与分析

B2C电子商务平台可以通过网站的数据进行销售统计与分析，获得详尽的分析报表，包括营销报表（日、周、月、季、年的销售、预售、实收等营收报表）、商品销售报表（汇总和明细）、商品类别销售报表（汇总和明细）等，这能够为网站商家的广告投放提供依据，帮助商家优化网站阵列方式。在进行销售统计与分析时，商家还可借助其他流量统计软件，如百度统计、友盟+等。

（五）客户服务

客户服务能够为消费者解决购物过程中的困难，但更重要的是，企业可以通过客户服务与消费者建立牢固的关系。可以说，客户服务是B2C电子商务平台运营的最重要的工作之一。无论是客服响应速度还是退款速度，都在潜移默化地培养消费者的消费习惯，一旦消费者建立起在该平台的消费习惯，其他平台就无法轻易地“挖走”这位消费者。

素养之窗

2021年5月10日，百度与人民网研究院联合发布《百度2021国潮骄傲搜索大数据》报告（以下简称“报告”），报告显示，国潮十年关注度上涨超五倍，今天的国潮已经迈入3.0新阶段，早已不局限于新国货，而是文化、科技等各个领域背后中国力量的全面崛起。

百度搜索大数据显示，近十年，“国潮”相关搜索热度上涨528%。从经典国货到中国智造，再到文化、科技全面开花，国潮走过三个阶段，定义不断拓展。报告指出，国潮1.0时期，一众老字号商品回春，此时的国潮尚处于萌芽阶段，集中于服装、食品、日用品等生活消费范畴；国潮2.0时期，国货通过品质升级、品牌化运营，在手机、汽车等更多高科技消费领域开花，打造出更高品质的商品；国潮3.0时期，国潮内涵再扩大，中国品牌、中国文化和中国科技引领了全面全新的国潮生活，此时的国潮不仅限于实物，更有民族文化与科技骄傲的潮流输出。如今的国潮正在向世界输出来自中国的潮流新思路，是国人对于中国经济、文化、科技实力的全面自信。

任务实施　销售接待模拟演练

国内主流的B2C电商平台有：天猫、京东、唯品会、苏宁易购、拼多多、当当等。商家想要在众多的电商平台同类商家中脱颖而出，优质的客户服务是关键因素之一。假设你是某B2C商家的网络客服，面临下面两个剧本里面买家的问题，你将如何解决。

两人一组，分别扮演买家和网店客服，完成一次销售接待模拟演练。由扮演买家的同学选择任务剧本。任务完成后，由老师对演练过程及结果进行点评。

（1）剧本一。

买家想要购买台式电脑主机，于是联系网店客服。

① 买家和客服各自熟悉如图3-17和图3-18所示的商品信息，然后由买家就电脑主机的配置向客服提出疑问。客服必须有问必答。

图3-17　商品广告图片

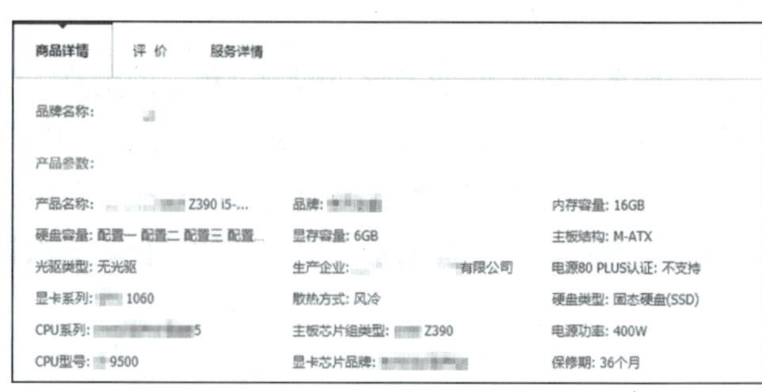

图3-18　商品属性信息

② 熟悉如图 3-19 所示的评论信息，然后由买家借由这些差评质问客服：“为什么很多人反映风扇声音很大？”请客服给出合理解释。

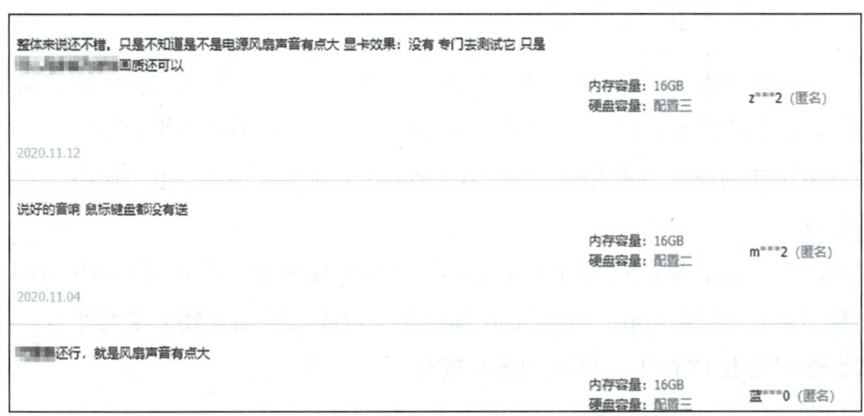

图 3-19 商品评论信息

（2）剧本二。

网店与圆通速递、申通快递、韵达均有合作，但与顺丰速运没有合作。买家询问客服一些物流相关问题：

① 你们店里可以发哪些快递？

② 能送到云南较为偏远的小镇吗？

③ 能否将物流服务商更换为顺丰速运？

任务三 了解 C2C 电子商务模式

任务导入

扫码观看微课视频“C2C 电子商务模式的特点”，然后说一说除了淘宝，你还知道哪些 C2C 电子商务网站或 App。

C2C 电子商务模式的特点

一、C2C 电子商务概述

（一）什么是 C2C 电子商务

C2C 电子商务就是用户对用户的电子商务。C2C 电子商务模式类似于现实商务世界中的跳蚤市场，其构成要素，除了包括买卖双方外，还包括电子商务平台供应商，即类似于现实中跳蚤市场的场地提供者和管理员。在 C2C 电子商务交易中，电子商务平台供应商的作用举足轻重。

在国内，淘宝占据着 C2C 电子商务的绝大部分市场份额，其他诸如拍拍 App（京东旗下二手交易平台）、转转 App、闲鱼 App 等拍卖平台或二手闲置物品交易平台，则在移动购物领域继续探索着 C2C 电子商务的未来前景。

（二）C2C 电子商务的分类

1. 按照交易的商品类型分类

按照交易的商品类型分类，C2C 电子商务可以分为实物交易平台和智慧交易平台。

（1）实物交易平台即以普通商品为交易对象的 C2C 电子商务平台，其交易商品从汽车、电脑办公到服饰、家居用品，以及网络游戏装备和虚拟货币等，品类齐全。常见的 C2C 实物交易平台有淘宝、闲鱼、转转、交易猫等。

（2）智慧交易平台即以企业或个人的智慧为交易对象的 C2C 电子商务平台，他们在互联网上通过解决科学、技术、工作、生活和学习中的问题，让知识、智慧、经验和技能体现经济价值。常见的 C2C 智慧交易平台有知乎、百度知道、百度贴吧等论坛，平台用户按照其行为可以分为回答者和提问者两类。

2. 按照交易的平台运作模式分类

按照交易的平台运作模式分类，C2C 电子商务可以分为网上拍卖、网上店铺和二手闲置物品交易等类型，如表 3-5 所示。

表 3-5　C2C 电子商务按照交易的平台运作模式划分的类型

类　型	定　义	特　点	代表企业
网上拍卖	卖家在 C2C 电子商务平台发布将要出售的商品或服务信息，买家通过竞争的方式轮流出价，在拍卖时间截止之后，出价最高的买家获得商品或服务	网上拍卖的优势在于能够吸引尽可能多的消费者参与交易，使得商品或服务的成交价格达到甚至超过卖家的心理价位。同时，相对于传统拍卖，进行网上拍卖的卖家可以规定适合自己的拍卖规则，增加了交易的灵活性	eBay

（续表）

类 型	定 义	特 点	代表企业
网上店铺	个人消费者借助 C2C 电子商务平台开设网上店铺，利用网上店铺进行零售交易	交易流程与 B2C 电子商务基本相同，不同的是卖家的交易主体也是个人消费者。因此，个人店铺可能存在无法提供全面的售后服务，或者无法为订单开具发票等问题	淘宝
二手闲置物品交易	个人消费者借助 C2C 电子商务平台进行二手闲置物品交易。随着大众生活水平的提高，以及商品更新换代频率的加快，加上二手交易流程的优化，二手闲置物品交易逐渐在移动电子商务平台发展起来	其主要功能是为个人消费者达成二手闲置物品交易提供信息发布或交易磋商的平台。目前，大多数二手闲置物品交易平台以 App 的形式运营，并依托消费者的社交关系网络推广商品信息	闲鱼 App，转转 App，拍拍 App，孔夫子旧书网

网上拍卖是通过互联网进行的在线交易的一种模式。网上拍卖的方式有很多，如网络英式拍卖、网络荷兰式拍卖、集体议价、逢低买进、反拍卖、一口价等，具体内容请同学们扫码观看微课视频“网上拍卖的方式”了解一下。

网上拍卖的方式

二、C2C 电子商务平台的交易流程

C2C 电子商务各类型之间的差异较大，其平台交易流程也各不相同。下面以淘宝为例介绍各常见类型的交易流程，如图 3-20 所示。买方和卖方的具体流程情况如表 3-6 所示。

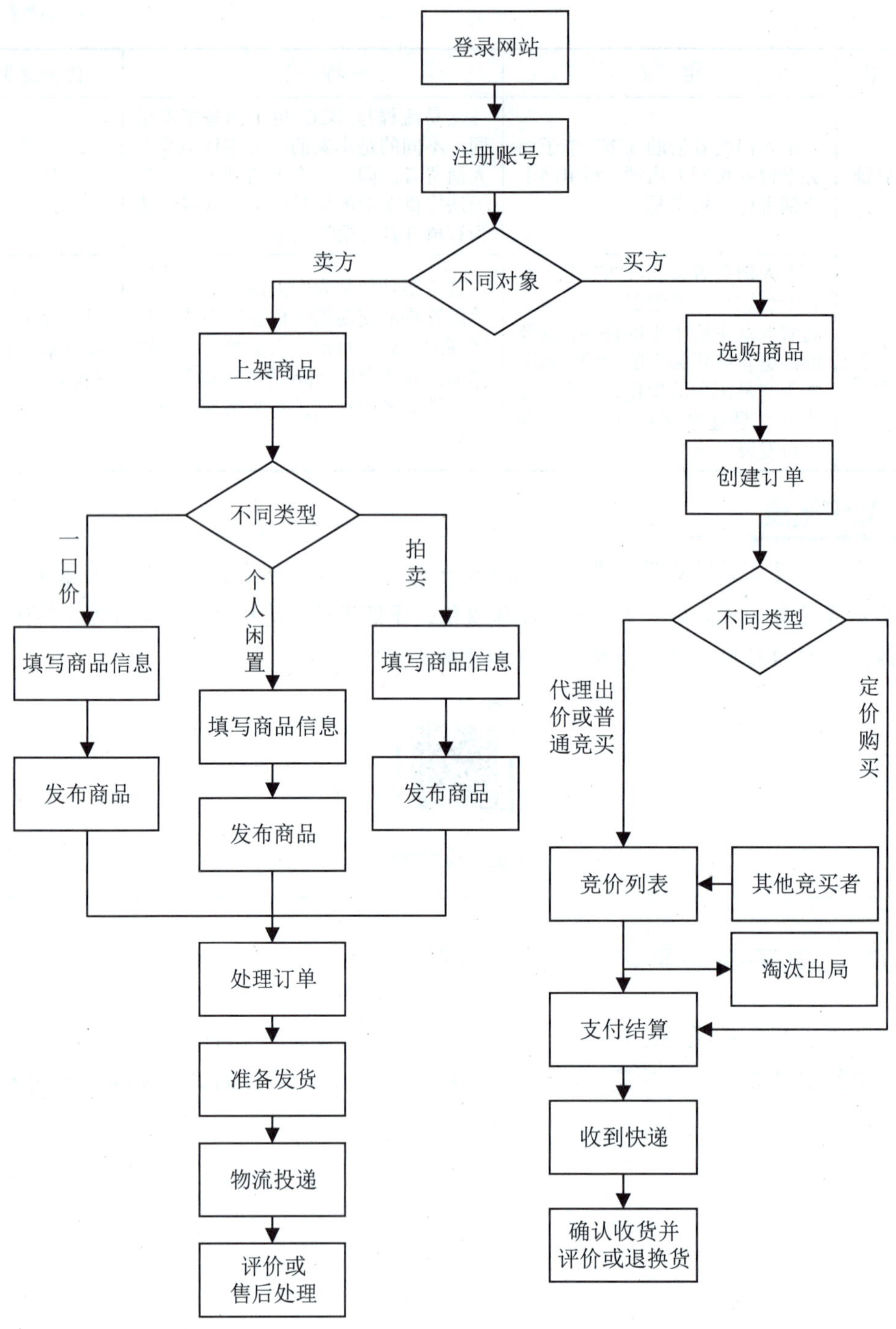

图 3-20　C2C 电子商务平台的交易流程

表 3-6 C2C 电子商务买方和卖方的具体流程情况

买方步骤	买方具体流程	卖方步骤	卖方具体流程
注册账号	在购物前，须先注册账号。注册账号时，用户须设置基本的个人信息	注册账号	在淘宝上，用户申请个人店铺，仅需要进行支付宝认证、主体信息登记和实人认证即可
选购商品	买方用账号登录之后，就可以购买商品。买方可无目的地浏览网站上商品，也可通过在站内搜索关键词直接查找心仪的商品，加入购物车	上架商品	卖方创建个人店铺后即可上架商品。卖方发布商品信息时，可选择一口价、个人闲置或拍卖的方式进行出售，没有选择的情况下，会默认选择一口价
创建订单	买方创建订单时，如果是一口价和个人闲置，一般对应定价购买的方式，可单击“立即购买”按钮创建订单；若是拍卖则需要进行竞拍，竞拍成功才代表购买成功，否则淘汰出局	处理订单	买方有购买意向时，卖方需要通过客服软件与买方进行沟通，解答买方问题，以便促成交易。买方支付货款后，订单信息就会出现在卖方后台的“已卖出的宝贝”中，卖方可对订单进行相应的处理
支付结算	买方确认购买后进入支付结算环节，选择相应的支付方式进行支付	准备发货	买方购买成功，支付货款后，卖方要通知仓库打包商品并打印出货单
收到快递	买方可通过物流查询系统了解商品的物流信息。收到商品后，买方需要查看商品是否完好或有没有缺漏	物流投递	商品打包完成后，卖方联系物流公司，填写快递面单，并在后台及时录入物流信息，方便买方进行查询
确认收货并评价或退换货	如果买方对商品满意，即可确认收货，并对商品和店铺进行评价，同时获得信用分；如果买方对商品不满意，应第一时间联系卖方，申请售后处理	评价或售后处理	买方确认收货后，卖方可以进行评价，并获得信用分。如果买方对商品不满意，卖方应安抚买方，确认问题并及时处理，同时也要详细告知买方退换货流程，避免出现进一步的交易纠纷

提 示

个人闲置商品是指已通过支付宝实名认证的淘宝用户个人持有，自用的或从未使用的闲置物品。

三、C2C 电子商务平台的盈利模式

（一）广告费或引流费

C2C 电子商务平台通常聚集着庞大的消费者群体，平台本身具有一定的媒体价值和引流优势，平台运营方可以向广告主提供推广服务，以此收取广告费或引流费。例如，在闲鱼 App 上，淘宝热卖的广告会偶尔出现在正常的信息流中，如图 3-21 所示。

（二）增值服务费

C2C 电子商务平台还可以通过为用户提供物流、金融、技术软件支持等增值服务，收

取一定的服务费用。例如，淘宝提供店铺装修设计、推广营销等收费的技术软件支持服务，如图 3-22 所示。

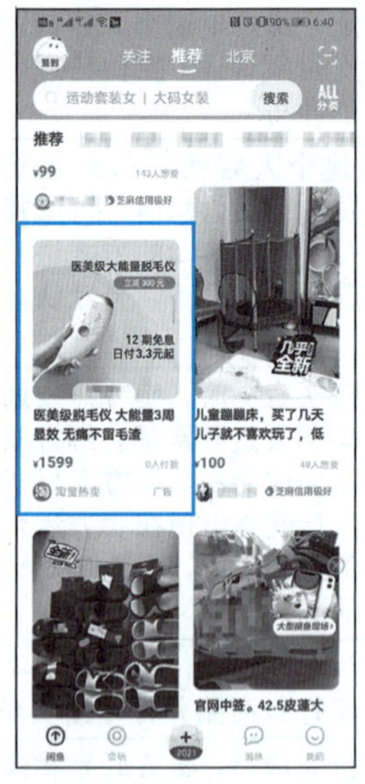

图 3-21　闲鱼 App 上的广告

图 3-22　淘宝中的服务市场

提　示

在 C2C 电子商务发展的早期，交易佣金是 C2C 电子商务平台的一项重要收入来源。但时至今日，绝大部分 C2C 电子商务平台（包括淘宝）已不再向个人收取交易提成或服务费。

四、C2C 电子商务平台的运营

C2C 电子商务平台有一个明显特征就是聚集效应强，消费者更依赖于规模最大、实力最强、信誉最好的平台。目前，淘宝在我国 C2C 电子商务领域一家独大，并且仍然为个人店主提供免费开店的服务，其他 C2C 电子商务平台由于没能找到发展与盈利的平衡点而逐渐退出市场。因此，我国 C2C 电子商务市场已经逐渐形成以淘宝为主的寡头模式。

总体而言，C2C 电子商务平台运营有以下几个要点。

（一）持续开展网络营销活动，吸引人气

C2C 电子商务平台的核心优势是庞大的用户规模，平台的主要收入来源是广告费和推广费，因此，C2C 电子商务最重要的工作就是持续开展网络营销活动，为平台吸引人气。无论是传统的电子邮件营销、搜索引擎营销、网站媒体广告营销，还是新媒体营销、社交媒体营销、直播营销等，C2C 电子商务平台必须不断地进行营销推广以获取平台用户。例

如，在绝大部分网站上，最常见的网络广告就是淘宝推送的商品广告。

（二）开发用户社区，筹建内容平台

当前，网络获客成本越来越高，如何把用户长久地留下来是 C2C 电子商务平台最重要的运营课题。淘宝针对这一问题给出了自己的答案，那就是开发用户社区，筹建内容平台。淘宝社区的主要形式有微淘、淘宝直播、逛逛等。

（1）微淘。微淘成立于 2013 年，一直致力于为网购达人和商家提供内容服务，是以关注关系为核心的生活消费类内容社区。微淘的作用类似微博，它可以为店主账号提供确定性的粉丝触达，为消费者提供最新的消费资讯。

（2）淘宝直播。淘宝直播是淘宝推出的直播平台，定位于“消费类直播”。淘宝用户可以一边在店主的直播间看直播，一边购买店主演示的商品。

（3）逛逛。逛逛是淘宝 App 的一个特色模块，它是此前的买家秀、洋淘、问大家等内容版块的聚合体。逛逛处于淘宝首页的一级入口，位于菜单栏的第二栏，是淘宝的中心化内容平台。长期来看，淘宝通过逛逛为平台内的商家和消费者提供了一个拉近关系、建立信任的内容平台。

（三）与其他电子商务模式融合互补

实际上，新进入 C2C 电子商务市场的平台已经很难在发展和盈利上取得平衡点，各个企业势必要在已有的业务模式基础上向 B2C 电子商务等其他模式寻求发展的可能和空间，以实现模式融合和互补，为 C2C 电子商务提供新的盈利模式。

任务实施 在淘宝后台发布商品

C2C 电子商务平台卖家创建好个人网络店铺后，就可以发布商品了。假设你要在个人网络店铺发布商品，可按下述步骤进行操作。

步骤1 进入商品发布页面。在浏览器中访问淘宝官方网站（https://www.taobao.com），登录个人账号后，在网站顶部选择“千牛卖家中心”选项，打开千牛卖家中心页面。然后在左侧的功能栏中选择“商品”→“发布宝贝”选项，如图 3-23 所示。

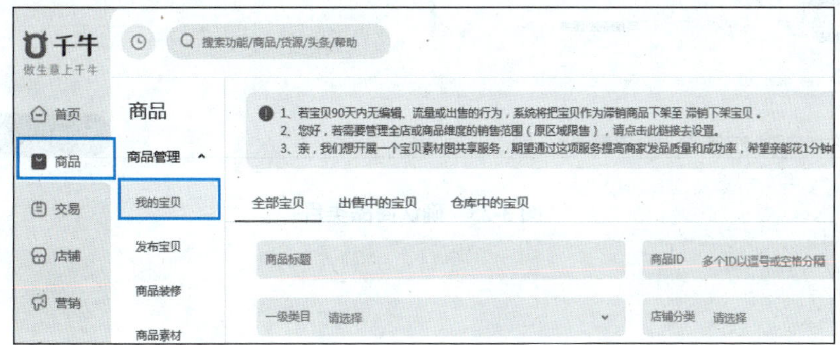

图 3-23 选择“商品”→“发布宝贝”选项

步骤2 上传商品主图。在打开的“商品发布”页面，默认选择商品发布的方式为“一口价”，然后单击“添加上传图片”按钮 + ，打开图片空间功能，将准备好的商品图片（见本书配套素材“素材与实例”→“项目三”→“任务实施”→“商品主图”文件夹）上传至图片空间。此时，卖家可通过相应按钮调整图片的顺序，如图 3-24 所示。

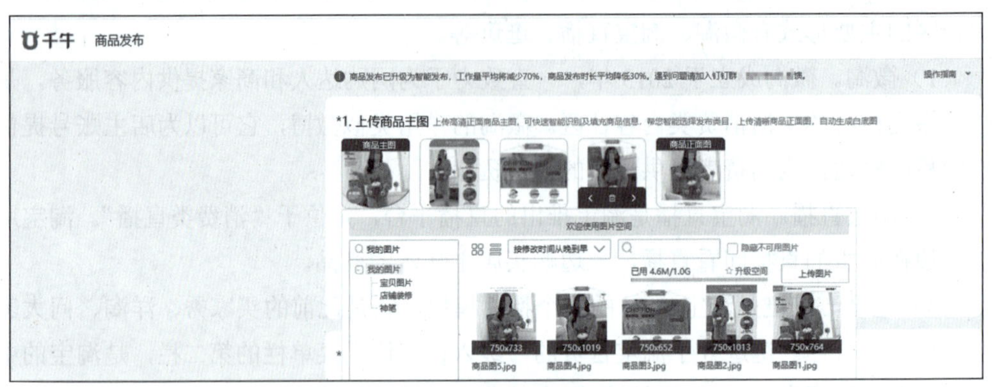

图 3-24 调整主图顺序

步骤3 确认商品类目。在商品类目列表中逐级选择商品发布类目，如“女士内衣/男士内衣/家居服”→“睡衣/家居服套装”，最后单击“确认类目，继续完善”按钮，如图 3-25 所示。

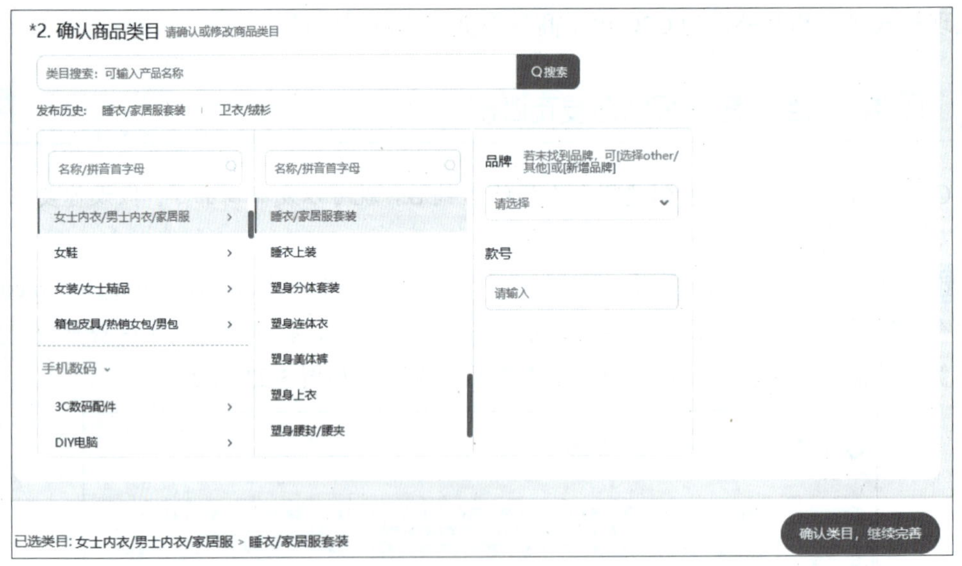

图 3-25 确认商品类目

步骤4 完善商品信息。商品信息分为“基础信息”“销售信息”“物流信息”“支付信息”“图文描述”和“售后服务”6 个版块，卖家可根据商品的实际情况设置，如图 3-26 所示。其中，带“*”的为必填项，部分项目系统已经默认填写，可根据需要自行修改。

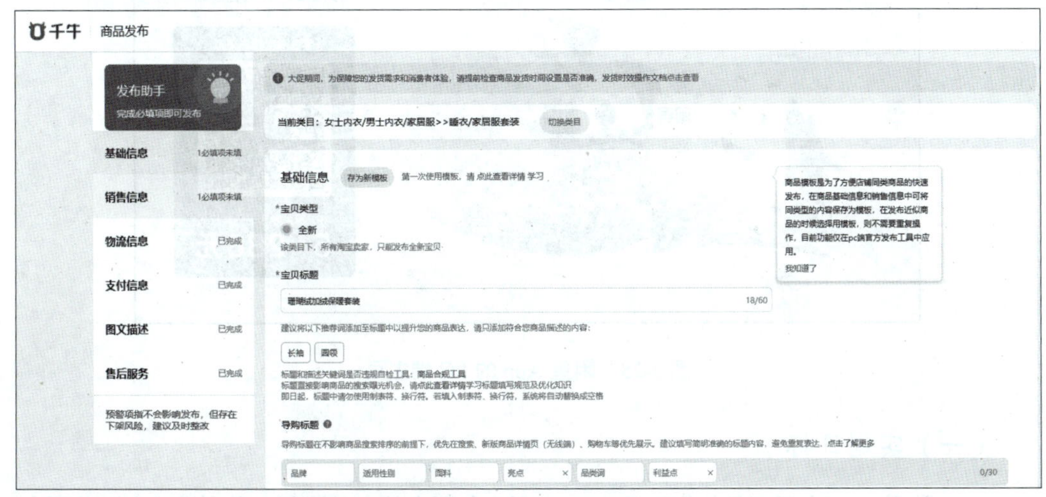

图 3-26 完善商品信息

步骤5 发布商品。商品所有信息填写完成后，单击页面底部的“提交宝贝信息”按钮即可。商品发布成功后的页面如图 3-27 所示。

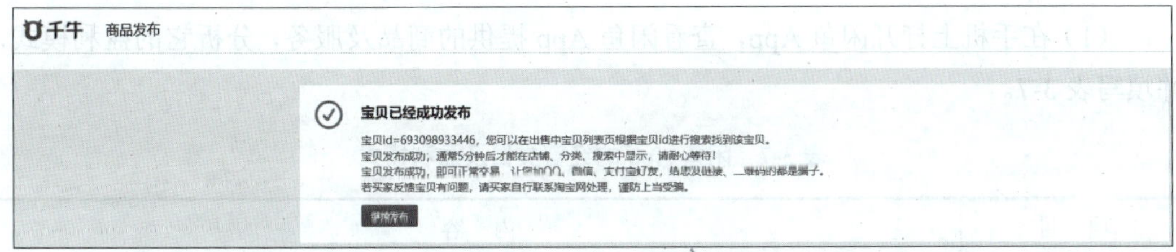

图 3-27 商品发布成功

项目实训

闲鱼 App 是阿里巴巴集团旗下的二手闲置物品交易平台，如图 3-28 所示。用户可在闲鱼平台上发布二手闲置物品信息，一键转卖淘宝购买的物品，或者购买平台上的二手闲置物品。闲鱼平台后端已无缝接入支付宝支付系统、芝麻信用系统、菜鸟物流系统，从而最大限度地为用户提供服务。

图 3-28 闲鱼 App 的 PC 端主页

（一）实训目标

（1）熟悉 C2C 电子商务的类型及 C2C 电子商务平台的交易流程、盈利模式和运营要点。

（2）通过在知名二手闲置物品交易平台——闲鱼 App 上发布商品信息，了解该平台的特点和商品发布流程，提高对 C2C 电子商务模式的分析能力。

（二）实训内容

（1）在手机上打开闲鱼 App，查看闲鱼 App 提供的商品及服务，分析它的盈利模式，并填写表 3-7。

表 3-7 闲鱼 App 的经营类目及盈利模式

项　目	内　容
经营类目	
盈利模式	

（2）在闲鱼 App 上发布一件二手闲置物品，如图 3-29 所示。

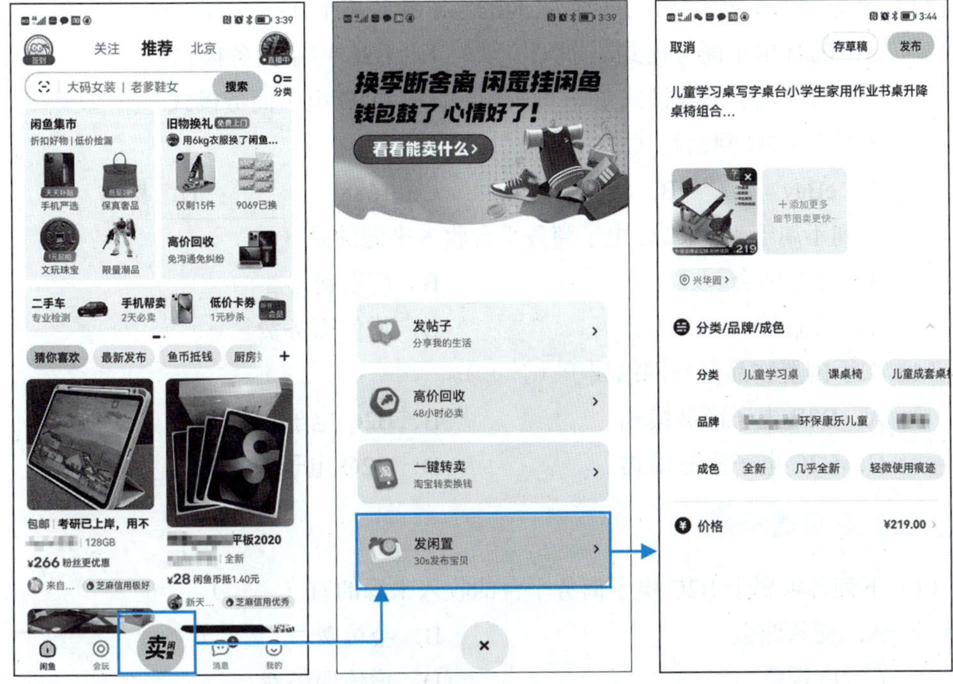

图 3-29　在闲鱼 App 上发布二手闲置物品

（3）试用其他功能并进行总结，判断闲鱼 App 的竞争优势，并填写表 3-8。

表 3-8　闲鱼 App 的竞争优势

项　目	内　容
功能	
竞争优势	

项目考核

（一）名词解释

（1）水平 B2B 电子商务平台；（2）B2C；（3）客户画像；（4）C2C。

（二）单项选择题

（1）制造商和外部原材料供应商之间的电子商务属于（　　）。

A．B2B 电子商务模式　　B．B2C 电子商务模式

C．C2C 电子商务模式　　D．O2O 电子商务模式

（2）最早的 C2C 网站是（　　）。

A．eBay　　B．淘宝　　C．1688　　D．易趣

（3）下列不属于当前 C2C 电子商务平台收入来源的是（　　）。

A．交易佣金　　B．广告费

C．引流费　　D．增值服务费

（4）二手闲置物品交易网站属于（　　）。

A．B2B 电子商务模式　　B．B2C 电子商务模式

C．C2C 电子商务模式　　D．O2O 电子商务模式

（三）多项选择题

（1）下列各项属于 B2C 电子商务平台的收入来源的有（　　）。

A．交易佣金　　B．会员费

C．广告费　　D．增值服务费

（2）常见的 B2C 电子商务平台有（　　）。

A．天猫　　B．京东

C．淘宝　　D．1688

（3）国内典型的水平 B2B 电子商务平台有（　　）。

A．中国化工网　　B．中钢网

C．环球资源　　D．1688

（4）C2C 电子商务平台运营要点有（　　）。

A．持续开展网络营销活动，吸引人气

B．实现线上、线下整合优化，促进交易转化

C．开发用户社区，筹建内容平台

D．与其他电子商务模式融合互补

（四）思考题

（1）简述 B2B 电子商务平台的运营要点。

（2）简述水平 B2B 电子商务平台和垂直 B2B 电子商务平台各自的优缺点。

（3）简述 B2C 电子商务平台的交易流程。

（4）简述 C2C 电子商务的类型。

项目评价

请结合本项目学习情况进行自评、互评和师评，并将评价结果填入表 3-9 中。

表 3-9　项目评价

评价项目	评价内容	评价分数			
		分值	自评	互评	师评
知识（40%）	对 B2B 电子商务的定义、分类及 B2B 电子商务平台的交易流程、盈利模式和运营要点等相关知识点的理解和运用程度	14 分			
	对 B2C 电子商务的定义、分类及 B2C 电子商务平台的交易流程、盈利模式和运营内容等相关知识点的理解和运用程度	13 分			
	对 C2C 电子商务的定义、分类及 C2C 电子商务平台的交易流程、盈利模式和运营要点等相关知识点的理解和运用程度	13 分			
技能（40%）	在 B2B 电子商务平台创建企业账号的熟练度	15 分			
	在 B2C 电子商务平台提供在线客户服务的效果	15 分			
	在 C2C 电子商务平台发布商品的熟练度	10 分			
素养（20%）	遵守课堂纪律，上课精神饱满	5 分			
	具有自主学习意识，做好课前准备	5 分			
	善于思考，积极参与，勇于提出问题	5 分			
	具有团队合作精神，出色完成小组任务	5 分			
合计	综合分数_____自评（25%）+互评（25%）+师评（50%）	100 分			
	综合等级_____	指导老师签字__________			
综合评价	最突出的表现（创新或进步）： 还需改进的地方（不足或缺点）：				

项目四

O2O 和新零售

国家统计局数据显示，2021 年，我国实物商品网上零售额达 10.8 万亿元，占社会消费品零售总额的比重为 24.5%。也就是说，在电子商务如此发达的今天，消费者仍然有约四分之三的消费属于线下消费。因此，当网上零售市场规模增速逐渐放缓，传统电子商务发展的“天花板”已经依稀可见时，线下消费的电子商务化便成为电子商务模式创新的热点领域。O2O 电子商务模式和新零售的兴起，更好地实现了线上、线下融合发展。

知识目标

- 了解 O2O 电子商务的定义、分类、交易流程及 O2O 电子商务平台的盈利模式和运营要点。
- 了解新零售的定义、产生、特征、交易流程和典型案例。

能力目标

- 能够利用 O2O 电子商务平台实现线上购物、线下体验。
- 能够使用新零售平台购物。

素养目标

- 感受近十年中国电子商务的快速发展和消费市场的变化，增强民族自豪感。

任务一 了解 O2O 电子商务模式

任务导入

扫码观看微课视频"美团 O2O 模式的布局",然后结合你对 O2O 电子商务模式的理解谈一谈生活中还有哪些应用是 O2O 电子商务模式的。

扫一扫

美团 O2O 模式的布局

一、O2O 电子商务模式概述

(一)什么是 O2O 电子商务模式

O2O 电子商务中的第一个"O"是 online 的缩写,意为线上;第二个"O"是 offline 的缩写,意为线下,组合起来就是线上与线下融合的电子商务模式,如图 4-1 所示。O2O 电子商务的交易过程通常为:客户通过线上平台在线购买某类线下服务或商品,然后在规定的时间内到线下实体店进行消费。作为一种新型的电子商务模式,它将电子商务和线下的服务性消费结合在一起,有效地整合了网上运营和线下经营,实现了服务水平的提升及消费体验的改善。

图 4-1 O2O 电子商务示意图

知识拓展

国内的 O2O 电子商务发展以团购业务为开端,此后各种点评类网站、订餐类 App 等纷纷应用 O2O 电子商务模式,以致在旅游、教育、家装、婚庆、家政等领域涌现出一大批 O2O 电子商务企业。同时，云计算、大数据、移动支付、LBS 等技术的不断发展，也为 O2O 电子商务创造了良好的发展机遇。

扫码观看微课视频“O2O 电子商务模式发展阶段”，了解 O2O 电子商务的发展现状与趋势。

O2O 电子商务模式发展阶段

（二）O2O 电子商务的分类

O2O 电子商务主要有两种运作方式，一种是实体企业进行电子商务化转型，通过互联网向线下实体店引流；另一种是互联网企业开展线下零售业务，从线下实体店向线上网店或 App 导流。

1. 从线上向线下引流

最近几年，实体零售业（包括餐饮等服务业）受困于经营成本上涨、客源被电子商务分流的局面，迫切需要利用电子商务分享互联网的线上流量，具有很强的电子商务化意愿。

（1）利用地图导航来引流。鉴于地图在 O2O 和 LBS 方面的天然优势，依托地图服务将消费信息深度覆盖到生活服务类、景点类、酒店类的预订服务。例如，高德、百度地图，利用地图导航服务向商家引流。

（2）利用第三方 App 来引流。比较知名的第三方生活服务平台有消费点评类的大众点评、团购类的美团、社区类的微信、综合网站类的 58 同城等，它们承担信息中介的功能，实现向线下的引流。例如，大众点评，既为商家提供营销工具，又为消费者提供点评系统，促使商家不断提高服务质量以获得更好的营销效果。

（3）利用品牌 App 来引流。品牌 App 入口也是典型的通过线上互动营销，向线下门店引流的一种方式。品牌 App 会从品牌文化、个性化活动、优惠券、会员积分等不同角度去打造移动终端应用的功能。例如，唯品会 App 通过线上互动式营销为线下引流，并强化线下体验，注重线下向线上回流，从而形成良性循环。

2. 从线下向线上导流

在大部分的网购交易中，买家只有在付款并收到快递后才能“第一次”与自己选购的产品真正面对面。如果产品达不到自己的预期，消费者的消费体验将受到非常大的伤害。因此，一部分互联网企业开始建设产品线下体验店（互联网企业所宣传的“新零售”），让消费者先亲身体验产品，然后再到网上消费。此外，线下实体店还为消费者提供了较为完善的售后服务，进而大大提升了企业的服务水平和消费者的购物体验。例如，小米公司就在线下开设了大量小米之家实体店。又如，京东集团也在农村和城市分别开设了京东农村超市和京东无人便利店。

二、O2O 电子商务的交易流程

O2O 电子商务以广大互联网用户为营销对象，以 O2O 电子商务平台为营销推广渠道，以在线支付为纽带，以线下实体店为商品和服务的固定消费场景，完成信息流和资金流在线上与线下之间的对接和循环。O2O 电子商务交易流程可以分解为 5 个阶段，如图 4-2 所示。

图 4-2 O2O 电子商务交易流程的 5 个阶段

（1）引流。O2O 电子商务模式充分利用了互联网跨地域、无边界、海量信息、海量用户的优势，同时充分挖掘线下资源，聚集了大量消费者和商家。线上平台作为线下消费决策的入口，引发消费者的线下消费需求。

（2）转化。线上平台向消费者提供店铺的详细信息、优惠（如团购、优惠券）、便利服务，方便消费者搜索、对比店铺，并最终帮助消费者选择线下商户、完成消费决策。

（3）消费。消费者利用线上获得的信息到线下商户接受服务、完成消费。

（4）反馈。消费者将自己的消费体验反馈到线上平台，有助于其他消费者做出消费决策。线上平台通过梳理和分析消费者的反馈，可以对商家的营销效果进行直观的统计和追踪评估，形成更加完整的本地商户信息库，从而吸引更多的消费者使用在线平台。

（5）留存。线上平台为消费者和本地商户建立沟通渠道，可以帮助本地商户维护消费者关系，使消费者重复消费，成为商家的回头客。

下面以大众点评为例，介绍 O2O 电子商务的具体交易流程，如图 4-3 所示。

（1）实体店商家在大众点评注册会员并创建企业店铺，上传店铺的商品或服务信息，并标注实体店相关信息，如店面照片和详细地址。一般而言，实体店为了吸引消费者到店消费，会对商品或服务的价格进行打折。

（2）大众点评聚集了美食、休闲娱乐、酒店、亲子、运动健身、生活服务、医疗健康、宠物等相关市场的大量商家，普通用户可以获得非常丰富的店铺和商品信息服务。此外，大众点评提供了评论功能，在实体店消费过的用户可以为店铺打分并留下相关的评论，普通用户可据此了解商家的产品质量及服务水平。

（3）当普通用户产生消费需求时，就会在大众点评上寻找合适的商家。选定商品或服务后，即可在大众点评上创建订单并支付费用。一般来说，实体店商家会接入大众点评的信息系统，订单创建成功后会实时同步到实体店，该实体店的相应商品或服务即被锁定。

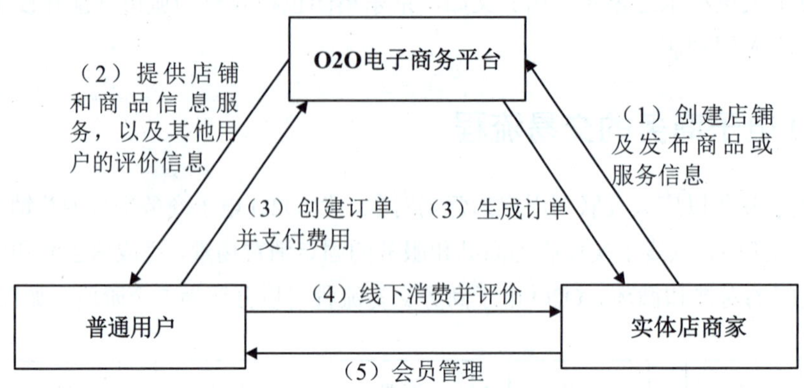

图 4-3 O2O 电子商务的具体交易流程

（4）普通用户自行上门到实体店消费。消费完成后，大众点评通过第三方支付工具将费用支付给商家，而普通用户此时便可以在平台对商家进行打分或评价。

（5）实体店通常会登记普通用户的信息，将其纳入会员管理系统。

 **知识拓展**

O2O 电子商务把互联网与实体店商家完美对接，完成电商平台和实体店商家在商业维度上的优化升级。整体来看，O2O 电子商务模式运行得好，将会达成“三赢”的效果。

对实体店商家来说，O2O 电子商务要求消费者平台或 App 支付，商家便于汇集消费者的购买数据，进而达成精准营销的目的，更好地维护并拓展客户。O2O 电子商务还在一定程度上降低了商家对店铺地理位置的依赖，减少了租金方面的支出。

对消费者而言，线上平台为消费者提供了消费指南、优惠信息、便利服务（预订、在线支付、地图等）和分享平台，而线下商户则专注于提供服务，提高了其消费体验。

对服务提供商来说，O2O 电子商务可带来大规模高黏度的消费者，进而能争取到更多的商家资源。本地化程度较高的垂直网站借助 O2O 电子商务，掌握庞大的消费者和商家数据资源，赋予其自身很高的流量价值。

三、O2O 电子商务平台的盈利模式

O2O 电子商务平台的收入来源主要有以下 3 种。

（一）交易佣金

部分 O2O 电子商务平台仍可以像传统电子商务平台一样在网络上完成交易过程的简

单闭环——消费者在平台上下单并付款，如外卖平台、旅游平台或演出票务平台等。对于平台运营方来说，可以根据平台上产生的每一笔交易向入驻商家收取一定比例的交易佣金。例如，2021 年美团外卖通过商家获得的佣金收入（技术服务费）约为 285.47 亿元，对比全年交易金额，外卖平台佣金率约为 4.1%。

（二）入驻费或会员费

O2O 电子商务平台的用户分为商家和消费者两种。针对商家，O2O 电子商务平台可以收取平台入驻费，以提供电子商务基础设施服务（如网上开店）；针对消费者，O2O 电子商务平台可以推出付费会员服务，消费者成为平台会员后，能够以更优惠的价格购买产品。

（三）广告费

O2O 电子商务平台聚集了大量的消费者和商家，它本身就具有很高的营销价值。O2O 电子商务平台可以为商家提供各类有偿广告服务。获得更多曝光机会的商家，自然也就会吸引更多的消费者到店消费。

四、O2O 电子商务的平台运营

总体而言，O2O 电子商务平台运营有以下几个要点。

（一）持续推广引流，提高获客力

O2O 电子商务平台本质是实现线上和线下的互动营销，如何持续让更广泛的实体店分享线上的客流，同时，促进线下客源向线上导流，实现良性循环，是 O2O 电子商务的运营要点之一。

通过站内投放、站外投放，完成流量的整合。例如，腾讯凭借其积累的资源流聚集和转化能力，构建了 O2O 电子商务生态系统。在 O2O 电子商务布局上，腾讯以微信平台为入口，后端有腾讯地图、微信支付等做支撑，中间整合本地生活服务（如餐饮由美团大众点评进行承接，打车以聚合打车业务为主，电影票以猫眼电影为主等），这样就构建起线上线下互动的闭环，实现腾讯站内聚集客流的全方面推广和转化。

站外投放可以通过小红书、抖音、微博、快手等，和品牌联动，社交平台、流量平台将成为未来 O2O 电子商务平台引流非常重要的支撑。同时，线下流量也是非常重要的点，通过实体店自身的品牌和口碑营销，商家也可以获得更多的流量。

（二）整合平台内容，提高平台活跃性

实现平台引流之后，如何提高客户的黏性，是 O2O 电子商务平台运营的硬道理。此时，内容整合营销就显得尤其重要。O2O 电子商务平台应该根据自己的平台特性和用户群体的特征，结合大数据分析，去策划和创造有吸引力的产品内容和活动方式，从而提高平

台的活跃度。即入驻商家跟平台有非常强的连接，能够积极、主动地参与到平台的发展，和平台进行更好的互动、开展更加战略化的合作，形成平台、品牌双方很强的黏性，从而促进客户的黏性。

（三）实现线上、线下整合优化，促进交易转化

持续进行 O2O 电子商务平台运营优化，提升平台整体的组织、执行力。同时，发挥线下服务等优势，带给消费者落地的服务和产品体验。实现线上、线下一整套体系优化，进一步促进交易转化。

任务实施　利用大众点评 App 查找附近的理发店

O2O 电子商务平台更好地实现了线上购物、线下体验。假设你要利用大众点评查找附近的理发店，可按下述步骤进行操作。

步骤1　在手机上下载并安装大众点评 App，打开 App 后使用微信账号登录。在 App 底部点击“地图”版块，如图 4-4 所示。

步骤2　“地图”版块中默认显示美食（见图 4-5），向左滑动顶部筛选区的项目，找到并选中“丽人/美发”项目。在当前界面中选择一家附近的理发店，如图 4-6 所示。

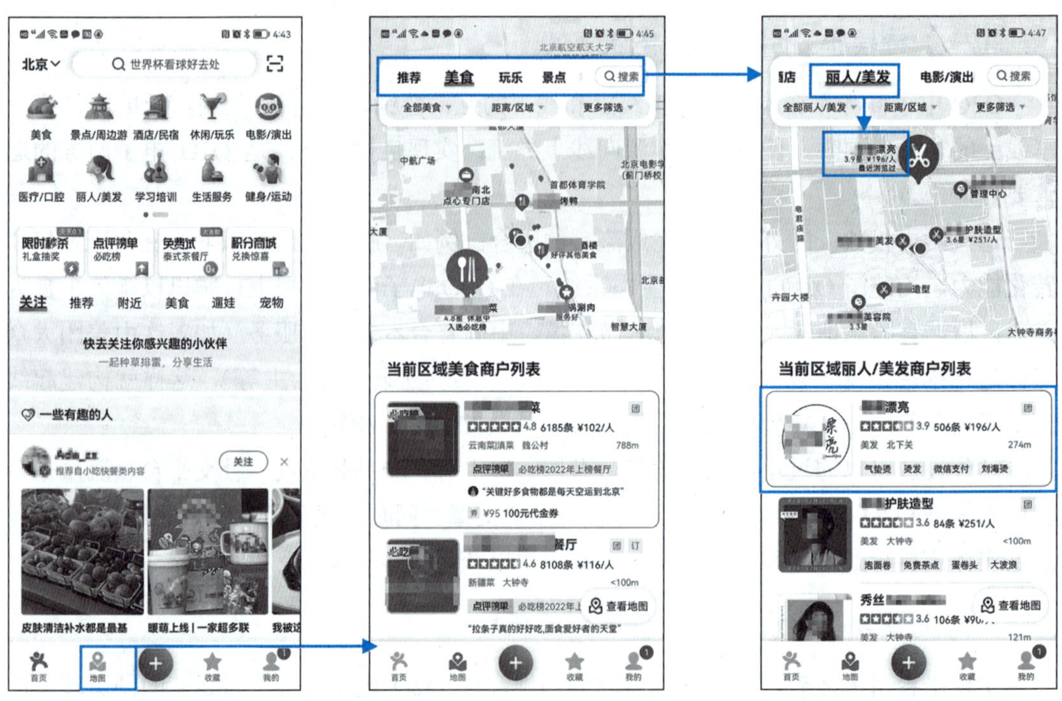

图 4-4　大众点评 App 主界面　　图 4-5　“地图”版块　　图 4-6　选择一家理发店

步骤3 点击理发店的浮动图标，可进入该理发店的信息页，如图 4-7 所示。可继续选择页面中部的“优惠”“发型师”“精选作品”或“评价”选项，了解该店的优惠活动、发型师、精选作品和消费者评价等情况，如图 4-8 和图 4-9 所示。

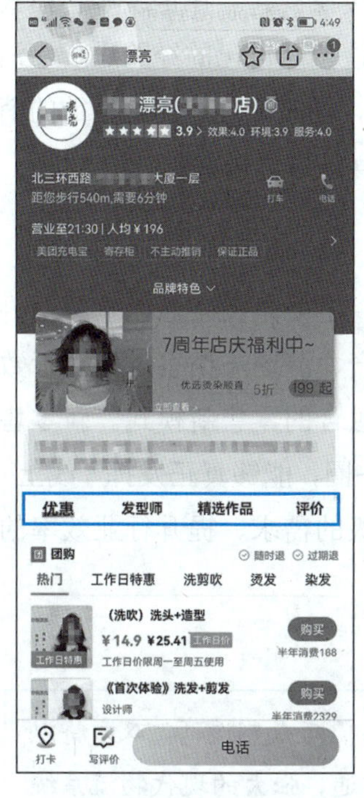

图 4-7 进入理发店的信息页

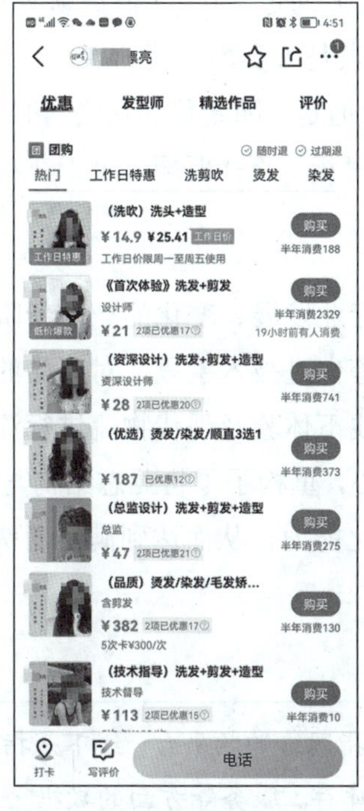

图 4-8 进入“优惠”页面

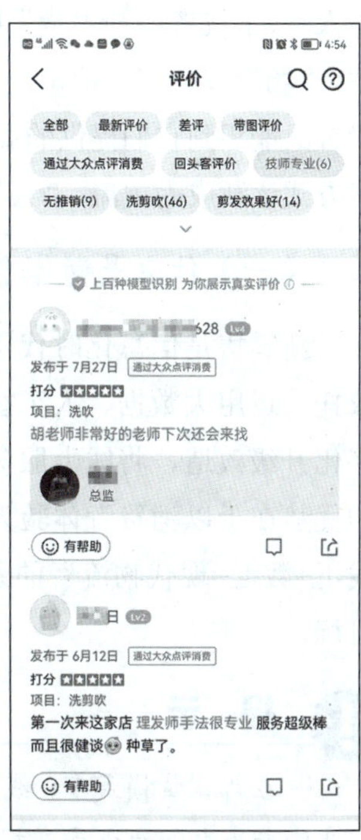

图 4-9 查看评价

步骤4 重复步骤 3，即可进行多家店的比较，最终做出自己的选择。

任务二 了解新零售

任务导入

扫码观看微课视频“小米新零售万店破局，美好的生活不应有距离”，然后结合你对新零售模式的理解谈一谈新零售的特点有哪些。

扫一扫

小米新零售万店破局，美好的生活不应有距离

一、新零售概述

零售是指将商品或服务直接销售给个人消费者或最终消费者的商业活动，其本质是把“人”（消费者）和“货”（商品）通过“场”（消费场所）连接在一起。在传统零售模式下，“场”具有核心地位，其代表是大卖场和便利店，它们往往按照自己的经验进货，消费者只能买到它们提供的商品。但是，随着移动互联网的发展，随时随地、随心所欲的消费方式逐渐成为主流，“人”与“货”直接匹配，至于在哪儿消费则不再重要。

（一）什么是新零售

新零售是信息化时代零售行业发展、变化的一个新阶段，主要是指企业以互联网为依托，运用大数据、人工智能等先进技术手段，对商品的生产、流通与销售过程进行数字化升级改造，将线上服务、线下体验及现代物流进行深度融合的零售新模式。新零售的优势在于以消费者体验为中心，重构了零售业态结构与生态圈，能够真正发挥“线上+线下+数据+现代物流”的系统化能力，从而达到满足消费升级的需求、提升行业效率的目标。

提　示

在新零售模式下，线上是指网络购物平台，线下是指零售门店或制造商，双方将以消费者为中心的会员、支付、库存、服务等方面的数据全面打通，强大的现代物流系统可以使商品直接对接消费者，将商家库存降至最低。

（二）新零售的产生

一方面，自 2015 年起，我国网购用户数量的增速开始逐渐放缓，电商平台的获客成本日渐提高，商家的流量红利越来越小，传统电商所面临的增长“瓶颈”开始显现。随着现代物流技术和大数据技术的发展，线下零售市场成为电子商务企业“开疆拓土”的新目标。

例如，阿里巴巴集团大举投资欧尚、大润发等线下零售企业，并启动天猫小店计划。截至 2021 年底，阿里巴巴集团的新零售一号工程——“盒马鲜生”门店（见图 4-10）突破 300 家。此外，曾经号称只做线上的小米公司也开始大举进军线下实体店，截至 2021 年 10 月，“小米之家”门店（见图 4-11）突破了 1 万家。京东集团也提出了“无界零售”的概念，开设了“京东便利店”和“7FRESH”门店（见图 4-12）。

图 4-10 “盒马鲜生”门店

图 4-11 “小米之家”门店

图 4-12 “7FRESH”门店

另一方面，线下零售本身也具有无可替代的价值。线下实体店向消费者提供商品和服务时，具有可视、可感、可触、可用等直观属性，线上消费的消费体验始终不如线下消费。但是，线下零售也有运营成本居高不下、差异化竞争优势不足、缺乏用户思维等痛点。因此，线下零售店铺电子商务化也是零售行业进一步发展的现实需求。

线下零售店铺通过转型新零售接近庞大的线上用户群体，将互联网与传统行业进行深度融合，降低运营成本，利用新兴技术有效识别客户，满足用户差异化需求，奉行以消费者为中心的理念，充分体现人性化，进而促进线下零售的创新发展。

素养之窗

自 2013 年起，我国连续 9 年成为全球最大的网络零售市场，网购用户十年内呈现爆炸式增长。快递服务业发展迅猛，2021 年超过了 1 000 亿件，是 2012 年的近 20 倍，业务量位居世界第一。

全国网上零售额十年内快速增长是我国消费潜力加速释放的体现。2021 年我国社会消费品零售总额达 44.1 万亿元，比 2012 年增长 1.1 倍，年均增长 8.8%。

这十年，我国消费规模稳步扩大。最终消费支出由 2012 年的 27.5 万亿元提升到 2020 年的 56.1 万亿元，最终消费支出占 GDP 的比重由 51.1%提升到 54.7%。2021 年我国消费品进口额达 1.7 万亿元，比 2012 年增长 1 倍以上，占进口总额约 10%。

这十年，我国消费结构持续升级。2021 年我国居民恩格尔系数比 2012 年下降了 3.2 个百分点。新车销售量连续 13 年居全球首位，每千人拥有汽车数量比 2012 年增长了 1.4 倍。

这十年，我国新型消费蓬勃发展。绿色、健康、智能消费受到青睐。2021 年新能源汽车销量达 352 万辆，每卖出 8 辆新车就有 1 辆是新能源汽车。5G 手机出货量 2.66 亿部，占手机出货总量的 76%。

（资料来源：https://baijiahao.baidu.com/s?id=1733355071619281394&wfr=spider&for=pc，有改动）

（三）新零售的特征

新零售重构了传统零售中的“人”“货”“场”三要素，引发了零售行业的创新与变革。

与传统零售相比，新零售体现出以下几个特征。

1．渠道一体化

线上与线下渠道的融合是新零售最重要的特征。新零售的主要优势来自系统化的服务能力，它要求线上网店、移动微店、直营门店、加盟门店等多种线上线下渠道的全面打通与深度融合，商品、库存、会员、服务等环节贯穿为一个整体。零售商不仅要打造多种形态的销售场所，还必须实现多渠道销售场景的深度融合，才能满足消费者的需求。例如，在未来的新零售场景下，某个晚上，消费者在电商平台上关注了一款海南的椰汁，第二天他来到早餐店，海南的椰汁就摆在他触手可及的位置。

2．经营数字化

新兴技术在零售行业的应用和创新极大地推动了零售企业的数字化进程。零售企业无论是主动还是被动，都在积极地依托互联网技术提高经营效率，实现顾客数字化、服务数字化、营销数字化、交易数字化、管理数字化等经营数字化。其中，顾客数字化就是把消费者转化为企业粉丝或会员，识别并满足顾客的各种需求，这是经营数字化的基础和前提。

3．门店智能化

对于零售企业来说，经营数字化之后，门店的智能化进程就会逐步加快。在大数据时代，零售企业应用智能货架等智能硬件延展店铺时空（如 24 小时营业的无人零售店），构建丰富多样的全新零售场景，以此提升消费者的互动体验和购物效率，增加多维度的零售数据，可以更好地把大数据分析结果应用到实际零售场景中（如针对当地消费者的特点或喜好提供商品）。门店智能化必须以经营数字化为基础，脱离数字化基础去追求智能化，只能是“表面上装装样子”。

4．物流智能化

新零售可以满足消费者全天候和全渠道的消费需求，并由消费者自由选择到店自提、同城配送、快递配送等物流形式。为了达到上述目的，新零售企业必须建立智能化的现代物流配送体系。一方面，在经营数字化和门店智能化的帮助下，门店之间可以共享库存，消费者需要什么、需要多少，都可以由智能物流实时调配，快速供应，这改变了传统门店大量铺陈与囤积商品的现状，实现了门店去库存化；另一方面，新零售从消费者的需求出发，倒推至商品生产，零售企业按需备货，供应链按需生产，在生产端也实现了“零库存”。

知识拓展

当前，社交电商、直播电商、私域流量等新型商业模式兴起，5G、云计算等新兴技术提供了技术支持，新环境下“社交新零售”蓬勃发展起来。社交新零售是一种基于社交网络而迅速发展的新型零售模式，是社交商业与新零售融合的产物。它是让用户通过社交平台进行二次传播，邀约朋友一起参与购物体验的方式。

社交自媒体的传播时代，消费者沟通模型发生了一些变化，ASCEAS 模型可以有效改善传统营销漏斗效应。扫码观看微课视频“社交自媒体时代的 ASCEAS 模型”，了解社交新零售的本质。

社交自媒体时代的 ASCEAS 模型

二、新零售的交易流程

在新零售模式下，大部分的交易过程是数字化的，提交订单和结算付款都必须在线上完成。目前，新零售线下门店以超市或餐饮企业为主，其交易流程如图 4-13 所示。

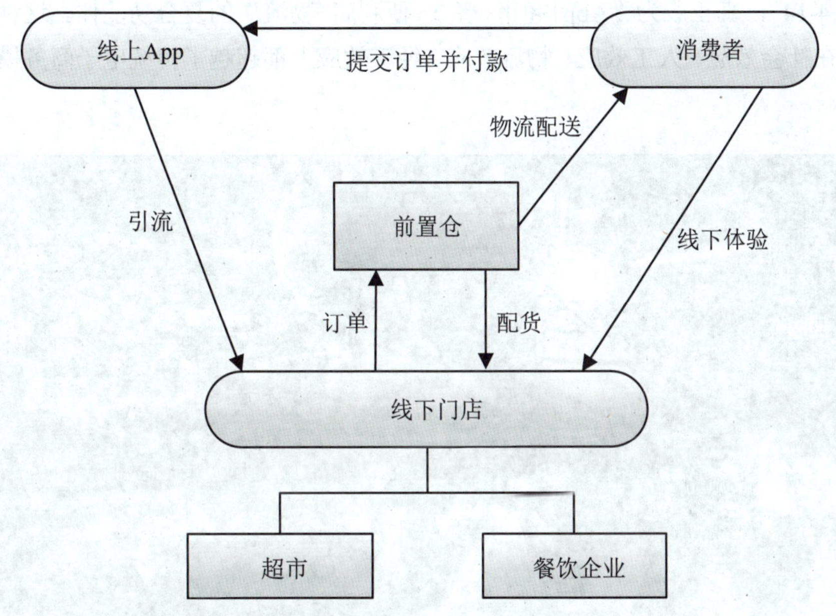

图 4-13 新零售的交易流程

（1）零售企业通过搭建专属的 App（或小程序）作为线上交易平台吸引网络消费者，同时，线下门店也会要求线下消费者下载 App 并注册会员，由此完成顾客数字化。消费者须在 App 上下单并付款，即使消费者在智能门店中选购商品也须在 App 上付款。

（2）消费者在 App 上下单成功后，可以选择物流配送，也可以选择到线下自提商品或到店享受服务。

（3）收到订单后，如果消费者要求物流配送，新零售系统就会将订单发送给离消费者最近的前置仓，由前置仓配货并快速配送到消费者所在的地址；如果消费者选择到店自提或线下享受服务，新零售系统就会将订单发送给前置仓，由前置仓配货并将商品配送到离消费者最近的线下门店。

三、新零售的典型案例

（一）盒马简介

盒马是阿里巴巴集团旗下的一个以数据和技术驱动的新零售平台，是目前互联网企业在新零售领域最受关注的项目。从 2016 年在上海开设第一家门店起，截至 2021 年 12 月 18 日，盒马已在上海、北京、深圳等 27 个城市开设了 300 家线下门店，开辟了生鲜、饮食、外卖、超市等不同的线上线下组合型业务模块。

与传统生鲜超市的不同之处在于，盒马不仅给消费者提供来自 100 多个国家的超过 3000 种的商品，同时门店还针对生鲜商品提供现场加工服务，让消费者坐下来慢慢品味美食（见图 4-14），真正成为“App+超市+餐饮+便利店+物流”的复合功能体。这种独特的新零售模式在社会效应、人工效应、物流效应、经济效应上都超越了传统电子商务模式和线下零售模式。

图 4-14　盒马的生鲜售卖区

（二）零售模式创新

盒马采用线上下单、门店消费或配送的运作模式。盒马 App 汇集各类商品，线下门店集超市、餐饮、仓储为一体，为消费者打造一站式购物体验。线下门店中设立各类餐饮区域，满足消费者对于实体商品直观体验的消费需求，在获得消费者对于线下商品的信任度后，发展线上下单自然水到渠成。盒马利用阿里大数据、云计算、人工智能技术，对消费者的购物习惯有着更加清晰的认识，更能从消费者的角度出发，为消费者创造一个舒适的用户体验。

（三）更快的物流服务

除了具有零售模式的创新外，快速的物流配送服务同样是盒马的一大优势。盒马利用大数据、互联网、物联网、自动化等技术，构建了一整套完整的物流体系，从供应链、仓储、分拣再到配送，这也是盒马与传统零售业的一大区别。消费者下单后在 10 分钟内完成打包，3 公里内半个小时完成配送，在保证产品新鲜度的同时，又提高了用户体验。

（四）新颖的产品组合

盒马虽然采用线上线下一体化的新零售模式，但线上和线下功能却不相同：线上要提高各种商品的库存进出计量单位（stock keeping unit, SKU)，解决商品的丰富度问题；线下则要给予消费者良好的消费体验，并向线上导流。简单来说，线下负责“体验生活”，而线上则是“发现生活”。盒马从消费者的具体需求出发，满足消费者的即时购买需求，始终为消费者提供好的“内容”，注重产品品质，为消费者提供优质的产品组合。

（五）整合供应链资源

为了满足消费者对生鲜产品质量的需求，盒马向顶端供应链延伸，寻求质量和成本之间的平衡。盒马有专业的供应链团队，门店开到哪里，就和当地的供应商建立联盟，甚至直接组织农户进行生产。在海鲜方面，它自建了很多直采基地。这种产地直供的模式降低了运输成本和产品损耗，并保证了质量。

知识拓展

多点（Dmall）成立于 2015 年，是一家一站式全渠道数字零售解决方案服务商，提供端到端的商业 SaaS 解决方案。多点可以帮助实体零售商和品牌商进行数字化转型，实现线上线下一体化；同时通过多点 App 等工具赋能全渠道经营，并提供各类增值服务。2021 年 11 月，中国互联网界媒体《互联网周刊》发布了《2021 新零售服务商 TOP30》，多点位列第一。

多点的增值服务通过多点 App 或商家自主命名 App、小程序等落地，以提升商家全渠道服务能力，实现顾客全面数字化，如图 4-15 所示。

图 4-15　多点的增值服务落地

扫码观看微课视频“多点系统的功能”，结合自身应用多点 App 的购物经历理解多点在助力实体零售商和品牌商进行新零售转型中的作用。同时上网搜集资料，了解其他新零售的典型案例，并以小组为单位进行分享。

扫一扫

多点系统的功能

提　示

软件即服务（software as a service, SaaS），即通过网络提供软件服务。SaaS 定义了一种新的交付方式，也使得软件进一步回归服务本质。

任务实施　体验盒马智能购物

新零售平台购物打通了商家的线上 App 和线下门店，提高了线上线下流量抓取和流量变现能力。如果你要在盒马体验智能购物，可按下述步骤进行操作。

（一）在盒马 App 上购买商品

步骤1 在手机上下载并安装盒马 App，打开 App 后进行位置授权，如图 4-16 所示。登录成功后点击界面底部的“首页”版块，进入盒马的首页，如图 4-17 所示。在商品分类里点击“全部分类”图标，进入商品分类列表，如图 4-18 所示。

图 4-16 位置授权

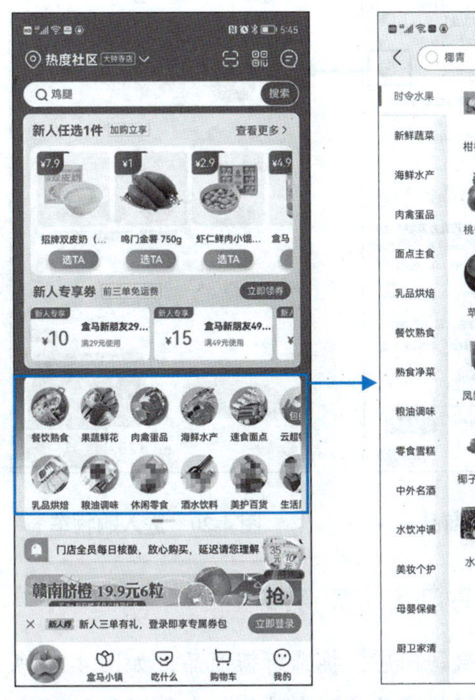

图 4-17 进入盒马 App 首页

图 4-18 商品分类列表

步骤2 点击“乳品烘焙”→“吐司/面包”类目，从中任选一款商品，将其加入购物车，如图 4-19 所示。此时需要使用淘宝账号或手机号进行登录，登录成功后即自动加入到购物车。

步骤3 点击屏幕右上角的购物车图标，进入购物车，如图 4-20 所示。选好商品后点击“结算”按钮，进入“确认订单”页面。在该页面中，首先设置收货地址、收货人及联系方式，然后可以选择“配送”或“门店自提”，此处选择“配送”。确认商品并选择配送的时间后，点击“提交订单”按钮，如图 4-21 所示。在支付页面，可以选择支付宝账号支付或银行卡支付。确认支付方式后点击“确认付款”按钮。付款以后，等待配送员送货上门即可。

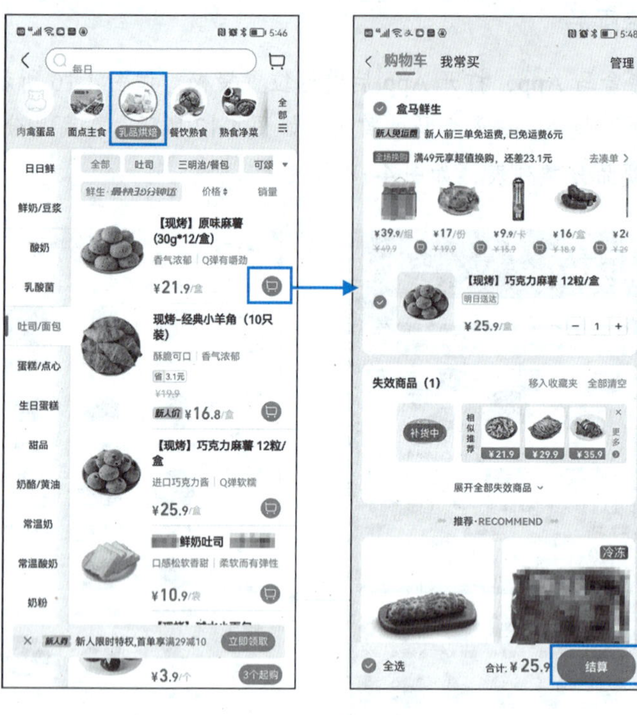

图 4-19　选购商品　　图 4-20　进入购物车

图 4-21　确认并提交订单

（二）在盒马门店购买商品

步骤1　进入盒马门店，挑选所需商品，如图 4-22 所示。

步骤2　将选好的商品拿到自助收银台结账，如图 4-23 所示。

图 4-22　盒马门店

图 4-23　盒马自助收银台

步骤3　在自助收银台上点击“开始结账”按钮，然后将商品上的条码对准自助收银台的扫码口，录入商品信息。商品信息录入后，自助收银台的屏幕上会显示商品的价格，点击“结算”按钮。

步骤 4 自助收银台会要求用户使用盒马 App 进行付款，如图 4-24 所示。此时，打开盒马 App，点击首页顶部的“会员码”按钮，调出自己的会员码，然后将会员码对准自助收银台的扫码口，自助收银台扫码成功后会显示“支付成功”，如图 4-25 所示。完成上述操作后便可以带着商品离开盒马门店。

图 4-24 提示使用盒马付款码付款

图 4-25 付款成功

项目实训

2020 年中期财报显示，蒙牛在新零售领域中表现突出，仅在 2020 年 2 月和 3 月间，蒙牛电商整体增长就达 200%，“618”全网液态奶销售额位列第一。而其他领域则实现了“两个 10 亿元”——O2O 到家业务上半年 GMV 逾 10 亿元，同比增长近 200%；社区团购上半年销售额超过 10 亿元。蒙牛接下来在新零售领域不断拓展，进一步拉近了与消费者的距离，为消费者提供了更高品质的产品和更便捷的服务。2022 年上半年，蒙牛 O2O 到家业务总体增长超 35%，电商市场份额达 27.7%，位列常温液态奶电商市场份额第一。

（一）实训目标

通过调研传统企业的新零售业务发展情况，了解新零售的特点和优势。

（二）实训内容

（1）从互联网上查找资料，分析蒙牛新零售业务的发展现状和发展趋势，并填写表 4-1。

表 4-1　蒙牛新零售业务的发展现状和发展趋势

项　目	内　容
蒙牛新零售业务的发展现状	
蒙牛新零售业务的发展趋势	

（2）搜索本地是否有蒙牛的线下门店，可前往门店进行体验，并谈谈新零售模式下，如何提高门店体验感，并填写表 4-2。

表 4-2　蒙牛线下门店的体验

项　目	内　容
蒙牛线下门店的体验经历	
提高蒙牛线下门店体验感的途径	

项目考核

（一）名词解释

（1）O2O；（2）零售；（3）新零售；（4）社交新零售。

（二）单项选择题

（1）58 同城是一个（　　）。

A．电子商务交易平台　　B．国民生活服务平台

C．电子商务支付平台　　D．电子商务物流平台

（2）零售是指将商品或服务直接销售给（　　）的商业活动。

A．企业客户　　B．个人消费者或最终消费者

C．政府机构　　D．大型商场

（3）美团的核心业务是（　　）。

A．交通出行　　B．社区团购

C．餐饮外卖　　D．文化旅游

（4）盒马是阿里巴巴集团旗下的一个以（　　）驱动的新零售平台。

A．数据和技术　　B．产品和服务

C．营销和品牌　　D．资源和市场

（三）多项选择题

（1）下列各项属于 O2O 电子商务平台盈利模式的有（　　）。

A．交易佣金　　B．入驻费或会员费

C．广告费　　D．线下服务费

（2）O2O 电子商务交易流程可以分解为（　　）等几个阶段。

A．引流　　B．转化　　C．消费

D．反馈　　E．留存

（3）新零售的典型应用有（　　）。

A．天猫　　B．盒马

C．多点　　D．美团

（4）O2O 电子商务平台运营要点有（　　）。

A．持续推广引流，提高获客力

B．实现线上、线下整合优化，促进交易转化

C．整合平台内容，提高平台活跃性

D．与其他电子商务模式融合互补

（四）思考题

（1）简述 O2O 电子商务交易流程的 5 个阶段。

（2）简述 O2O 电子商务平台运营的要点。

（3）简述新零售的交易流程。

（4）简述新零售的特征。

项目评价

请结合本项目学习情况进行自评、互评和师评，并将评价结果填入表 4-3 中。

表 4-3　项目评价

评价项目	评价内容	评价分数			
		分值	自评	互评	师评
知识（40%）	对 O2O 电子商务的定义、分类、交易流程及 O2O 电子商务平台的盈利模式和运营要点等相关知识点的理解和运用程度	20 分			
	对新零售的定义、产生、特征、交易流程和典型案例等相关知识点的理解和运用程度	20 分			
技能（40%）	利用 O2O 电子商务平台线上购物、线下体验的熟练度	20 分			
	使用新零售平台购物的熟练度	20 分			
素养（20%）	遵守课堂纪律，上课精神饱满	5 分			
	具有自主学习意识，做好课前准备	5 分			
	善于思考，积极参与，勇于提出问题	5 分			
	具有团队合作精神，出色完成小组任务	5 分			
合计	综合分数______自评（25%）+互评（25%）+师评（50%）	100 分			
	综合等级______	指导老师签字__________			
综合评价	最突出的表现（创新或进步）： 还需改进的地方（不足或缺点）：				

项目五

网络营销

项目导读

网络营销是互联网时代最受企业青睐的营销方式。与传统营销方式相比，网络营销形式更多样、覆盖面更广、传播速度更快、性价比更高。当前，随着信息技术的发展，网络营销的方法还在不断革新，微博营销、微信营销方兴未艾，短视频营销、直播营销又异军突起，为众多企业的发展提供了强大的助力。

知识目标

- 了解网络营销的定义、特征、理论和网络市场调研。
- 了解网络广告的定义、类型和定价模式。
- 了解网络营销策略和方法。

能力目标

- 能够利用网络工具制作网络市场调研问卷。
- 能够深入理解不同类型网络广告平台的特点及市场占比。
- 能够利用某些网络营销方法开展网络营销活动。

素养目标

- 网络不是法外之地，不造谣，不传谣，不信谣，争做网络文明的传播者。

任务一 认识网络营销

任务导入

扫码观看微课视频“上万茶企默默无闻，竹叶青何以破局”，然后结合你对网络营销的理解说一说网络营销相较于传统营销有什么特点。

上万茶企默默无闻，竹叶青何以破局

网络营销是互联网的一项重要功能，它伴随着互联网在商业领域的普遍应用而产生，是辅助企业营销目标得以实现的新型市场营销方式。

一、什么是网络营销

网络营销（on-line marketing 或 E-marketing），是指以现代营销理论为基础，借助互联网、计算机通信和数字媒体等技术，为达到一定的营销目标所进行的经营活动。网络营销包含网络市场调研、信息发布、销售促进、网络销售、商务服务、客户关系管理、企业品牌推广等内容，贯穿于企业市场营销的全过程。

网络营销的核心思想就是“营造网上经营环境”，利用互联网的低成本、便利性和交互性等特性，为用户创造更多价值并实现企业营销目标。

二、网络营销的特征

总体来说，网络营销具有以下几个特征。

（1）时域性。利用互联网，用户能够超越时间的约束和空间的限制，随时随地进行信息交换，因而企业可以每周 7 天、每天 24 小时针对任何地方的用户开展营销活动。

（2）交互性。有别于传统营销中企业对营销信息的单向推送，网络营销是一种信息双向交流的过程，交互是网络营销最显著的特点之一。通过交互，消费者得以参与产品的设计、定价和营销推广；企业得以直接接触目标用户，了解用户需求，以及引导和培养用户的消费习惯。

（3）人性化。随着互联网的深入发展，消费市场的格局发生了巨大变化，由过去以企业为主导转变成以消费者为主导。因此，无论是企业的产品或服务，还是企业的营销策略，都要更加人性化才能获得消费者的认可，这是网络营销有别于传统营销的又一个重要特征。

（4）整合性。网络营销的整合性表现在两个方面：一方面，网络营销贯穿于产品销售的全流程，从产品设计、渠道选择到物流配送，网络营销都能覆盖，因此它是一种全流程的营销；另一方面，多种网络营销方法或策略可以达到一个共同的营销目的。例如，一家企业可以同时采用微信营销、搜索引擎营销、App 营销、短视频营销等营销方法而不致产生冲突。

（5）经济性。网络营销具有很高的性价比：一方面，数据的世界不需要“钢筋水泥”，基础设施建设的投入相对较少，可以节约企业的成本；另一方面，网络营销把企业和消费者直接连接起来，减少了中间环节，为消费者带来了更多实惠。

（6）高效性。网络营销的高效性主要表现在网络海量的数据存储能力，快速准确的数据处理和传输能力，以及信息的可测量性和交互能力。

（7）智能性。由于网络营销天然的高技术性和可测量性，必然促进企业决策系统、专家系统、商业智能等各种优化方法的使用，使网络营销的手段逐步智能化。

三、网络营销的理论

随着社会信息化的发展，市场营销活动的范围日益扩大，传统营销理论越来越难以适应复杂多变的市场营销环境。特别是在“以消费者为中心”的网络市场，传统营销理论的局限性日益凸显出来。因此，在传统营销理论的基础之上，又演绎和创新出了一些网络营销理论。

（一）网络整合营销理论

网络整合营销理论是基于互联网的一种新型营销理论，其主要有 3 个方面的含义：① 传播营销信息的统一性，即企业的发言“只有一个声音”，消费者无论从哪种媒体上获得的营销信息都是统一的、一致的；② 营销活动的互动性，即企业与消费者之间展开频繁互动，从中迅速、准确地获得反馈信息；③ 营销活动的目标性，即企业的一切营销活动都应围绕企业目标来进行，实现全流程营销。

网络整合营销理论把消费者整合到整个营销过程中来，从产品设计、渠道选择到用户体验；使企业的分销体系及各利益相关者更紧密地整合在一起；将传统的 4P 营销理论与“以消费者为中心”的 4C 营销理论（见表 5-1）进行整合，使消费者需求和企业利润最大化处于同等重要的地位。

知识拓展

随着关系营销和新兴技术的迅速发展，又相继出现了 4R 营销理论和 4V 营销理论，如表 5-1 所示。

表 5-1　经典营销理论

理论名称	要　素
4P 营销理论	产品（product）、定价（price）、渠道（place）、促销（promotion）
4C 营销理论	消费者（customer）、成本（cost）、便捷（convenience）、沟通（communication）
4R 营销理论	关联（relativity）、反应（reaction）、关系（relationship）、回报（retribution）
4V 营销理论	差异化（variation）、功能化（versatility）、附加价值（value）、共鸣（vibration）

（1）4R 营销理论是以关系营销为核心，同样重视消费者的需求，强调以竞争为导向，注重企业和客户关系的长期互动，重在建立客户忠诚的一种理论。

（2）4V 营销理论强调企业要实施差异化营销，要求产品或服务有更大的柔性，满足消费者个性化的需求。同时，更加重视产品或服务中的无形要素，通过品牌、文化等以满足消费者的情感需求。

（二）网络“软营销”理论

网络“软营销”理论是相对传统强势营销而言的，是指以消费者为主导，遵循网络礼仪，运用巧妙的营销手段获得特有的营销效果。网络软营销是从消费者的体验和需求出发，采取拉式策略吸引消费者关注企业，来达到营销效果。网络软营销和强势营销的一个根本区别就在于：网络软营销的主动方是消费者，而强势营销的主动方是企业。例如，基于网络社区的口碑营销就是一种典型的网络软营销方式。

提　示

网络礼仪是自互联网诞生以来逐步形成并不断完善的良好、不成文的网络行为规范，是网上一切行为都必须遵循的准则。

（三）网络关系营销理论

网络关系营销，是把网络营销活动看成是一个企业与消费者、供应商、分销商、竞争对手、政府机构及其他利益相关者产生互动、建立关系的过程。网络关系营销追求的是多赢的效果，其核心是在多方合作共赢的基础上，建立和发展与这些利益相关者的长期、稳定的良好关系，进而与客户建立亲密的关系，培育客户忠诚度，并在与客户保持长期关系的基础上开展网络营销活动，实现企业的营销目标。

知识拓展

网络关系营销可以为企业处理好与各方利益相关者的关系，把服务、质量和市场有机地结合起来，提高营销的效能。传统营销是建立在“以生产者为中心”的基础之上，核心是交易，又称交易营销。而关系营销是建立在“以消费者为中心”的基础之上，核心是关系。现代网络营销的一个重要思想和发展趋势是“以人为本”，从交易营销转向关系营销，从过去推测性商业模式转向高度交互性的商业模式。不仅强调赢得用户，而且强调长期留住用户；从单一销售转向重视长期利益；从以产品性能为核心转向以服务为核心；从重视产品研发到注重提高反应速度和回应能力。

（四）网络直复营销理论

直复营销中的“直”是“直接”的缩写，指不通过中间分销渠道而直接通过媒体连接企业和消费者，网上交易时，消费者可通过互联网直接向生产企业下订单并支付货款；直复营销中的“复”是“回复”的缩写，指企业与消费者之间的沟通交流，消费者可以对营销活动即时做出回复和反馈，企业可以统计回复数据，由此对营销活动做出评价。

直复营销的诞生宣告了定制化时代的来临。消费者可以在营销活动中表达自己的个性化需求，如需要何种颜色、外形或功能等；同时，企业也渴望消费者对营销信息做出回复，与其建立直接的个人联系。企业直接与消费者建立个人联系不仅有助于企业了解不同消费者的消费偏好、评价营销效果并及时改良营销策略，同时还有助于建立企业与消费者之间稳固的客户关系。

（五）数据库营销理论

数据库营销是利用企业经营过程中收集、形成的各种消费者资料的数据库，经分析整理后作为制订营销策略的依据，并作为保持现有消费者资源的重要手段。基于对数据库的分析，企业能够确认目标消费者，从而更迅速、更准确地抓住消费者的需要，然后用更有效的方式把产品和服务信息传达给消费者，服务的过程本身就是营销的过程。

四、网络市场调研

（一）什么是网络市场调研

网络市场调研又称网上市场调查，是指运用互联网和信息技术，系统地进行营销信息的收集、整理、分析和研究的过程。网络市场调研是网络营销的出发点，为企业制订市场营销策略提供依据，使企业的市场营销策略更具有针对性。

（二）网络市场调研的内容

一般而言，网络市场调研的内容可分为网络营销宏观环境研究和网络营销微观环境研究。

1. 网络营销宏观环境研究

网络营销宏观环境研究是指对企业网络营销活动中影响较为间接的各种因素的研究，主要包括政治法律环境、经济环境、科学技术环境、社会文化环境和自然地理环境等因素的研究。例如，企业所在行业的科技发展、新工艺技术的研发等对企业本身产生的影响。

2. 网络营销微观环境研究

网络营销微观环境研究是指对企业网络营销活动中联系较为密切、作用比较直接的各种因素的研究，主要包括企业竞争态势、消费者购买行为、竞争对手、供应商及分销商等因素的研究，如表 5-2 所示。

表 5-2　网络营销微观环境研究内容

项　目		内　容
企业竞争态势研究	市场需求研究	主要是分析企业在行业中的市场需求量、市场规模、市场占有率等指标，进而分析企业所处的竞争地位，制订企业营销策略
	企业内在条件研究	主要是分析企业产品或服务、成本、技术、渠道和促销等方面，正确认识目前企业在满足消费者需求的各个环节中所处的竞争地位，以及改善方法
消费者购买行为研究		主要是通过分析消费者的购买行为及影响消费者行为的各种因素，从而刺激消费者产生消费行为，这是企业提高市场竞争力的最直接手段
竞争对手研究		主要是分析市场上主要的竞争对手及其市场占有率、产品或服务特色、营销策略等方面。在激烈的商业竞争环境中，每个企业都应充分掌握并分析同行业竞争者的各种情况，做到扬长避短、发挥优势，以便在竞争中取胜
供应商及分销商研究		在平台化生态圈盛行的网络经济环境中，企业要分析供应商的资历及分销商的效率和成长潜力等因素，以便建立稳固的合作共赢关系

（三）网络市场调研的方法

网络市场调研一般有以下两种方法。

1. 网上直接调研法

网上直接调研法是指为了特定的目的，在互联网上收集一手资料或信息的过程。根据采用调研方法的不同，网上直接调研法可以分为网上问卷调研法、专题讨论法和网络观察法。

（1）网上问卷调研法是将调研问卷在网上发布，被调研对象通过网络填写问卷完成调研，其类型如表 5-3 所示。它是最常用的网上直接调研法。

表 5-3　网上问卷调研法的类型

方　法	定　义	做　法
网站问卷调研法	网站问卷调研法又称站点法，是通过在网站上刊登调研问卷的形式进行网上调研的方法	实际运用时，在线问卷既可以放在企业自己的网站上，也可以放在第三方网站上，或者两种方式混合使用，视企业网站的具体情况而定

（续表）

方　法	定　义	做　法
电子邮件问卷调研法	电子邮件问卷调研法简称电子邮件法，它是一种把调研问卷制作成简单的 E-mail 形式，发送给已知的被调研对象，由其回答完毕将问卷回复给调研者的调研方法，如图 5-1 所示	企业可以直接向用户发送电子邮件问卷，征询用户对产品、服务、促销、企业形象等方面的看法，让用户向企业提出建议

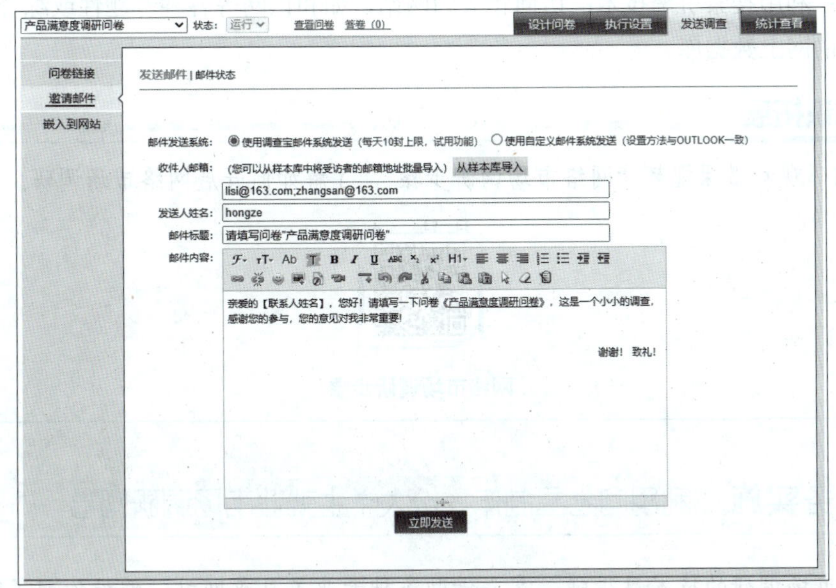

图 5-1　电子邮件问卷调研示例

（2）专题讨论法是指可以借助论坛（如百度贴吧）、微博（如新浪微博）、即时通信软件的群聊功能（如 QQ 群或微信群）等开展网络调研活动。

问卷调研法和专题讨论法的比较分析如表 5-4 所示。

表 5-4　问卷调研法和专题讨论法的比较分析

方　法	优　点	缺　点
问卷调研法	信息便于收集、整理	从企业的角度出发来拟订问题内容，以客观题为主，灵活性较差；被调研对象被动参与
专题讨论法	用户主动、自发地提出自己的感受和体会，提出的问题更接近市场，也相对客观	收集的信息不够规范，需要专业的人员整理、挖掘和总结

（3）网络观察法是指由调研人员直接或通过软件分析工具观察被调研对象的行为，并加以记录而获取信息的一种方法。例如，对于 IP 地址、浏览网页、浏览途径、点击广告、进入的链接、关心的产品、停留的时间等消费者网页浏览行为信息，网络调研人员可以利用跟踪软件进行观察，以了解广大上网者的消费行为。如果配合这些上网者的注册信

息进行相关的分析，可以探求到很多消费者的消费心理和消费需求。

2. 网上间接调研法

网上间接调研法主要是利用互联网收集与企业营销相关的宏观及微观环境等二手资料。二手资料的来源有很多，如政府统计报告、图书馆、行业协会、市场调研公司和专业数据库等。

互联网上虽有海量的二手资料，但要找到需要的信息是需要技巧的。一般可通过 3 种方式获取：利用搜索引擎技术；访问相关的网站，如和讯网等各种专题性或综合性网站；利用相关的网上数据库。

知识拓展

扫码观看微课视频“网络市场调研步骤”，了解如何开展网络市场调研。

网络市场调研步骤

任务实施　利用问卷星制作一份大学生就业市场调研问卷

网络市场调研的技术性很强，需要借助多种专业工具或网站。假设你想了解目前大学生就业的情况，可利用问卷星制作市场调研问卷，具体操作步骤如下。

步骤1 在浏览器中访问问卷星官方网站（https://www.wjx.cn），然后注册并登录账号（需要绑定手机号），登录成功后进入问卷星网站后台，单击“创建问卷”按钮，如图 5-2 所示。

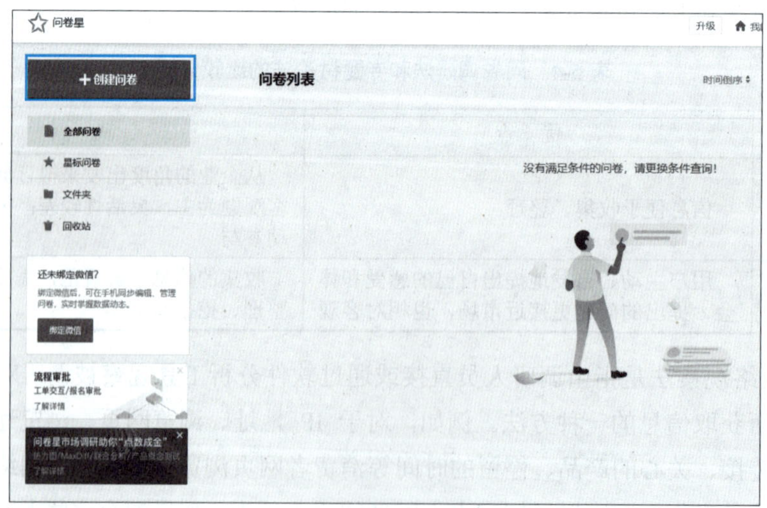

图 5-2　问卷星网站后台

步骤2 进入问卷创建流程，此时页面中有“调查”“考试”“投票”“表单流程”“360度评估”“测评”“接龙”7个选项可供选择，此处选择“调查”选项。在弹出的“创建调查问卷”对话框中输入调查问卷的标题，如“大学生就业市场调研问卷”，然后单击“立即创建”按钮。

步骤3 页面跳转后，关闭向导页面，进入问卷编辑后台，如图5-3所示。

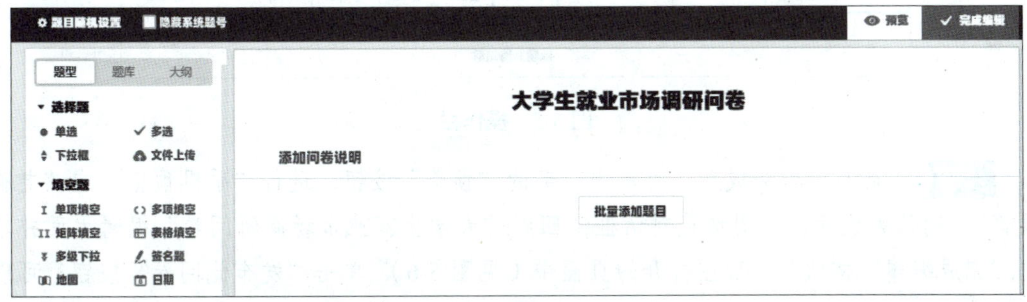

图5-3 问卷编辑后台

步骤4 单击“批量添加题目”按钮，弹出设置对话框。选择“从我的题库添加”选项卡，在搜索栏中输入关键词“大学生就业”，然后单击“搜索”按钮，此时搜索栏下方的问卷列表中出现了很多与“大学生就业”相关的调查问卷样例。单击问卷的标题，可在右侧显示该问卷的详情。选中问卷详情区域某个问题右上角的复选框，可将其选入自己的问卷，如图5-4所示。

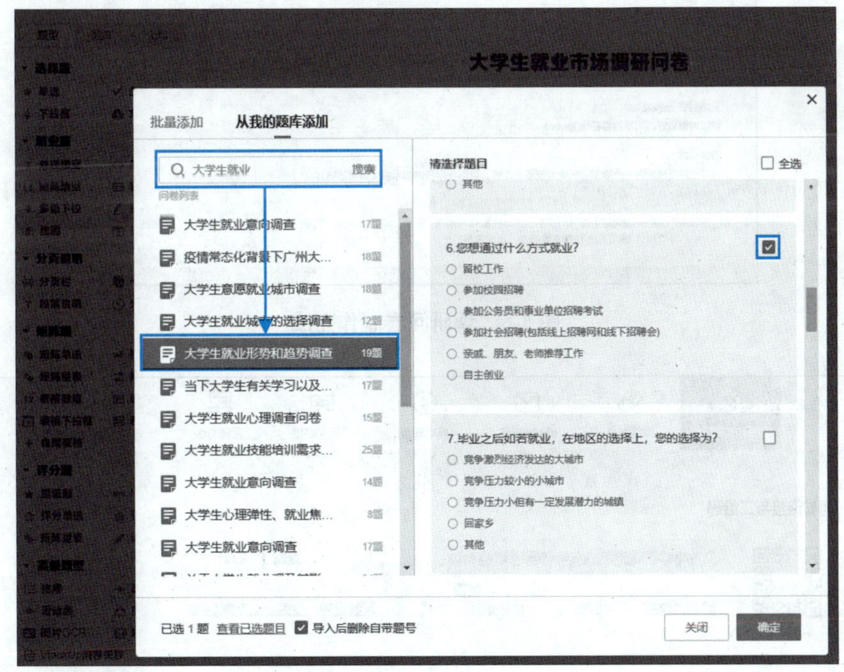

图5-4 从题库添加问卷题目

步骤5 挑选完毕后，单击“确定”按钮，回到编辑器主界面，相关的问题已经被纳入新建的调查问卷中。此时如果需要自己设置题目，可将鼠标指针悬停至任意一个题目上，待题目上出现操作栏（见图 5-5）后，单击“在此题后插入新题”按钮。如果需要改编从题库中选入的题目，可单击“编辑”按钮。

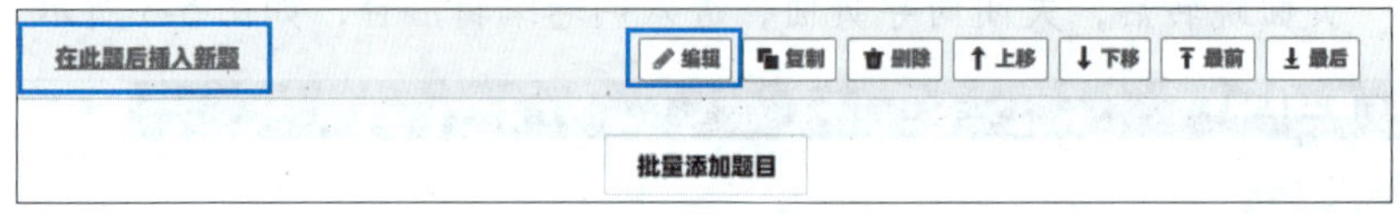

图 5-5 操作栏

步骤6 题目设置完成后，可单击顶部的“预览”按钮，进行“手机预览”或“电脑预览”，确认无误后，关闭预览对话框，回到“大学生就业市场调研问卷”编辑界面并单击“完成编辑”按钮。然后在打开的页面中（见图 5-6），单击“发布此问卷”按钮，可以将问卷发布到问卷星平台，并生成问卷链接与二维码，如图 5-7 所示。

图 5-6 调研问卷制作完成

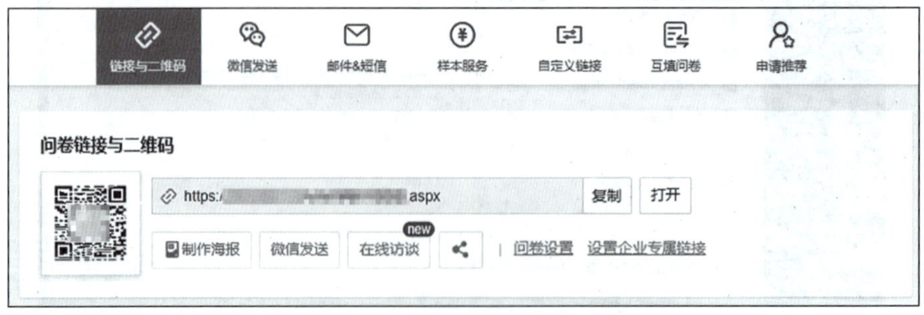

图 5-7 问卷链接与二维码

任务二 了解网络广告

任务导入

《2021 中国互联网广告数据报告》显示，2021 年我国互联网广告市场稳中向好。扫码观看微课视频“2021 年中国互联网广告数据分析”，然后结合你对网络广告的理解说一说你知道的网络广告的类型。

2021 年中国互联网广告数据分析

我国的第一个网络广告诞生于 1997 年 3 月，当时的 IT 巨头 IBM 和 Intel 公司在比特网上发布了一个网络横幅广告，并为此支付了近 2.5 万元。这是我国第一个网络营销广告，开创了我国互联网广告业的历史。从此以后，网络广告逐渐渗透到我们生活中，如今已是铺天盖地。

一、什么是网络广告

网络广告又称在线广告或互联网广告，是指采用多媒体技术设计制作，在网络平台上投放的广告。网络广告具有交互性强、形式丰富、跨越时空、可控性强、成本较低等特点，它的迅速发展已经成为一种必然趋势。

二、网络广告的类型

网络广告形式多样，可以按照以下标准对其进行简单分类。

（1）按照信息表现形式的不同，网络广告可以分为文字广告、图片广告和视频广告等。

（2）按照广告在网页中出现形式的不同，网络广告可以分为旗帜广告、按钮广告、弹出式广告和浮动广告等。

（3）按照所选择工具、方法的不同，网络广告可以分为关键词广告和电子邮件广告等。

三、网络广告的定价模式

常见的网络广告的定价模式如表 5-5 所示。

表 5-5 常见的网络广告的定价模式

名 称	定 义
每千次印象成本（cost per thousand impressions, CPM）	是指网络广告条每显示 1 000 次(印象)的费用。CPM 是最常用的网络广告定价模式之一
每次点击的成本（cost per click, CPC）	是指根据广告被点击的次数付费。如关键词广告一般采用这种定价模式
每次行动的成本（cost per action, CPA）	是指根据每个访问者对网络广告所采取的行动付费。CPA 对用户的行动有专门的定义,如一次交易、一个注册、一次点击等
按引导付费（pay per lead, PPL）	是指根据每次通过网络广告产生的引导付费
按销售业绩付费（pay per sale, PPS）	是指根据网络广告所产生的直接销售业绩付费
每个订单成本（cost per order, CPO）或称为每次交易成本（cost per transaction, CPT）	是指根据每个订单或每次交易来付费

任务实施 分析了解网络广告市场的现状

步骤1 以小组（5～6 人为宜）为单位，查阅网络广告市场发展现状的相关资料。

步骤2 各小组分析近年来中国互联网广告市场整体规模及互联网广告收入类型结构的变化，并结合对网络广告的理解，谈谈网络广告的特点和发展趋势。

步骤3 各小组推选一名组长，轮流上台阐述自己小组的分析意见，最后由老师综合点评。

任务三 了解网络营销的策略和方法

任务导入

扫码观看微课视频“抖音电商走进田野，乡村农货走出大山”，然后结合你对网络营销的理解说一说你知道的网络营销方法有哪些。

抖音电商走进田野，乡村农货走出大山

不同的信息传播方式和信息表现形式对网络营销效果的影响非常显著。例如，朋友的推荐胜过任何华丽的广告语；又如，生动的视频影像比文字更能显示出产品的特性，也就更易打动消费者。网络营销的策略和方法随着互联网技术的创新而不断变化发展，为企业提供了丰富的营销手段。

一、网络营销策略

在互联网时代，传统营销策略已经受到了极大的挑战，而以满足消费者需求为中心的网络营销策略越来越受到市场的认可。

（一）从满足需求出发的产品策略

网络营销环境下，传统的产品策略逐渐演绎为企业为满足消费者的需求而做出的与产品有关的计划或决策，主要包括产品定位策略、新产品开发策略和产品组合策略。

1．产品定位策略

产品定位是指针对消费者的某一种需求，树立与之相联系的深刻品牌形象，从而使目标市场的消费者只要产生这种需求，就能主动将需求和产品联系在一起并最终产生购买行为。例如，拼多多上的产品主打低价策略，许多想要购买廉价日用品的消费者就会选择使用拼多多。

2．新产品开发策略

所有的产品都有市场生命周期，在网络环境下，产品的生命周期更短，而有消费者高度参与的新产品开发能使产品保持旺盛的生命力。

例如，名创优品深谙此道，首先，私域利用“聚类”算法，不断输出精准内容，高度匹配挖掘用户消费偏好，真正做到精细化运营；其次，在产品研发时，名创优品会让用户参与前端的产品研发过程，从新品企划、选品调研到样品打样，都会结合用户的直观感受与建议；最后，在产品的宣传推广阶段，名创优品也会聆听用户的真实体验反馈，基于用户痛点不断升级、改良，将产品开发做到极致。

提　示

私域是指品牌拥有的可重复、低成本甚至免费触达用户的场域。私域业态是线上线下一体化的品牌自主经营阵地，也是品牌自主发展、全面掌握客户关系、线上线下联动的新业态。

3．产品组合策略

在网络营销中，确定经营哪些产品或服务，明确产品之间的相互关系，是企业产品组合策略的主要内容。常见的网络营销产品组合策略有扩大产品组合策略、缩减产品组合策略和产品延伸策略等。

（1）扩大产品组合策略是指增加产品系列或项目，以占领更多细分市场的策略。

（2）缩减产品组合策略是指集中力量经营一个系列的产品，也称市场专业化策略。

（3）产品延伸策略是指从向上、向下、双向 3 个方面改变产品的原有市场定位的策略。

（二）关注网络购物成本的定价策略

企业要尽可能地降低消费者的网络购物成本，制订出更为合理的价格策略，来达到吸引消费者购买的目的。

1. 低价策略

消费者选择在网上购物，除了节省体力和时间成本外，另一个重要原因就是网上商品价格较低。因此，低价策略对吸引消费者购买起着重要作用。

在采用低价策略时，要注意几个问题：第一，不宜销售那些买家对价格敏感而卖家又难以降价的商品；第二，要避免网上报价混乱；第三，要关注同一平台上其他卖家同类商品的价格。

2. 个性化定价策略

消费者往往对产品的功能、外形、颜色等方面有具体的个性化需求，也愿意为其付费，因此企业可以利用网络的互动性来接受消费者的个性化产品定制，然后根据个性化需求，进行差异定价。

3. 捆绑销售定价策略

捆绑销售主要有 3 种形式：第一种是优惠购买，即消费者在购买甲产品时，可以以较优惠的价格购买乙产品；第二种是甲乙两种产品不单独标价，即两种产品只有一个标价；第三种是购买甲产品后，其某些功能只能由乙产品实现。

4. 信用和品牌定价策略

企业的形象和信用是品牌的基础，也是影响产品价格的重要因素。如果开展网上营销的企业在消费者心中的声望很高，其品牌很著名，消费者的心理价位也会偏高，那么其产品的定价就要比一般产品高一些；反之，价格就要低一些。

（三）更加便利的渠道策略

网络营销渠道是指产品或服务从商家向消费者转移时的具体通道或路径。最大程度地使消费者享受便利，是电子商务企业在渠道建设时须认真思考的问题和努力践行的方向。例如，提供电子商务网站、手机 App、小程序等多种渠道供消费者选择；各种平台界面设计要友好，通过图片、短视频或直播的方式方便消费者查看商品，并适时地进行商品推荐；实时沟通反馈信息，为消费者解决问题，为其创造便利的消费体验。

网络营销在渠道上的选择有网络直接营销渠道和网络间接营销渠道两种类型，具体内容如表 5-6 所示。

表 5-6 网络营销渠道类型

渠道类型	含 义	做 法	优 点
网络直接营销渠道	指企业通过互联网实现从生产者到消费者的网络直接经营的通道或路径	建立自己的站点或委托信息服务商发布产品信息，与客户取得联系后直接销售产品	企业与消费者直接接触；企业能及时了解消费者需求以便调整战略
网络间接营销渠道	指企业通过一些网络交易中间商，实现网络间接经营的通道或路径	企业授权网络交易中间商经销、代销产品，一般网络间接营销渠道只需要一个中间环节	企业不用负担网站建设与运营成本，网络交易中间商大大提高了交易效率和专门化程度

（四）基于沟通的促销策略

“双 11”“618”，是广大消费者熟知的电子商务促销时点，打折促销、优惠券、买赠、秒杀、订金膨胀、抽奖、红包、会员制度和购物津贴等各种促销手段层出不穷，网络成交额屡创新高。同样，在日常的促销活动中，电子商务企业也要同消费者建立积极有效的双向沟通，建立基于利益分享的新型客户关系。例如，企业应建立会员等级制度，适时对不同等级的会员提供不同程度的优惠政策；搭建好会员沟通平台，用时下的热门话题开展话题营销，做好与会员的终端沟通。

二、常见的网络营销方法

（一）搜索引擎营销

搜索引擎营销（search engine marketing, SEM），即基于搜索引擎网站的网络营销活动。搜索引擎网站利用用户对搜索引擎的依赖和使用习惯，在其检索信息的时候将企业的营销信息穿插在搜索结果页中。搜索引擎营销的基本思想是引导用户发现信息，并进入企业网络营销的目标网站或网页。常见的搜索引擎营销模式有搜索引擎优化、竞价排名、关键词广告等。

扫一扫

常见的搜索引擎营销模式

（二）微博营销

微博营销已是当前较为主流的网络营销方法之一，它可以帮助企业宣传推广，并与客户建立起密切的联系，其主要营销方法有话题营销、借势营销、活动营销和粉丝营销等。例如，借助微博上的明星大 V 的影响力，加上粉丝的转发，营销信息可以在互联网上快速传播。

很多明星企业都创建了自己的微博账号，拥有非常庞大的粉丝群体。例如，小米手机的官方微博就拥有 2 800 多万名粉丝，如图 5-8 所示。

图 5-8 小米手机官方微博

（三）微信营销

微信既是一款即时通信工具，又是一款拥有超大用户规模的手机社交应用。企业利用微信的点对点沟通功能，通过互动将其与客户的普通关系发展成为强关系，便于进行精准营销。目前，凭借微信强大的产品生态圈，其很多功能（如朋友圈、个性签名、二维码名片、小程序、公众平台等）都可以用于网络营销，如图 5-9 所示。

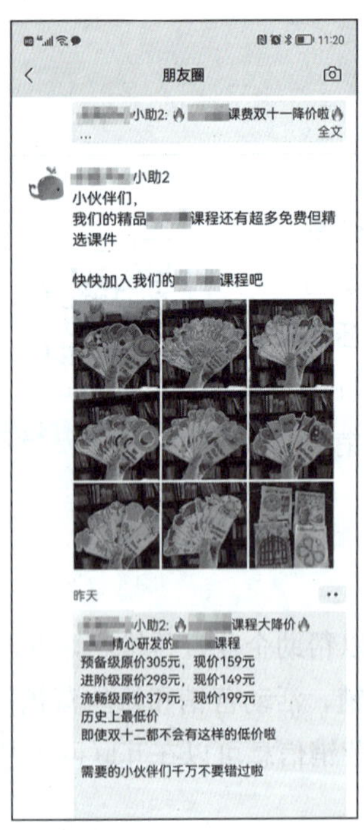

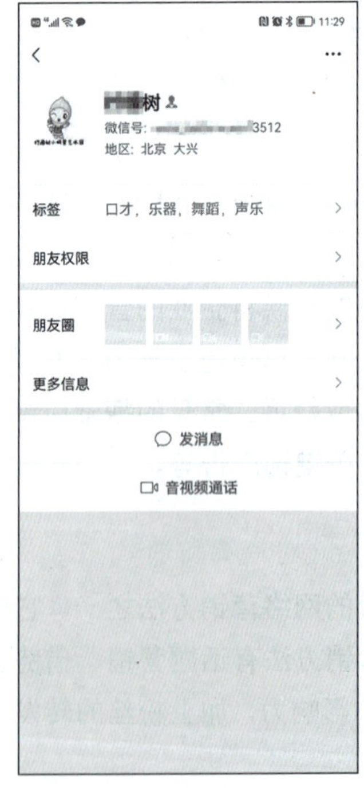

图 5-9 微信营销的常见形式

课堂讨论

请大家说一说，自己的微信朋友圈里有微商吗？如果有，你会购买微商推销的商品吗？为什么？

（四）社群营销

网络社交平台培养了大量的用户群体，为社群营销提供了广阔的天地。社群营销就是通过微博、微信、社区等各种社群来推销商品或服务的一种营销方式。社群营销是一种基于圈子和人际关系的营销方式，它将具有共同兴趣爱好的人聚集起来，打造一个同一主题的社群，社群成员之间快速建立起情感共鸣并完成最终消费。社群营销的本质是通过社群口碑将商品和品牌推广出去，逐渐形成社群模式的商业形态。

知识拓展

网络社区

网络社区是指包括电子公告板、论坛、讨论组、聊天室等形式在内的网上交流空间。同一主题的网络社区集中了大量具有共同兴趣的用户，因此信息的传播速度非常迅猛，针对性也非常强。基于此，网络社区不仅具备聚集及信息交流的功能，同时也是一种理想的网络营销场所。目前，较知名的网络社区有百度贴吧、天涯社区、豆瓣、知乎和小红书等，其网址如表 5-7 所示。

表 5-7　网络社区网址

知名社区	社区网址
百度贴吧	https://tieba.baidu.com
天涯社区	http://www.tianya.cn
豆瓣	https://www.douban.com
知乎	https://www.zhihu.com
小红书	https://www.xiaohongshu.com

（五）短视频营销

短视频一般是指播放时长在 5 分钟以内的视频短片，在短视频平台（如抖音、快手等）上，用户可以观看和分享其他人发布的视频短片，也可以上传自己制作的短片。短视频营销相对于图文广告来说感染力更强，营销效果更好，但其对广告内容的要求也更高，短视频内容必须为广大用户所喜爱才能大范围传播。

例如，“桃最”原本是珠海的一家小茶饮店，该店在抖音上注册了一个企业号，每天发布一些由员工拍摄的短视频作品。在这些作品中，一段趣味捣蒜舞视频突然引起了网友们的大量关注，获得了300多万点赞，这一视频的爆红使得“桃最”迅速成为珠海乃至全国的知名网红茶饮店。

（六）直播营销

进入移动互联网时代以后，随着智能手机的普及和移动网络速度的大幅提升，网络直播迅猛发展起来，成为网络营销中一颗耀眼的“明日之星”。直播营销是以直播平台为载体，主播现场营造营销场景，同时制作和播出节目的视频营销方式。这种营销方式，主播可以与用户进行实时互动，通过产品线上展示、咨询答疑和导购销售，让用户有与企业零距离接触的感觉，并能使企业及商品形象深入人心。

素养之窗

为营造安全、健康、文明的网络文化氛围，提升网络道德素养，维护网络秩序，净化网络空间，践行社会主义核心价值观，弘扬主旋律，传递正能量，我们特向网民发出如下倡议：文明上网，做网络正能量的弘扬者；自律上网，做网络文明的参与者；依法上网，做政策法律的捍卫者；绿色上网，做社会责任的践行者；理性上网，做文明新风的传播者；安全上网，做网络安全的维护者。

（七）大数据营销

大数据营销也称数据驱动式营销，伴随着大数据技术而产生，以驱动用户高效参与为目的，从而促进营销者更好地进行营销决策。例如，淘宝、天猫等购物网站的个性化推荐就是大数据营销的典型应用。

大数据营销具有精准性、可预测性和低成本性等特点。大数据营销可以更加全面地了解客户的需求，以便对客户群体进行细分，然后对不同的细分客户采取针对性的营销手段，这也是进行精准营销的过程。例如，利用大数据客户画像，给客户贴上各种标签之后，企业就能通过标签触达目标客户，并以客户偏好的方式促成交易，实现精准营销。完善的客户画像分析，有助于企业在客户获取、广告投放、服务推荐等推广上更有针对性，提高营销转化率。

知识拓展

大数据营销主要应用于商品关联、基于地理位置信息的营销、个性化推荐和精准广告投放等4个方面。扫码观看微课视频“大数据营销的应用”，深入理解大数据营销的优势。

大数据营销的应用

任务实施 申请微信公众号并发布一篇推文

微博营销是当前较为主流的网络营销方法之一。假设你是茶叶店的营销人员，现在需要利用微信公众号发布一篇原创推文，以推广茶叶店的主打商品——采花毛尖，可按下述步骤进行操作。

（一）申请微信公众号

步骤1 在浏览器中访问微信公众平台官方网站（https://mp.weixin.qq.com）。在页面顶部单击“立即注册”超链接，进入微信公众平台注册页面，如图 5-10 所示。

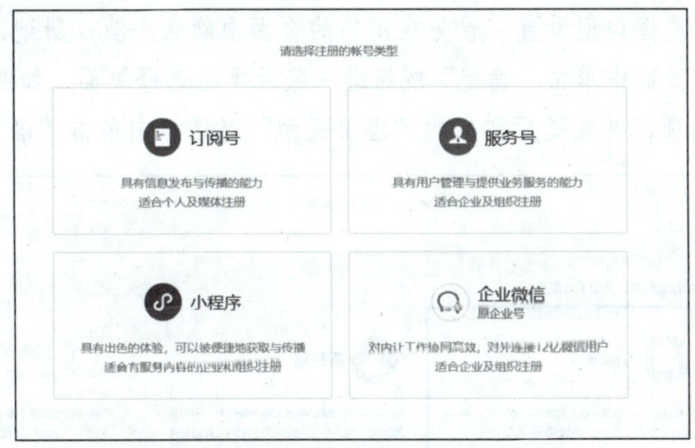

图 5-10 微信公众平台注册页面

步骤2 此处选择创建订阅号。在“订阅号”区域内单击，进入订阅号创建页面。创建订阅号一共分为 4 步：设置基本信息、选择类型、信息登记和设置公众号信息。

步骤3 首先进行第一步，设置基本信息。基本信息的设置分为“邮箱验证”“设置密码”和确认“我同意并遵守《微信公众平台服务协议》”3 个操作，如图 5-11 所示。在设置之前，需要准备一个未绑定过任何微信公众号账号的电子邮箱。设置完成后，单击“注册”按钮进入下一步。

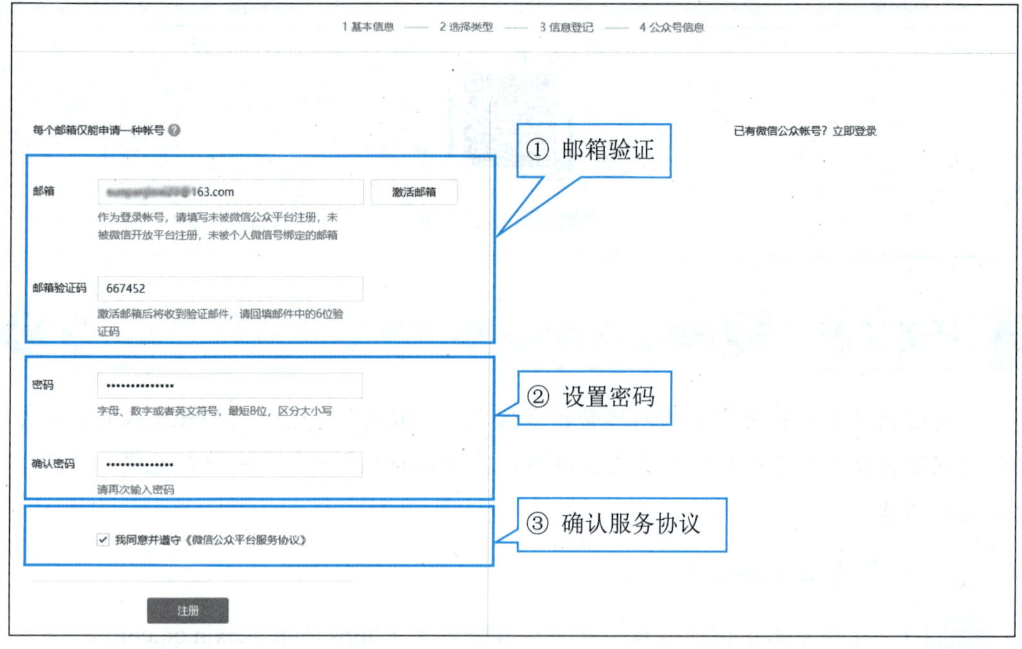

图 5-11　基本信息设置页面

步骤 4　进行选择类型设置。首先在跳转的页面中确认企业注册地，此处暂时没有可以设置的选项，在页面中单击“确定”按钮进入账号类型选择页面，如图 5-12 所示。此处选择“订阅号”选项，并在随后弹出的“温馨提示”对话框中单击“确定”按钮。

图 5-12　选择账号类型

步骤5 进行信息登记设置。信息登记主要有以下几项：① 选择主体类型，可选择的类型有“政府”“媒体”“企业”“其他组织”和“个人”，此处选择“个人”；② 主体信息登记，包括身份证姓名、身份证号码和管理员身份验证（需用微信扫码）；③ 管理员信息登记，主要是绑定管理员手机号码（此处需要准备一个未绑定过任何微信公众号账号的手机号码）；④ 创作者信息，此项是选填项，可不填。上述内容（见图5-13）设置完成后，单击“继续”按钮进入下一步。

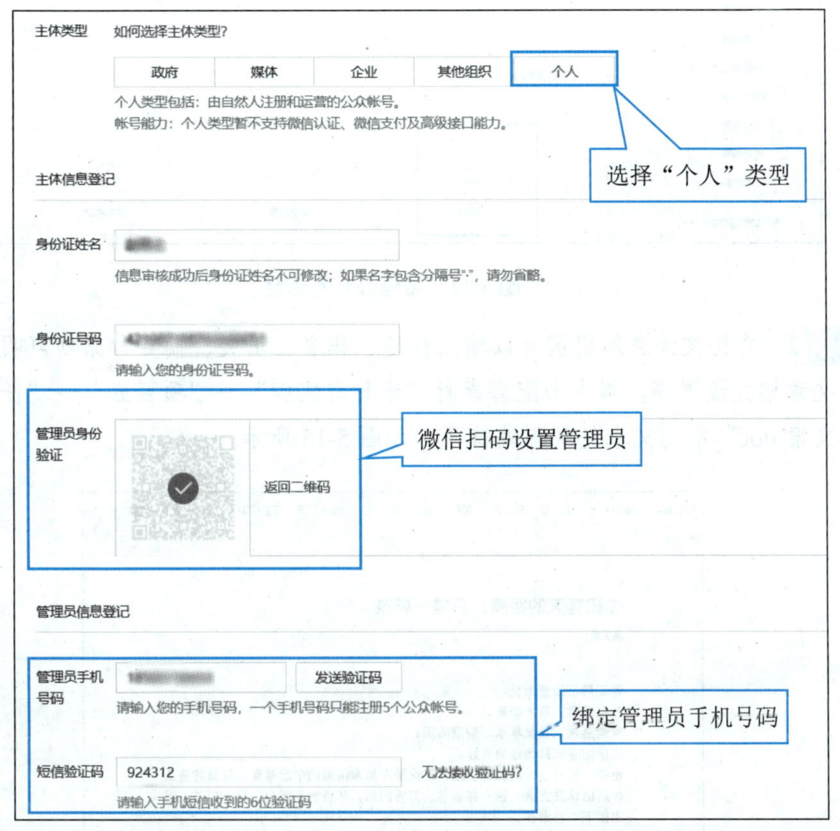

图5-13 信息登记设置页面

步骤6 在弹出的“提示”对话框中单击“确定”按钮，即可进入“公众号信息”设置页面。上传图片素材（见本书配套素材“素材与实例”→“项目五”→“任务实施”→“微信公众号头像.png”）作为公众号的头像，然后为公众号取名并编撰一段公众号的功能简介。最后单击“完成”按钮，账号注册完毕。

（二）发布一篇推文

本过程仅供参考，实际操作时可自己创作推文。

步骤1 在浏览器中登录申请好的微信公众号账号，进入微信公众号的后台管理页面，然后单击“图文消息”按钮（见图5-14），进入微信公众号的图文消息编辑后台。

图 5-14　微信公众号后台

步骤 2　在图文消息编辑区可以输入标题、作者、正文、摘要和原创声明，插入图片并进行文章格式设置等。将本书配套素材“素材与实例”→“项目五”→“任务实施”→“推送文案.doc”中的文本复制到编辑区，如图 5-15 所示。

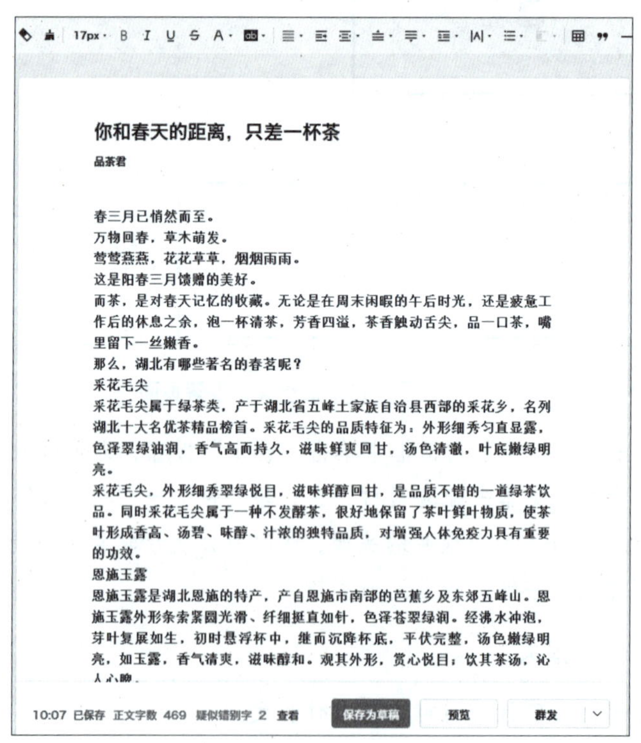

图 5-15　编辑正文

步骤3 将准备好的图片（见本书配套素材“素材与实例”→“项目五”→“任务实施”→“恩施玉露.jpg”、“采花毛尖.jpg”和“龙峰茶.jpg”）上传至图片库，然后再将其插入到正文中的适当位置，最后利用微信公众号后台中的编辑功能进行图文排版。由于篇幅所限，具体排版过程在此不再赘述。图文排版完成后，设置封面（可选择使用本书配套素材“素材与实例”→“项目五”→“任务实施”→“推文封面.jpg”）和摘要。

步骤4 相关内容设置完成后，单击“预览”按钮检查推文，如无差错，单击“保存并群发”按钮发布推文即可，如图 5-16 所示。

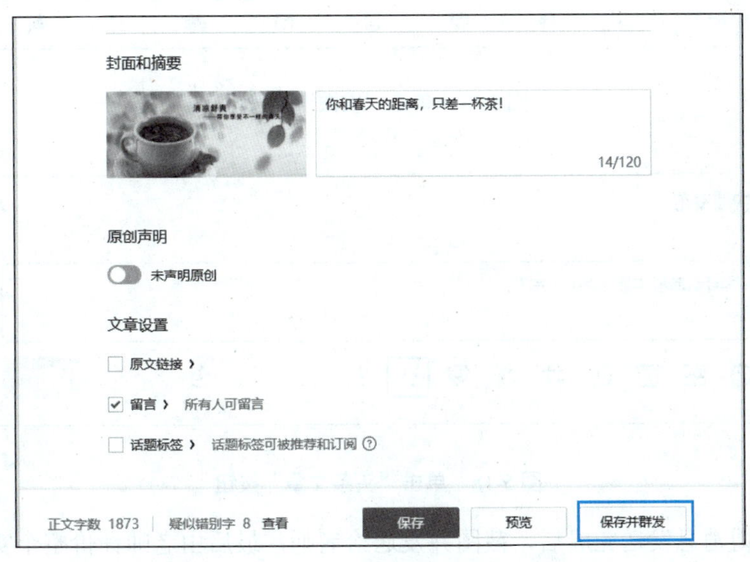

图 5-16 发布微信推文

项目实训

2020 年 9 月 23 日，很多人的微信朋友圈都刮起了一阵“奶茶风”：好友们纷纷晒出一张 52 元的转账截图，转账说明是“秋天的第一杯奶茶”。这条朋友圈传递的意思是，在这个秋天，有人请你喝一杯奶茶，你的心里会感觉特别温暖。一时间，微博、抖音、知乎、门户网站、搜索引擎网站等各大网络平台纷纷加入到了热议“秋天的第一杯奶茶”的行列。

请根据“秋天的第一杯奶茶”话题，任选一种品牌，从“快速获得用户”“购买转化”“获得互动参与”“获得新用户”“维系老客户关系”这几个营销目的中任选其一，构思一条微博消息。

（一）实训目标

根据热点新闻撰写微博消息，学习微博营销的相关知识并学习发送长微博。

（二）实训内容

（1）根据实训背景的设定和要求，在网上查找资料，编写相关微博消息。

（2）在浏览器中访问微博官方网站（https://weibo.com），在打开的微博界面中单击“发微博”按钮（见图 5-17），登录后（如果没有微博账号，需要注册后再登录）在弹出的对话框中编辑信息即可。如果消息篇幅很长，可以选择发送长微博。在弹出的对话框中单击“头条文章”按钮，如图 5-18 所示。

图 5-17　单击“发微博”按钮

图 5-18　单击“头条文章”按钮

（3）微博消息发送完成后，截图并发送给老师，最后由老师评价整个实训活动的完整性并打分。

项目考核

（一）名词解释

（1）网络营销；（2）网络广告；（3）SEM；（4）社群营销。

（二）单项选择题

（1）(　　)是相对传统强势营销而言的，是指以消费者为主导，遵循网络礼仪，运用巧妙的营销手段获得特有的营销效果。

A. 网络“软营销”理论

B. 网络整合营销理论

C. 网络直复营销理论

D. 数据库营销理论

（2）网络市场调研是指运用互联网和信息技术，系统地进行营销信息的（　　）、整理、分析和研究的过程。

A．浏览　　B．查找

C．收集　　D．复制

（3）（　　）是指根据广告被点击的次数付费。

A．CPC　　B．CPM

C．CPA　　D．PPS

（4）短视频一般是指播放时长在（　　）以内的视频短片。

A．1 小时　　B．30 分钟

C．15 分钟　　D．5 分钟

（三）多项选择题

（1）传统的 4P 营销理论包括（　　）。

A．定位（position）　　B．产品（product）

C．渠道（place）　　D．促销（promotion）

（2）网络营销特点包括（　　）。

A．时域性　　B．交互性

C．人性化　　D．整合性

（3）按照广告在网页中出现形式的不同，网络广告可以分为（　　）。

A．旗帜广告　　B．电子邮件广告

C．视频广告　　D．浮动广告

（4）微博营销主要的营销方法有（　　）。

A．话题营销　　B．借势营销

C．活动营销　　D．粉丝营销

（四）思考题

（1）简述网络营销的理论。

（2）常见的网络市场调研方法有哪些？

（3）常见的网络广告定价模式有哪些？

（4）常见的网络营销方法有哪些？

项目评价

请结合本项目学习情况进行自评、互评和师评，并将评价结果填入表 5-8 中。

表 5-8 项目评价

评价项目	评价内容	评价分数			
		分值	自评	互评	师评
知识（40%）	对网络营销的定义、特征、理论和网络市场调研等相关知识点的理解和运用程度	15 分			
	对网络广告的定义、类型和定价模式等相关知识点的理解和运用程度	10 分			
	对网络营销策略和方法等相关知识点的理解和运用程度	15 分			
技能（40%）	利用网络工具制作网络市场调研问卷的熟练度	15 分			
	对不同类型网络广告平台的特点及市场占比的理解分析能力	10 分			
	利用某些网络营销方法开展网络营销活动的能力	15 分			
素养（20%）	遵守课堂纪律，上课精神饱满	5 分			
	具有自主学习意识，做好课前准备	5 分			
	善于思考，积极参与，勇于提出问题	5 分			
	具有团队合作精神，出色完成小组任务	5 分			
合计	综合分数______自评（25%）+互评（25%）+师评（50%）	100 分			
	综合等级______	指导老师签字__________			
综合评价	最突出的表现（创新或进步）： 还需改进的地方（不足或缺点）：				

项目六

网络店铺运营

项目导读

近年来，电子商务发展迅猛，网上购物已经成为人们常用的一种购物方式，网上开店因此火爆起来。要成功运营一家网络店铺必须了解如何规划网络店铺、建设网络店铺及管理网络店铺。

知识目标

- 了解网络店铺和目标消费群体的定位、网络店铺模式和平台的选择。
- 了解网络店铺的创建和装修方法。
- 了解网络店铺的推广、促销活动和数据分析方法。

能力目标

- 能够在批发网站合理挑选货源。
- 能够创建和装修淘宝店铺。
- 能够使用 Excel 分析网络店铺运营数据。

素养目标

- 树立诚信意识，传承中华优秀传统文化。
- 弘扬工匠精神，践行爱岗敬业、脚踏实地的职业精神。

任务一 规划网络店铺

任务导入

扫码观看微课视频“现在的年轻人越来越‘野’了”，然后结合你对网上开店的理解说一说电子商务对于年轻人创业来说有哪些机会。

现在的年轻人越来越“野”了

一、网络店铺的定位

网络店铺就是互联网上开的店铺，是企业或个人从事电子商务活动的基础平台。目前，在互联网上有批发、零售等各种类型的网络店铺，它们为消费者提供了丰富品类的商品和服务。网络店铺运营是否成功，首先取决于网络店铺的定位是否正确。

（一）网店主营类目的选择

商家可以借助电子商务平台为其提供的大数据分析工具进行行业市场需求和供给方面的分析。通过行业数据分析，商家可以更加科学地选择主营类目，确定网店定位，合理制订运营目标和推广策略，规避和降低经营风险。例如，淘宝的生意参谋为商家提供了众多的服务，如图 6-1 所示。其中，市场趋势分析帮助新老商家及时掌握行业变化和市场结构；市场排行分析帮助商家了解行业内店铺、商品、品牌排行及变化，了解行业头部商家特征；搜索分析帮助商家洞察消费者新需求和市场机会；等等。

市场洞察 功能矩阵

市场趋势	市场排行	搜索分析	竞争分析	客群洞察	产品&属性分析	竞争识别
品牌分析	活动对标 NEW	内容对标 NEW	新老客对标 NEW	售后对标 NEW	购买连带分析 NEW	流失分析 NEW

图 6-1 生意参谋的功能

商家还可以用百度指数对特定行业市场情况进行分析，查看该行业最新动态变化，了解对应行业的搜索热度趋势、搜索热点及行业人群画像等，进而充分把握市场需求，辅助自身做出决策，如图 6-2 所示。

图 6-2　百度指数的行业最新动态

进行商品类目选择时，新手商家需要注意不宜选市场需求较小的类目，当然也不建议选择有交易卖家数太多的，因为交易卖家数越多，市场竞争越激烈。商家应在数据分析的基础上结合自身的货源优势进行商品类目的选择。

知识拓展

类目是指电子商务平台为方便消费者在平台有针对性地选购各种各样的商品而对商品进行的归类。电子商务平台的商品类目较多，如服装、美容、数码、家居、母婴、食品等。

网店可以定位于“小而美”的经营模式，即网店的品类单一，商品专业、有特色。网店通过精准的市场细分，将细分行业做深、做透，坚持做到极致。除了商品有特色、质量过硬之外，商家还要完善供应链，做好商品规划、营销推广、物流管理、客户维系等工作，从而形成自身的经营特色，找到属于自身的“标签”，进而培养出一批忠诚的客户。

（二）竞争对手分析

不是所有经营相同类目的商家都是竞争对手，在网店经营的过程中，首先要为自己进行定位，再定位对手。一般从商品属性的相近度、价格的相近度、销量的相近度 3 个方面来定位竞争对手。生意参谋的竞争分析支持竞店对比和竞品对比分析，帮助商家全方位了解竞争对手。

当确定了竞争对手后，商家就需要从网店整体情况、商品信息、商品详情页、网店的推广活动、网店的评论、客服接待、物流服务等维度，多方面分析竞争对手，以便适时调整经营策略，取得竞争优势。

（三）网店商品定位

网店商品定位是基于不同消费群体对于商品的属性要求、价格要求、质量要求、风格要求等的不同而进行的，目的是确定网店商品在消费者心目中的形象和地位。

（1）商品属性定位。商品属性定位最好细分到精确的目标消费群体。例如，女装行业需要进一步细分到大码女装、白领女装、休闲装、淑女装等。

（2）商品价格定位。商品的价格要符合消费群体的消费水平，网店须采取灵活的定价策略，吸引消费者的关注。

提 示

卖家也可以在网络交易平台价格区间的基础上，结合商品的品质来定价。首先，打开网络交易平台（如京东）首页，假设卖家要卖的商品是女士卫衣，在搜索栏中输入关键词“女士卫衣”，单击“搜索”按钮，在搜索结果页面中设置价格区间为0～300元，单击“确定”按钮。

在搜索结果列表中，将鼠标指针移至价格柱形图上，可以查看买家喜欢的价位占比，如图6-3所示。从统计数据可以看出：30%的买家喜欢的商品价格为0～50元，60%的买家喜欢的商品价格为50～121元，9%的买家喜欢的商品价格为121～276元，1%的买家喜欢的商品价格在276元以上。

图6-3 查看买家喜欢的价位占比

（3）商品质量定位。不同消费群体对商品的质量有不同的需求，通过把控质量也可以定位目标消费群体。同样款式的服装，采用涤纶、纯棉、丝绸等不同面料制作出来的商品质量是不一样的，在这个方面，市场拿货是重中之重，商品质量在选货的时候就要定位好。

知识拓展

卖家应根据网络店铺的目标消费群体的特点及其消费潜力选择合适的货源，是否有优势货源是网上开店能否获得成功的关键。扫码观看微课视频“网络店铺如何选择货源渠道”，理解网上开店选择货源的常见途径。

网络店铺如何选择货源渠道

（4）商品风格定位。做好商品风格定位远比在商品描述上下功夫更能提升流量的转化率。风格定位同样需要在拿货时就做好决定，根据划分好的消费群体及对商品的定位，选择风格相符的货源档口来拿货，这样通过货源供应环节就把商品风格定位好了。

知识拓展

商品选款即企业根据目前市场需求变化情况，确定市场需求商品基本的类目、属性、价格、质量、风格等。网络店铺应备的商品可以分为引流款、利润款、形象款和活动款。

（1）引流款即吸引流量的商品。它面向大众客户，是主推的、流量来源最大的、转化率高的、毛利率趋于中间水平的商品。相对于竞争对手，它有价格、风格或者其他方面的优势，从而更有利于占领网页“豆腐块”的位置，后期可带来较大的免费流量。

（2）利润款即利润回报率高的商品，应该占商品结构中的最高份额。它一般面向小众客户，商家应注重他们对质量、风格、价格、卖点的需求，进行精准推广。商家可通过定向数据进行测试，或者通过预售方式进行商品调研，以做到供应链的轻量化。

（3）形象款是高品质、高调性、高客单价的小众商品，适合细分人群，占商品结构中的极小一部分。商家可以保持形象款商品处于安全库存，目的就是提升商家的品牌形象。

（4）活动款就是用于做活动的商品。根据活动目的不同，活动款又可以划分为清库存款、冲销量款和品牌款。

二、目标消费群体的定位

一般情况下，网店可以从消费属性分析和消费行为分析两个方面来定位目标消费群体。

（一）消费属性分析

消费属性分析主要从消费者的社会属性、行为特征、消费特征和心理特征等维度进行研究。

（1）社会属性维度是定位目标消费群体的基础，包括年龄、性别、教育程度、职业、收入水平、地理位置和社会关系等要素，这些要素是商家建立和维护客户关系所需的基本信息。

（2）行为特征维度主要包括消费者在互联网上的搜索行为、浏览点击、社交习惯、兴趣爱好和活跃度等要素，这些要素直接反映了消费者对商家提供内容感兴趣的方向及程度。商家须与潜在消费者及时沟通、互动，帮助其深入了解商家提供的商品或服务，以便促成交易。

（3）消费特征维度主要包括消费者的消费水平、消费心理、消费偏好和售后评价等要素，这些要素反映了影响消费者消费决策的主要因素。把握好这些要素，有助于商家进行精准营销，快速锁定目标消费群体。

（4）心理特征维度主要是指消费者在生活、工作、情感和社交等方面所拥有的个人价值观，它主要决定了消费者的态度取向。商家充分了解消费者的心理特征后，有助于商家进行目标消费群体的定位。尤其在消费者消费环节，商家通过分析其心理特征能更好地捕捉消费者痛点，打消消费者疑虑，提升其购买意愿，从而建立客户关系，并将其培养为忠诚客户。

（二）消费行为分析

当前，网络消费者行为特征有消费产品个性化、差异化，消费过程主动性，消费行为理性化，购买方式多样化，等等。商家只有充分了解网络消费者的行为模型，才能更快、更好地定位目标消费群体，提升他们的购物体验感，促成他们的购买行为，并培养忠诚的网络消费群体。网络消费者的行为模型（见图 6-4），是由网络消费者购买行为的各种影响因素组成的，如表 6-1 所示。

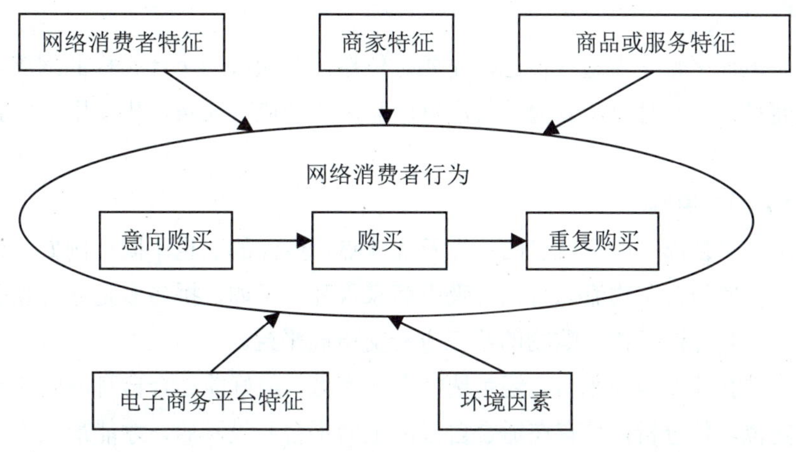

图 6-4　网络消费者的行为模型

表 6-1　影响网络消费者购买行为的因素

名　称	构成内容
网络消费者特征	社会属性、行为特征、消费特征、心理特征等
商家特征	商家声誉、品牌形象、综合规模、服务水平、营销策略等
商品或服务特征	价格、质量、风格、实用性、创新性、个性化程度、设计感等
电子商务平台特征	便利性、安全性、可靠性、速度、物流支持、支付选择、服务水平等
环境因素	政治法律环境、社会文化环境、行业环境、社交网络环境等

三、网络店铺模式和平台的选择

（一）确定网络店铺模式

按照交易主体分类，网上开店可以划分为 B2B、B2C、C2C、C2B、C2M 等多种电子商务模式，想要开设网店的商家要根据自身的资金规模、网店的业务范围及目标消费群体选择合适的网店经营模式。例如，某企业一直从事电子元件的批发业务，希望通过网上开店的形式来拓展自己的销售渠道，此时就可以选择 B2B 电子商务模式。

（二）选择平台

企业或个人创建网络店铺，可以采取自建网上商城的形式（如华为网上商城），也可以在第三方电商平台建立网络店铺。自建网上商城更能基于企业的实际需求，但是门槛较高，一般适合大型企业。而第三方电商平台具有流量高、进入方便等优点，因此越来越多的企业或个人选择入驻第三方电商平台。

1. 找准自身定位

判断一个电商平台是否适合自己，先要定位自己想做成一个什么样的网店，选择最适合自己的电商平台。同时更重要的是要注重商品品质和服务质量，毕竟用户体验才是最重要的。

2. 平台选择的原则

不同的电商平台都有属于自己的特性及优缺点，专注的点也不同。例如，京东商城以独立、优质、快速的自营物流为特色，吸引商家入驻。又如，拼多多是移动互联网的主流电商平台之一，是专注于拼团购物的第三方社交电商平台。

企业对于选择哪个电商平台，还是选择自建商城，最好能结合自身网店的定位和目标消费群体的定位具体分析，只有在适合自己的电商平台开设网店，才能最大程度发挥线上线下开店的效益。

知识拓展

2022 年 1 月 6 日，阿里巴巴宣布原淘宝天猫业务的新组织架构，推进淘宝和天猫的融合，进一步解放大淘系的生产力。在平台域，成立平台策略及运营中心，负责平台机制、规则的设计，通过升级平台机制和智能化技术的应用，加速创新、打造商家经营所需要的各种产品服务，为平台、产业和商家提供强有力的服务支撑。

任务实施 在 1688 批发网选货

1688 批发网是全球 B2B 电子商务的著名品牌，为数千万网商提供了海量商机信息和便捷安全的在线交易平台。它以批发和采购业务为核心，目前已覆盖原材料、工业品、服装服饰、家居百货、小商品等 16 个行业大类，提供从原料采购到生产加工，再到现货批发等一系列的供应服务。假设你要为商家在 1688 批发网选货，可按下述步骤进行操作。

步骤 1 登录网站。在浏览器中访问 1688 批发网（https://www.1688.com），然后注册并登录账户。如果已有淘宝账户，可以直接使用淘宝账户登录 1688 批发网。

步骤 2 搜索商品。在 1688 批发网首页搜索框中输入商品关键词，如输入“女卫衣”，按“Enter”键就会出现很多商品，如图 6-5 所示。

步骤 3 查看商品价格区间。将鼠标指针移至价格柱形图上，查看买家喜欢的价位占比，本例中买家喜欢的女卫衣的价格普遍集中在 33.88～97.92 元之间。

步骤 4 初步筛选货源。在商品搜索结果页面中，通常依据商品成交额和商品价格初步筛选合适的货源。单击“成交额”按钮，商品将按成交额排列，选择其中销量较多和价格合适的货源，结果如图 6-6 所示。这里一般不建议选择开店时间低于两年的商家货源，因为开店时间越长说明商家实力越强。

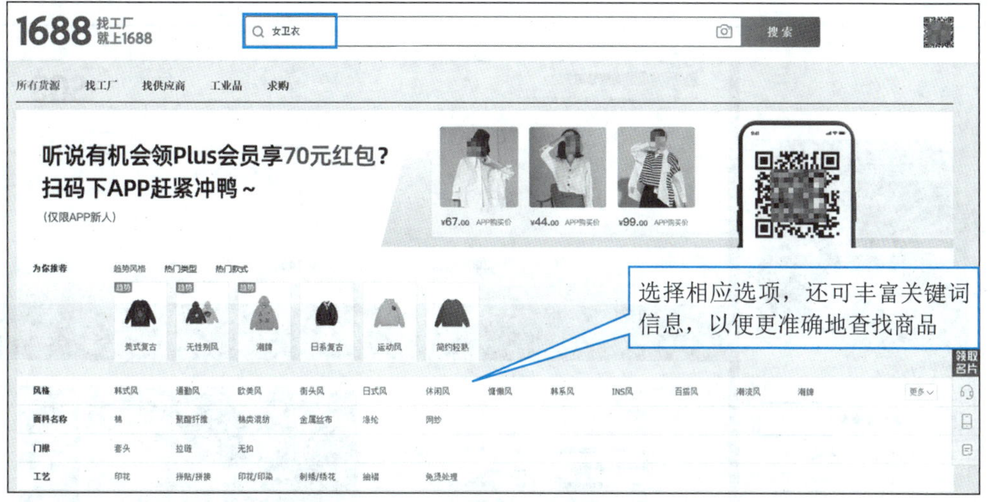

图 6-5 商品搜索结果

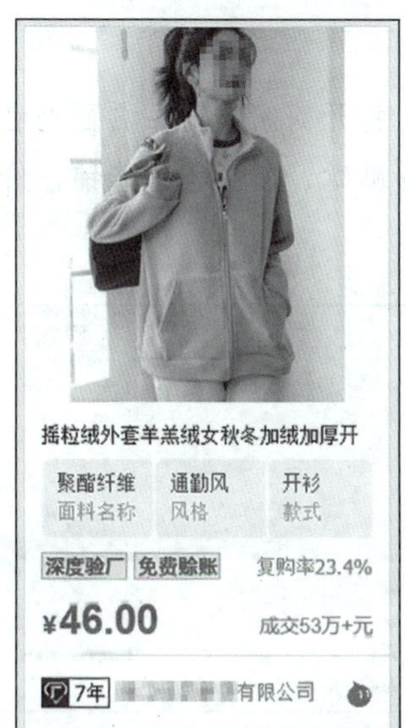

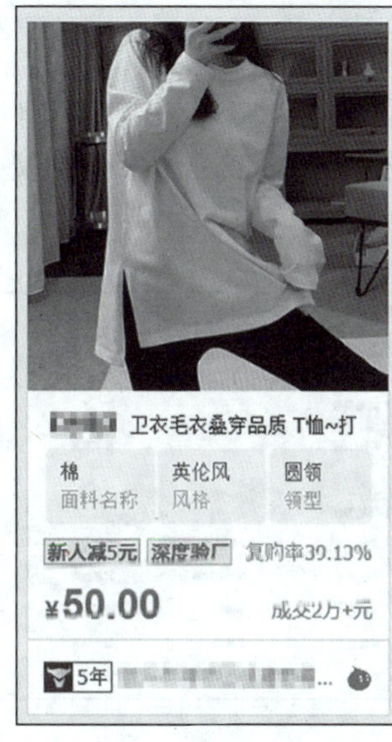

图 6-6 初步筛选结果（部分）

提 示

在 1688 批发网进货时最好选择经过“深度验厂”或“深度验商”的商家。深度验厂表示商家有厂房，生产资质比较齐全，所卖商品为厂家直销。深度验商表示商家是有实力的商家，各种资质都比较齐全。将鼠标指针移至商品图片上，在打开的浮动窗口中单击“验厂报告”超链接，在打开的页面中可以查看验厂报告，如图 6-7 所示。

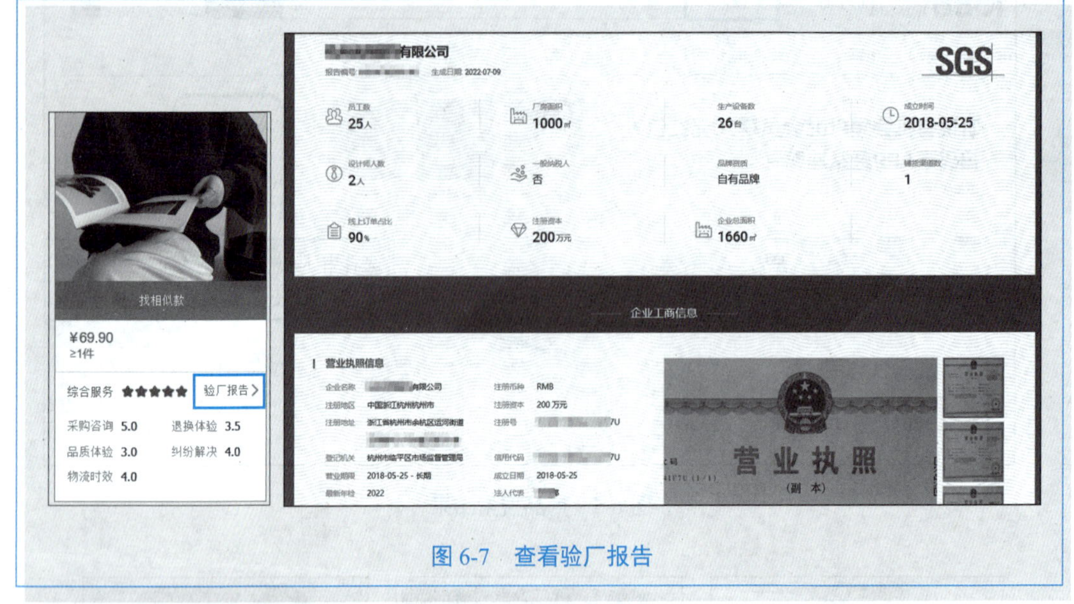

图 6-7　查看验厂报告

步骤 5　详细筛选货源。单击初步筛选出的商品，即可打开商家及商品页面查看商家及商品详情，如图 6-8 所示。需要查看的信息通常包括交易勋章、回头率、店铺评价、买家评价、起批量等。

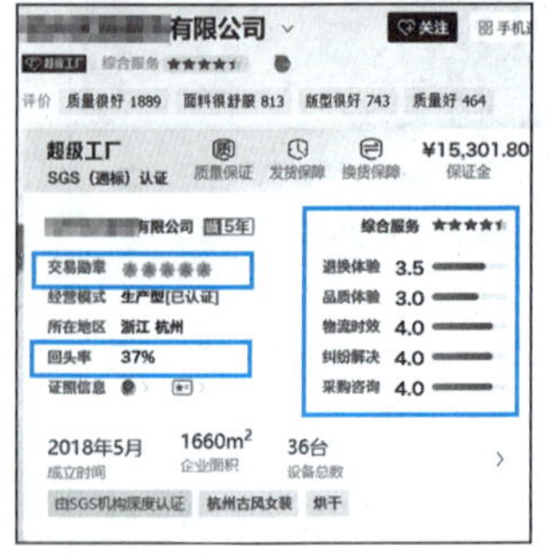

图 6-8　商家及商品详情

步骤 6　查看交易勋章。交易勋章是 1688 批发网为体现会员的诚信、在线销售、服务的综合能力，根据行业进行差异化设计的动态评级体系，如图 6-9 所示。会员等级越高，代表综合实力越强，相应也会获得更多的权益。在图 6-8 中，可以看到该商家的交易勋章是 5A，说明其信誉良好。如果代理商的等级低于 3A，那么尽量不要选择。

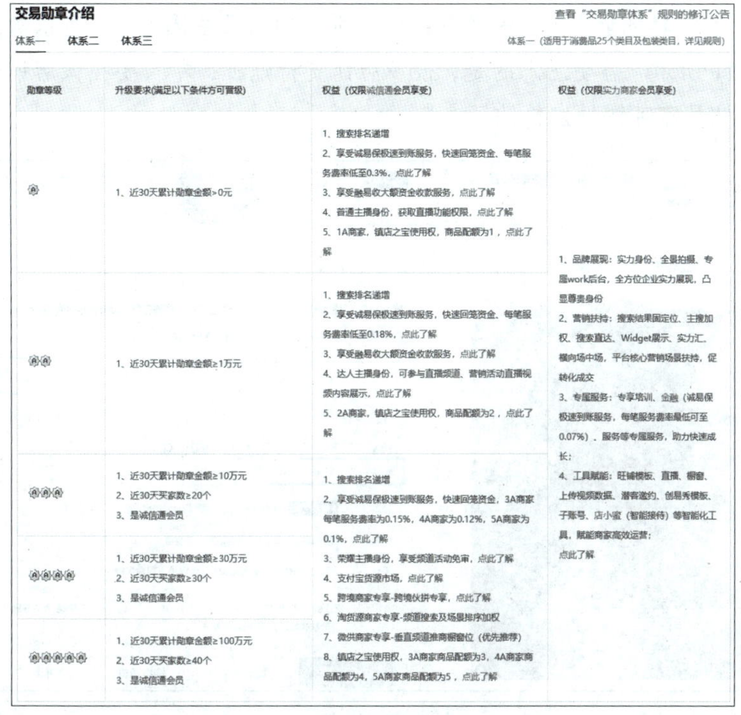

交易勋章介绍　　查看“交易勋章体系”规则的修订公告

体系一　体系二　体系三　　体系一（适用于消费品25个类目及包装类目，详见规则）

勋章等级	升级要求(满足以下条件方可晋级)	权益（仅限诚信通会员享受）	权益（仅限实力商家会员享受）
A	1、近30天累计勋章金额>0元	1、搜索排名递增 2、享受诚易保极速到账服务，快速回笼资金、每笔服务费率低至0.3%，点此了解 3、享受融易收大额资金收款服务，点此了解 4、普通主播身份，获取直播功能权限，点此了解 5、1A商家，镇店之宝使用权，商品配额为1，点此了解	1、品牌展现：实力身份、全景拍摄、专属work后台，全方位企业实力展现，凸显尊贵身份 2、营销扶持：搜索结果固定位、主搜加权、搜索直达、Widget展示、实力汇、横向场中场，平台核心营销场景扶持，促转化成交 3、专属服务：专享培训、金融（诚易保极速到账服务，每笔服务费率最低可至0.07%）、服务等专属服务，助力快速成长； 4、工具赋能：旺铺模板、直播、橱窗、上传视频数据、潜客邀约、创易秀模板、子账号、店小蜜（智能接待）等智能化工具，赋能商家高效运营； 点此了解
AA	1、近30天累计勋章金额≥1万元	1、搜索排名递增 2、享受诚易保极速到账服务，快速回笼资金、每笔服务费率低至0.18%，点此了解 3、享受融易收大额资金收款服务，点此了解 4、达人主播身份，可参与直播频道、营销活动直播视频内容展示，点此了解 5、2A商家，镇店之宝使用权，商品配额为2，点此了解	
AAA	1、近30天累计勋章金额≥10万元 2、近30天买家数≥20个 3、是诚信通会员	1、搜索排名递增 2、享受诚易保极速到账服务，快速回笼资金，3A商家每笔服务费率为0.15%，4A商家为0.12%，5A商家为0.1%，点此了解 3、荣耀主播身份，享受频道活动免审，点此了解 4、支付宝货源市场，点此了解 5、跨境商家专享-跨境伙拼专享，点此了解 6、淘货源商家专享-频道搜索及场景排序加权 7、微供商家专享-垂直频道推商橱窗位（优先推荐） 8、镇店之宝使用权，3A商家商品配额为3，4A商家商品配额为4，5A商家商品配额为5，点此了解	
AAAA	1、近30天累计勋章金额≥30万元 2、近30天买家数≥30个 3、是诚信通会员		
AAAAA	1、近30天累计勋章金额≥100万元 2、近30天买家数≥40个 3、是诚信通会员		

图 6-9　交易勋章

步骤7　查看回头率。在图 6-8 中，可以看到该商家回头率为 37%，超过 30%，这说明该商家的客户满意度和忠诚度较高。

步骤8　查看店铺评价。店铺评价包括 5 个方面，即退换体验、品质体验、物流时效、纠纷解决和采购咨询。商家得分越高，其综合服务能力越强，获得商家权益和商业机会越多。从图 6-8 中可以看出，该商家的退换体验为 3.5、品质体验为 3.0、物流时效为 4.0、纠纷解决为 4.0、采购咨询为 4.0，综合服务 4.5 星，说明该商家有一定的实力，但品质体验和退换体验一般，所以需要买家擦亮眼睛，仔细筛选商品并与商家及时沟通，深入了解商品品质和退换货政策。

步骤9　查看买家评价。在商家及商品详情页面中单击“买家评价”超链接，转到评价栏目，查看商品的评价信息，如图 6-10 所示。评价信息显示这件商品的货品评分是 5 分，好评率是 99.7%，说明商品良好。

图 6-10　商品的评价信息

步骤10 了解起批量。在商家及商品详情页面的商品主图右侧，可以看到该店铺的起批量，如图 6-11 所示。需要注意的是，很多店铺支持混批，即只要在该店铺购买的商品数量加起来够起批量即可按批发价购买。

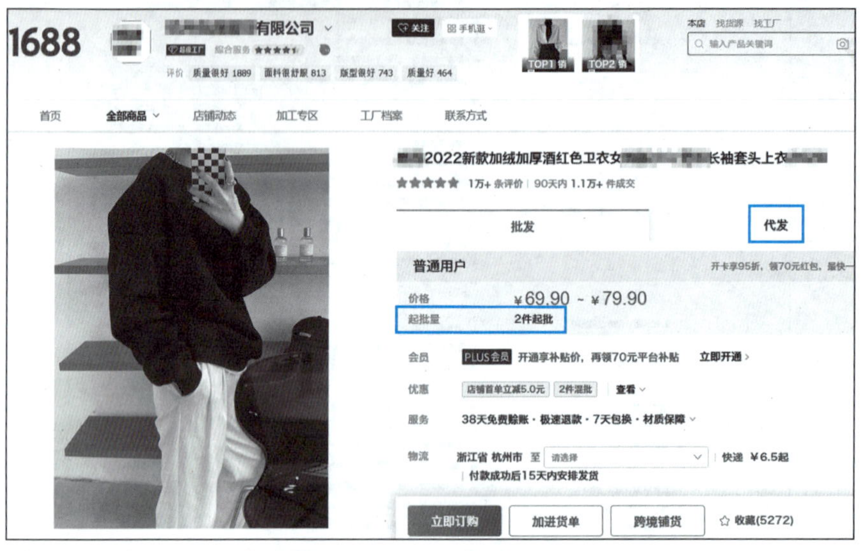

图 6-11 商品的起批量

提 示

如果卖家想寻找一件代发的商品，则要看一下店铺是否支持，如果商品页面显示“代发”（见图 6-11），就可以把它作为货源选项。

任务二 建设网络店铺

任务导入

扫码观看微课视频“‘三只松鼠’店铺视觉营销设计”，然后结合你自身的网络购物经历，谈一谈网络店铺装修好坏对店铺运营的影响。

扫一扫

“三只松鼠”店铺视觉营销设计

一、网络店铺的创建

（一）自建网上商城

自建网上商城拥有更多的自主权，具有灵活、竞争压力小、培养私域流量等优势。大企业在具备良好的品牌效应，资金和人员都可以保证的前提下，自建网上商城是很好的选择。首先，企业可以在对自身网络店铺定位和目标消费群体定位的基础上，结合企业经济、技术和运行环境等方面的条件，采取独立建设、选择开发商合作或外包的方式，制订网上商城的建设方案。网上商城搭建完成，通过系统测试后，就可正式上线了。

（二）入驻第三方电商平台

入驻第三方电商平台流程简单，并可以坐拥平台已有流量。大多情况下，中小企业或个人会倾向于这种方式。虽然第三方电商平台很多，但商家在不同电商平台创建网络店铺的基本流程大致相同，主要包括注册账户、设置登录密码、创建店铺并进行认证等几个步骤。

素养之窗

2021 年 9 月江苏省宿迁市沭阳县颜集镇堰下村制定了《诚信经营村规民约》，分别从遵守法律法规、合法持证经营、张贴诚信标签、禁止虚假宣传、服从行业监管、做好售后保障、加强业务学习、维护交易秩序、严格失信惩戒、严格遵守约定等 10 个方面，对电商诚信经营行为进行了明确规定。这不仅是全县首创，也走在全国的前列。

“制定《诚信经营村规民约》对我们电商发展大有裨益，这既是一种经营规范，更是一种鞭策鼓励。我们愿意接受群众和社会的监督，我们共同营造一种诚信的大环境。”谈及新制定的《诚信经营村规民约》，堰下村花木电商经营户李某表示，既要把村里的产品卖到全国各地，又要把沭阳的诚信经营理念传播到全国各地。

二、网络店铺的装修

课堂讨论

对比如图 6-12 所示的两家茶叶网络店铺的首页，试想一下：作为消费者，你会选择去哪一家店铺购买茶叶？

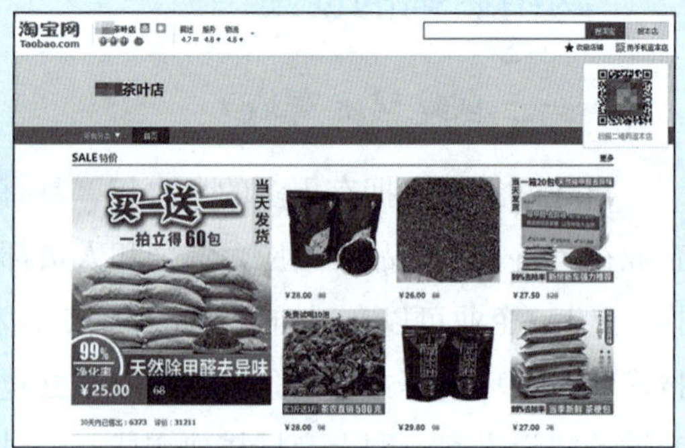

图 6-12　两家茶叶网络店铺的首页对比

对于网店来说，一个精美的页面，能够给顾客带来美感，带来享受，让进入网店的买家无论是从视觉上还是从心理上，都能感受到卖家对网店的用心经营。网店的装修设计主要分为两部分，一是整体店铺的装修设计；二是商品详情页的装修设计。每个电商平台都会为商家提供相应的店铺装修工具。例如，在淘宝上，卖家就可以通过“淘宝旺铺”来装修自己的网店。

（一）整体店铺的装修

整体店铺的装修主要分为设置店铺基础信息、店铺的风格管理、页面装修三部分。

1. 设置店铺基础信息

卖家首先需要设置店铺名称、店铺标志、店铺简介、经营地址、主要货源等店铺基础信息。一个好的店铺名称，一段好的店铺简介不仅有利于消费者搜索到店铺，还可以发挥营销作用，促进交易的达成。以淘宝为例，卖家在千牛工作台左侧的导航栏中选择“店铺”→“店铺管理”→“店铺信息”选项，单击“编辑信息”按钮，即可跳转到“基础信息”设置页面，卖家可以设置店铺的店铺名称、店铺标志、联系地址等基础信息，如图 6-13 所示。

2. 店铺的风格管理

店铺装修花样百出，如何吸引消费者的眼球，是卖家关注的重点。通常来说，店铺装修最重要的是确定店铺的整体风格。店铺的整体风格不仅要注意与其主营商品相符，还要注意色彩的协调搭配，同时还要满足消费者的心理和行为需求，以便更好地促进其消费。另外，店铺的各个页面、元素最好也保持相同的风格，使店铺有整体感，以达到视觉营销的目的。

图 6-13　设置淘宝店铺的基础信息

知识拓展

视觉营销属于营销技术的一种，它是一种视觉呈现，通过直观的视觉广告进行商品的营销。视觉营销的目的是最大限度地促进商品与消费者之间的联系，最终实现商品的销售。

对于网店而言，视觉营销就是利用店铺装修营造的视觉冲击力吸引潜在消费者的关注，提升网店的流量，刺激潜在消费者的购物欲望，从而使流量转变为销量。

3. 页面装修

页面装修一般包括店铺首页、宝贝详情页、宝贝列表页、自定义页等页面的装修设计。

以淘宝为例，卖家在千牛工作台左侧的导航栏中选择“店铺”→“店铺装修”→“PC店铺装修”选项，可以设置淘宝PC店铺的首页（见图6-14）、店内搜索页、宝贝详情页、宝贝列表页、自定义页、大促承接页、门店详情页等页面。在设置相关页面的时候，卖家可以套用预设的模板，也可以对各个页面的模块进行个性化设置。

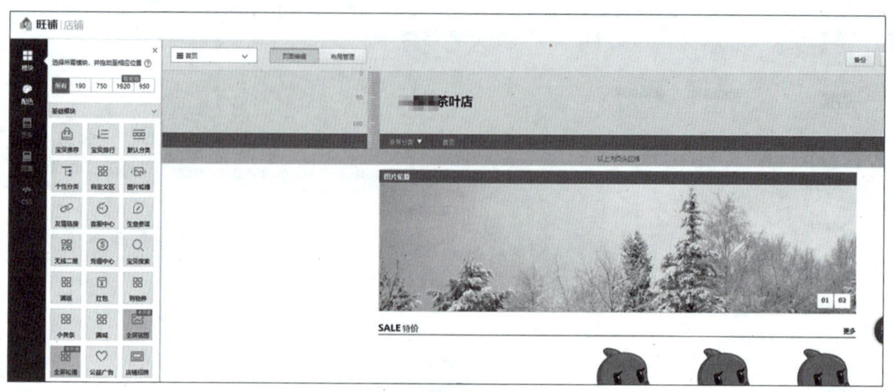

图 6-14　淘宝 PC 店铺首页装修

其中，店铺的首页相当于一家实体店铺的门面，是店铺的招牌和形象。店铺首页按照区域和功能划分，可分为店招、页面导航、轮播海报（或横幅海报）、宝贝展示区、页尾等区域。店铺首页装修的好坏将直接影响消费者的购物体验和转化率。因此，店铺首页有宣传品牌形象、配合营销活动、展示商品、引导分流、减少跳失率等作用。

每个店铺都应该有自己的风格定位，通过风格来突出主题。别具一格的店铺首页需要通过各种视觉元素塑造个性化的风格定位，只有经过精心设计的店铺首页才能给买家留下深刻的印象，带给买家良好的购物体验。

（二）商品详情页的装修

商品详情页是网店中最容易与买家产生共鸣、促进交易的地方，一个优质的商品详情页可以激发消费者的购买欲望，赢得消费者对店铺的信任感，促使消费者下单。

以淘宝为例，卖家在千牛工作台左侧的导航栏中选择“店铺”→“店铺装修”→“PC 店铺装修”→“商品详情页”选项，单击“默认宝贝详情页”右侧的“装修页面”按钮，打开“默认宝贝详情页”编辑页面，然后可以进行商品详情页的“页面编辑”或“布局管理”设置，如图 6-15 所示。

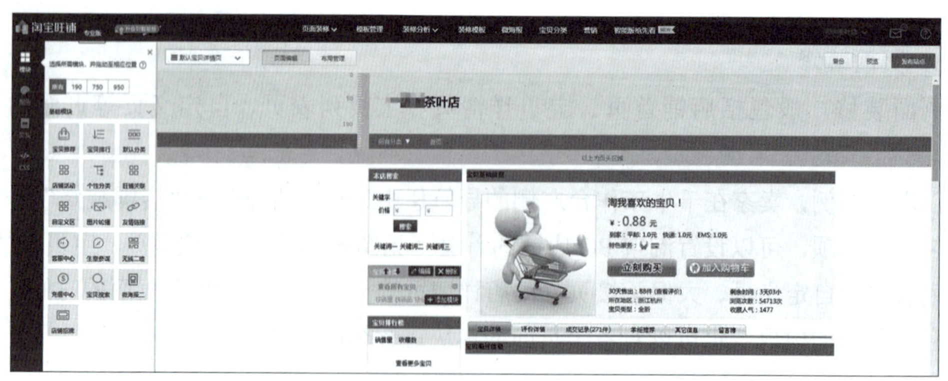

图 6-15　默认宝贝详情页

知识拓展

商品详情页文案是电子商务文案中的重要组成部分，是商品最详尽的介绍内容，主要通过文字、图片、视频等元素全面地展示商品的功能、特性，以及销售、物流、售后等方面的信息，从而增加消费者对商品的兴趣，激发消费者的潜在需求，引导消费者下单。

商品详情页的文案一般可以分为普通型商品详情页文案（见图 6-16）、解决痛点型商品详情页文案（见图 6-17）和故事型商品详情页文案（见图 6-18）3 种类型。

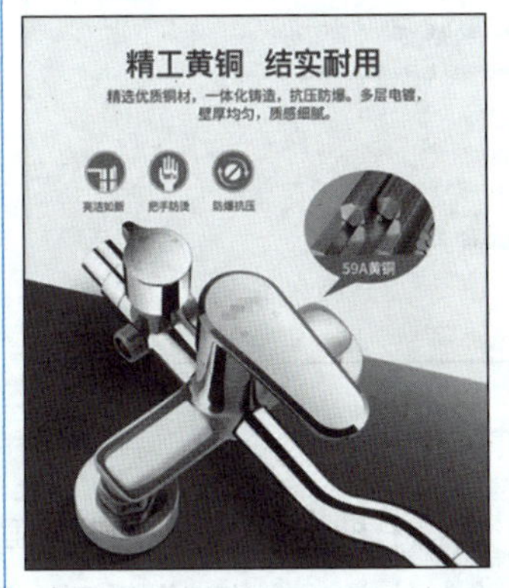

图 6-16 普通型商品详情页文案

图 6-17 解决痛点型商品详情页文案

图 6-18 故事型商品详情页文案

任务实施 创建和装修淘宝手机店铺

淘宝是我国深受买家、卖家欢迎的电子商务平台。假设你要在淘宝上创建并装修网络店铺，可按下述步骤进行操作。

（一）创建店铺并进行认证

步骤 1 在浏览器中访问淘宝官方网站（https://www.taobao.com），在首页的导航栏中单击“免费开店”超链接，进入“淘宝免费开店”页面后，单击“个人开店”按钮，进入注册页面，如图 6-19 所示。

步骤 2 输入相关信息，单击“0 元开店”按钮，进入“开店认证”页面（见图 6-20），此时可以看到，需要完成三步认证：① 支付宝认证；② 主体信息登记；③ 实人认证。

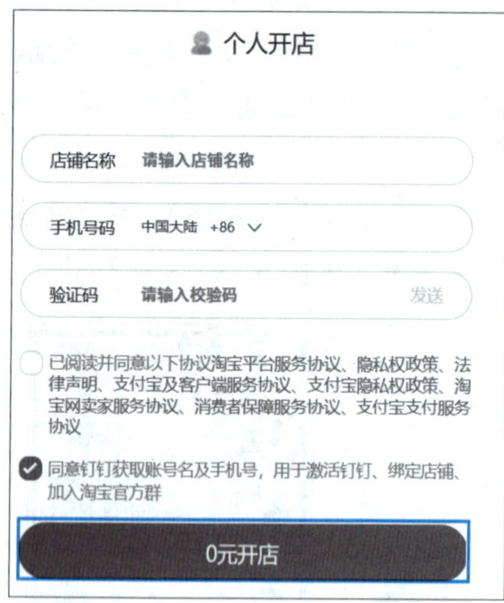

图 6-19 “个人开店”注册页面

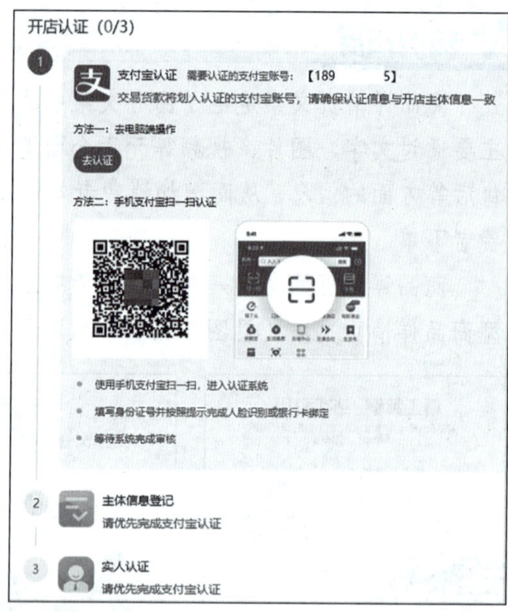

图 6-20 “开店认证”页面

步骤3 第一步支付宝认证中可以通过“去电脑端操作”或“手机支付宝扫一扫认证”方法进行认证。此处选择方法一，单击“去认证”按钮，进入“支付宝身份认证”页面（见图 6-21），输入本人信息，单击“确认并提交”按钮，然后在打开的页面中（见图 6-22），按照要求上传“二代身份证”照片，填写证件有效期后，单击“确定提交”按钮。

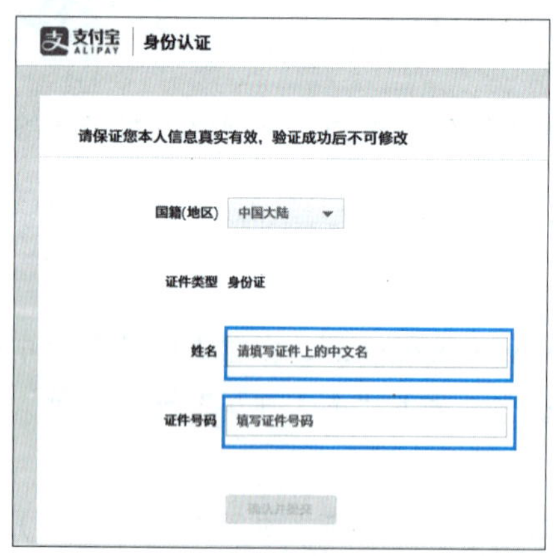

图 6-21 确认本人信息页面

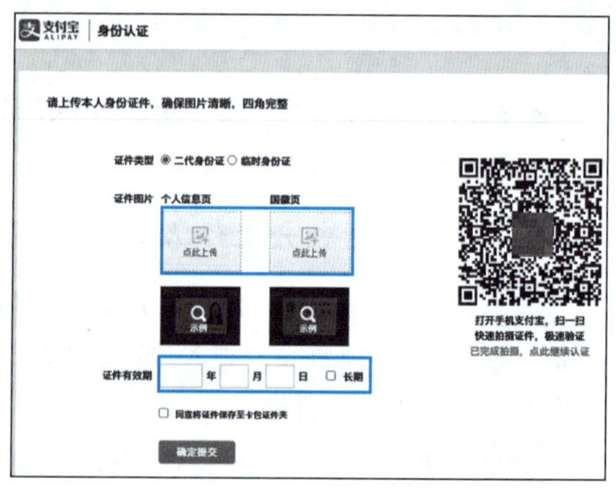

图 6-22 上传身份证页面

步骤4 支付宝认证完成后，进入主体信息登记环节（见图 6-23），单击“去填写”按钮，进入“信息采集”页面（见图 6-24），按照要求上传个人证件照片并输入相关信息后，完成认证，如图 6-25 所示。

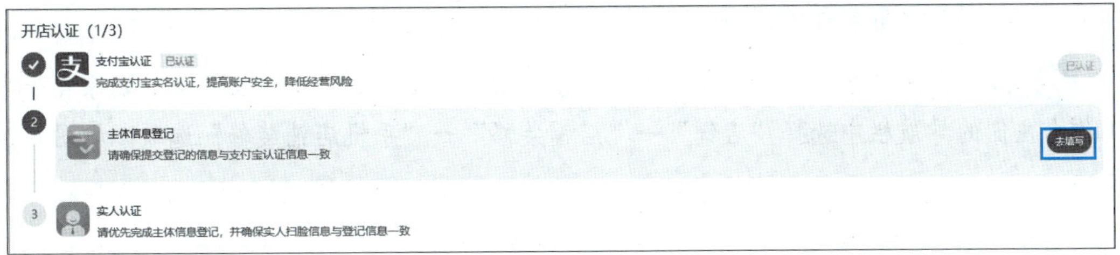

图 6-23 支付宝认证完成页面

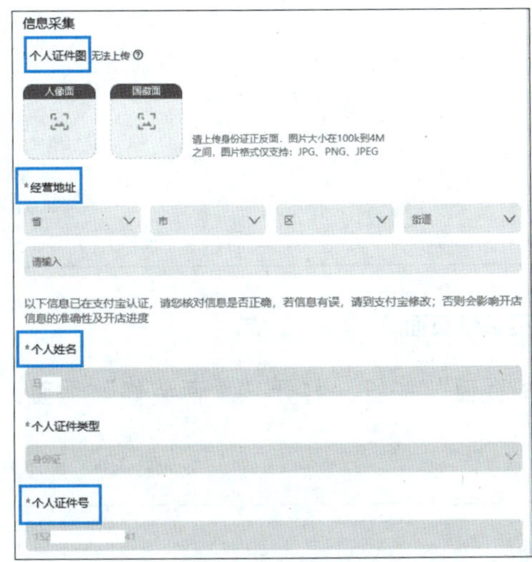

图 6-24 “信息采集”页面

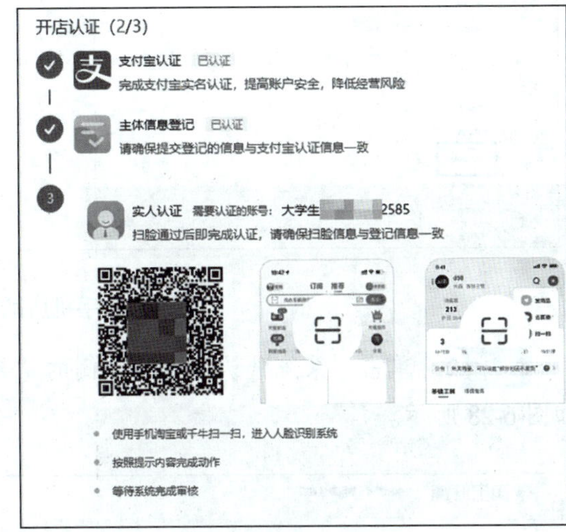

图 6-25 主体信息登记完成页面

步骤5 最后使用手机淘宝或千牛扫一扫，进入人脸识别系统，按照提示内容完成动作，等待系统完成审核，即跳转至开店成功的页面（见图 6-26），此时个人店铺就注册成功了，然后就可以进行店铺装修和商品发布等后续工作了。

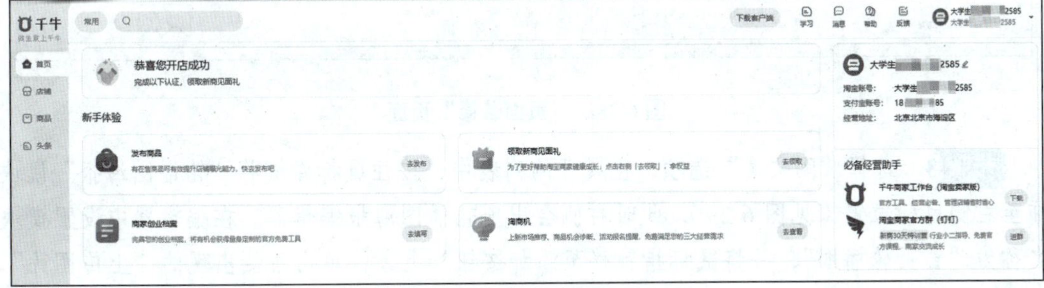

图 6-26 个人店铺注册成功页面

（二）装修淘宝手机店铺

步骤1 在淘宝首页顶部选择“千牛卖家中心”选项，打开千牛工作台。卖家在千牛工作台左侧的导航栏中选择“店铺”→“店铺装修”→“手机店铺装修”选项，如图6-27所示。

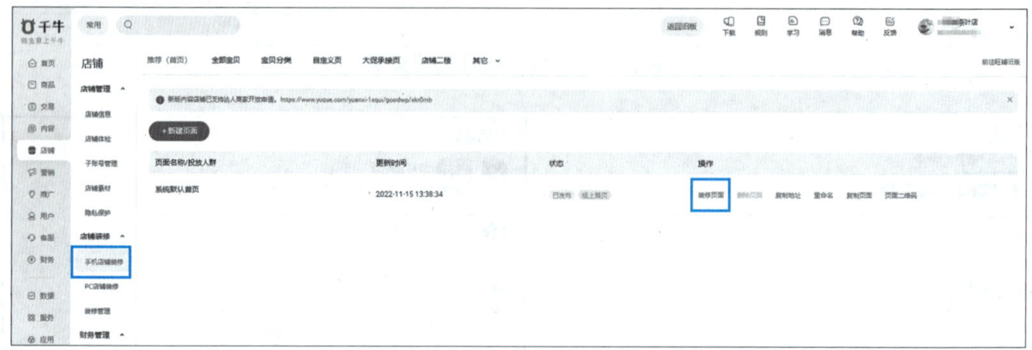

图6-27 手机店铺首页装修页面

步骤2 单击“系统默认首页”右侧的“装修页面”按钮，打开“页面装修”页面，如图6-28所示。

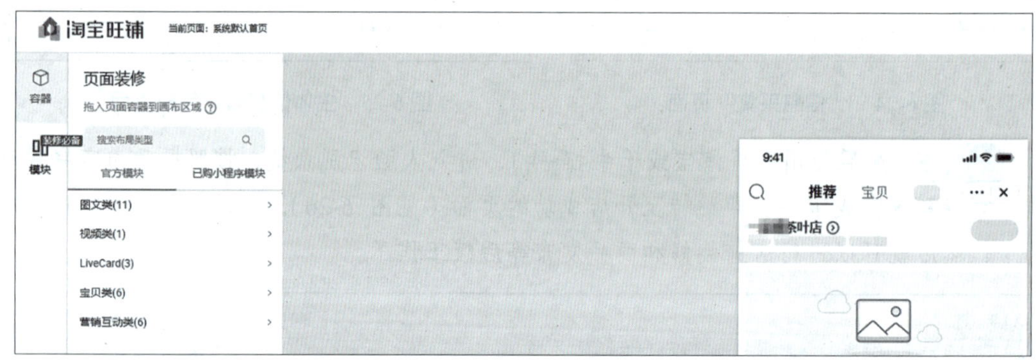

图6-28 “页面装修”页面

步骤3 选择“图文类”选项，在展开的列表中，按住鼠标左键将“轮播图海报”模块拖至右侧目标位置（见图6-29），此时右侧会出现轮播图海报编辑器。在编辑器中设置模块名称为“首页轮播图”，并将鼠标指针移至添加按钮 + 上方，单击右侧出现的“上传图片”或“智能作图”按钮上传海报图片，如图6-30所示。

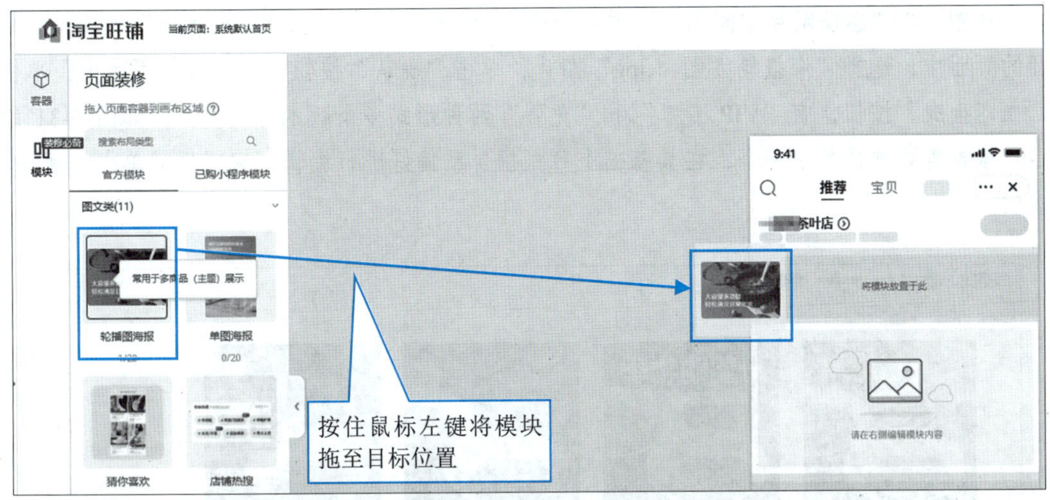

图 6-29 添加新模块

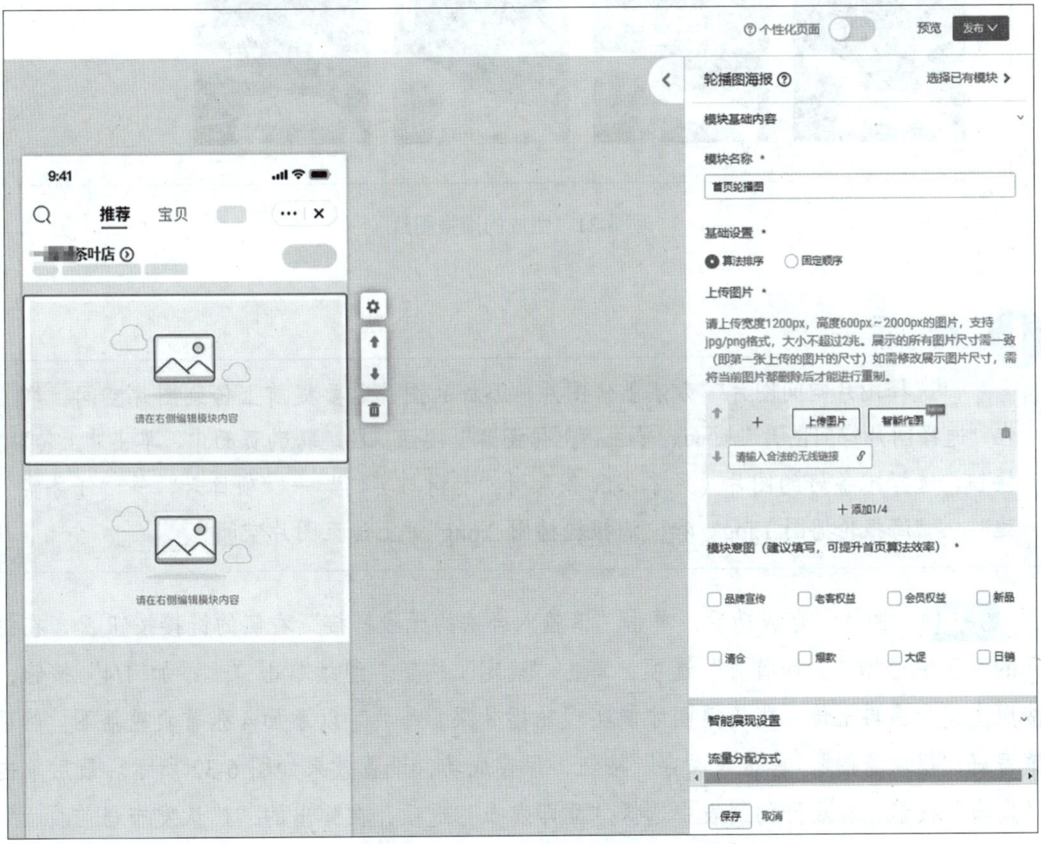

图 6-30 编辑“轮播图海报”模块

步骤4 上传图片需要符合系统要求，如果没有事先调整图片，可单击“智能作图”按钮在线美化图片，在智能美化海报图的设置界面中，单击添加按钮 + 上传图片，可以“通过宝贝选图”或“选择图片空间图片”方法上传图片。选择“选择图片空间图片”选项，在打开的页面中，选择“海报轮播图 1.jpg”图片，单击“确认”按钮，在跳转的页面中，单击“立即生成”按钮，有“VIP 专享”和“免费”两种形式多个版本可供选择，如图 6-31 所示。根据需要选择其中一个，在其基础上可根据自己偏好进行编辑，编辑好后单击“保存”按钮。

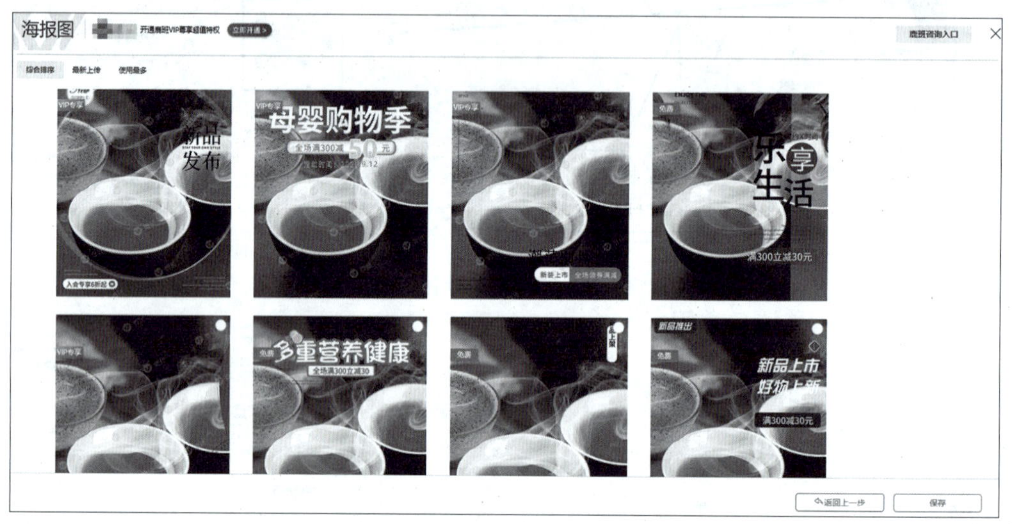

图 6-31　生成的海报图片

提　示

“选择图片空间图片”方法上传图片，添加的图片需要提前上传到图片空间。即在“选择图片空间图片”页面，单击“上传图片”按钮，在跳转的页面中，单击“上传”按钮，选择准备好的图片（见本书配套素材“素材与实例”→“项目六”→“任务实施”→“海报轮播图 1.jpg”和“海报轮播图 2.png”）上传至图片空间。

步骤 5　图片保存成功后，单击“请输入合法的无线链接”右侧的链接按钮 ，在打开的页面中选择“页面首页”选项，单击“确定”按钮。继续单击“+ 添加 1/4”按钮，按照上述步骤再上传一张轮播图才能实现轮播效果，一共可以添加 4 张首页轮播图。然后填写好“模块意图”，单击“保存”按钮，保存成功，设置效果如图 6-32 所示。最后单击“发布”按钮，在展开的列表中选择“立即发布”选项，在弹出的“确认发布当前页面”对话框中，单击“确定”按钮。

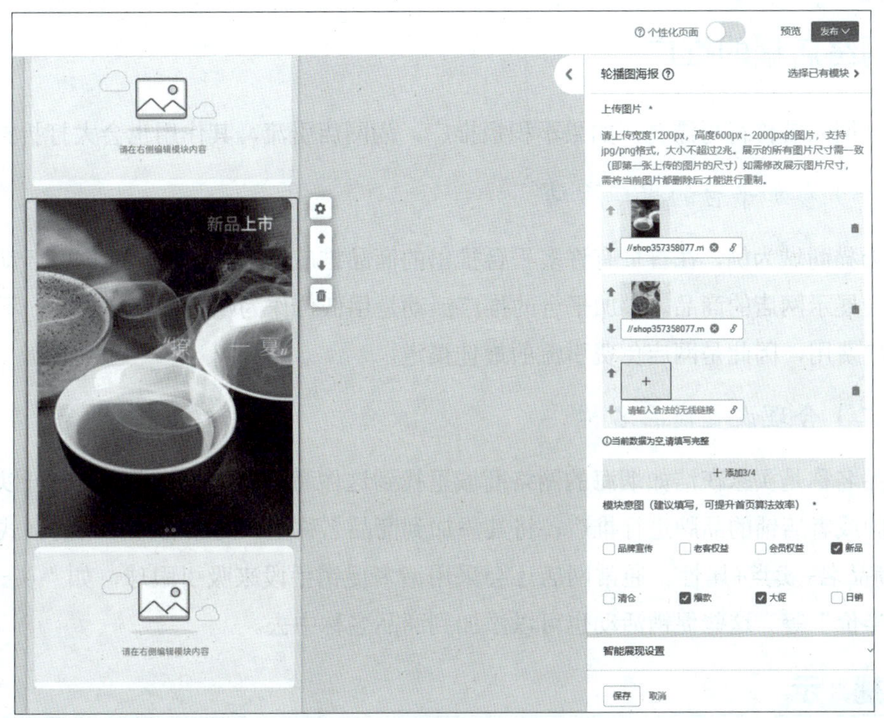

图 6-32 轮播图海报设置完成

步骤6 接下来可依次将页面左侧容器区域中的“图文类”“视频类”“LiveCard”“宝贝类”“营销互动类”里的预设模块添加到手机店铺首页，由于篇幅所限，具体设置过程在此不再赘述。

步骤7 所有模块设置完成后，淘宝手机店铺首页装修完毕。

任务三 管理网络店铺

扫码观看微课视频“生意参谋助力卖家提高销售额”，然后结合你自身的网络购物经历，谈一谈商家的哪些数据会影响你的购买决策。

生意参谋助力卖家提高销售额

一、网络店铺的推广

即使网店装修得再漂亮，如果不积极推广，为网店引流，其作用也会大打折扣。

（一）参加平台的推广活动

以天猫商城为例，在首页有许多平台推出的商品推广活动，网店参加推广活动，就有更多机会展示网店的商品。参加平台的推广活动是用低价作为噱头来获得关注，不需要额外的推广费用，因此是网店免费引流的最佳渠道。

（二）合理设置商品名称

商品名称是买家在浩如烟海的网络商城里找到这件商品的主要途径，我们可以利用商品的品牌或者店铺的品牌进行推广，将其添加到商品名称里。商品名称常用的格式是：品牌名+商品名+卖点+属性。通常网店还会采用诸多促销手段来吸引眼球，如“买一送一”“全场半价”等。这些促销活动也可以添加到商品名称中去。

提　示

商品的卖点就是买家对商品最看重的点，即品牌、质量、风格、销量、价格等，这些都可以用到商品名称里，如原单正品、新款产品、真皮、100%好评等。

（三）开通手机店铺

随着智能手机的普及和移动网络的提速，移动购物渐渐成为网络购物的主流，很多电商平台也都开发了移动端 App，如淘宝 App、手机天猫 App、京东 App 等。

淘宝 App 是淘宝官方出品的移动客户端，它为卖家利用手机进行开店活动提供了方便。同时，淘宝 App 依托淘宝强大的规模优势，也为买家提供了更方便、更快捷、更流畅、随时随地的购物体验。数据表明，很多淘宝网店的移动端流量几乎占到了总流量的 80%。

（四）使用站内营销工具

电商平台一般会为其内入驻的商家提供营销工具，以实现商品精准推广的目的。例如，淘宝直通车是为商家量身打造的点击付费营销工具，其本质是精准营销。用好淘宝直通车，可以迅速为店铺打造出爆款商品，为店铺的发展带来质的提升。

（五）站外引流

站外引流就是通过各种网络营销工具和方法为网店引流，如直播营销、搜索引擎营销、微信营销、微博营销、社群营销等。

二、网络店铺的促销活动

把买家吸引到网络店铺以后，还需要利用激发购买冲动的促销活动促使买家立即下单。

（一）限时折扣

限时折扣是指在限定的时间内将商品以特价出售。这是卖家常用的促销方法，也是最简单且容易出效果的方法。它通常以降价促销和打折促销为主，如图 6-33 所示。开展特价活动需要注意的是：第一，给客户紧迫感。例如，标明“最后一天甩卖”，其实哪一天都是最后一天，只是让客户产生时间紧迫感。第二，展示特价幅度。特价幅度要大，展示也要有技巧。例如，商品由 1 000 元降到 800 元，应该标明“直降 200 元”而不是“打 8 折”，要是 20 元的商品降到 10 元，那就应该写“半价出售”，而不是“直降 10 元”。

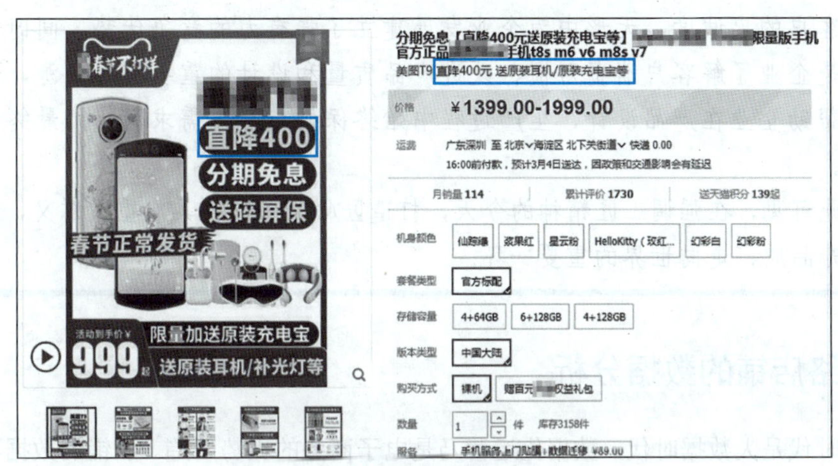

图 6-33 降价促销

（二）满就送

满就送活动最适合价格比较高但降价幅度不能太大的商品，如笔记本电脑、手机等。即卖家利用赠送活动进行变相降价。

（三）换购

换购是指买家的购买金额达到一定的标准后，再加一笔钱就可以买到价值远高于加价的其他商品。例如，当买家消费满 80 元的时候，再加 5 元，就可以换购到一个价值远远超过 5 元的商品。

（四）红包

红包是通过平台送出的一种代金券。目前，利用送红包活动进行促销，成为了节假日期间一个新的流行趋势。注意，店铺发出的红包只能在本店铺使用。

（五）积分

积分活动也是变相降价，相当于现金回馈。与红包不同的是，积分可以全平台使用。

素养之窗

> 从网络店铺运营的角度来看，做好客服工作，对于商品的销售、店铺的推广及客户维护等方面均有较好的促进作用。良好的客服除了会影响消费者的选择外，还是树立店铺品牌和传播店铺形象的重要途径，是店铺的核心竞争力之一。
>
> 现实中，有影响力的知名企业都有良好的客户服务体系，通过做好客户服务来培养客户的忠诚度，无形中为企业发展建立了强有力的竞争优势。同时，客户服务还是企业了解客户消费习惯、改进产品质量和设计的重要信息来源，这些信息可以帮助企业在产品设计、生产过程中始终保持与客户需求同步，最终赢得市场先机。
>
> 由此可见，在强调工匠精神的今天，打造匠心服务同样具有重大意义，是中国制造提升品质、走向世界的重要一环。

三、网络店铺的数据分析

当今时代是大数据时代，数据化运营乃是电子商务的大势所趋。店铺的数据不仅反映了店铺的运营状况，也暗示了店铺未来的运营方向。一个成功的卖家不仅要对数据有着足够的敏感度，而且要会对店铺的各种数据进行科学的分析。进而根据数据分析结果，及时发现店铺运营过程中存在的问题和商机，并快速地调整运营策略，使店铺保持一个良好的运营状态。

（一）网络店铺运营状况分析

1. 流量数据

流量就是店铺的访问量，流量越大，店铺的人气就越高。流量是产生销量的基础，流量数据自然也就成了网店最重要的分析对象之一，如图 6-34 所示。

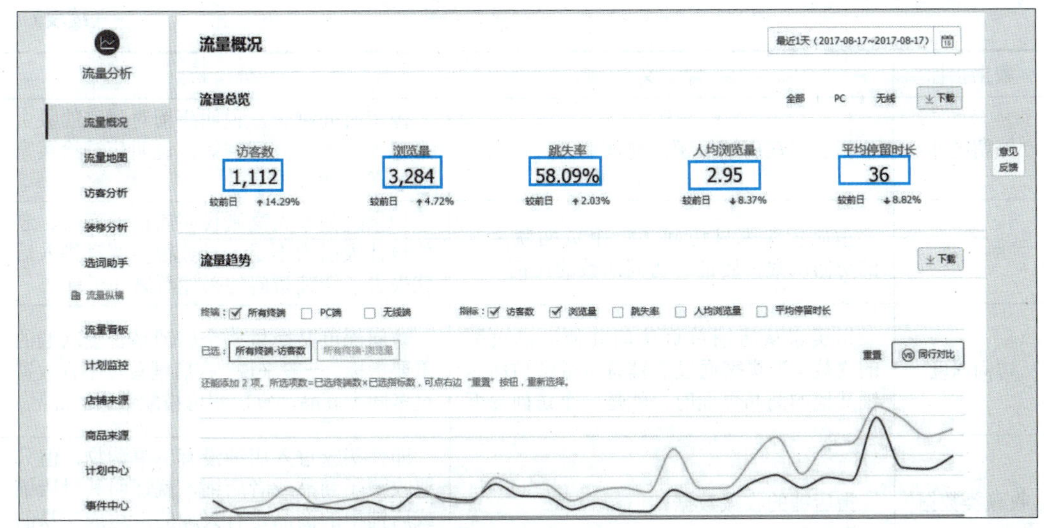

图 6-34 流量数据

一般来说，流量可以分为免费流量和付费流量。

（1）免费流量，即无须为其支付引流费用的流量。免费流量主要包括电商平台内部关键词搜索带来的流量和自主流量等。

关键词搜索带来的流量是指买家通过电商平台站内的关键词搜索进入网店的流量。这类流量一般是免费流量的主要来源，成本小，精准度高。

自主流量是指买家自己主动访问网店的流量。这样的买家通常是之前在网店中已经有过成功的交易经历，因此才会通过直接访问、收藏商品、购物车等渠道来回访网店，这类流量十分稳定且转化率高。

（2）付费流量，即网店店主通过投放广告、购买电商平台推广服务等方法引入的流量。与免费流量相比，付费流量的优点是见效快，只要支付营销费用，马上就可以获得大量流量。淘宝上常见的付费流量来源主要有钻石展位、直通车、淘宝客等活动。

2．网络店铺核心数据指标分析

网络店铺核心数据指标（见表 6-2）是店铺需要实时关注的重点，这些数据指标直接影响店铺商品的销量。

表 6-2 网络店铺核心数据指标

数据指标	含 义	分 析
浏览量	指统计周期内店铺或商品详情页被查看的次数，同一买家多次打开或刷新页面，该指标值累加	一般而言，店铺的浏览量越大，店铺销量越大
访客数	指统计周期内访问店铺或宝贝详情页的去重人数，同一买家多次访问只记一次	访客数指标能够真实地反映店铺访问者的人数

（续表）

数据指标	含义	分析
停留时间	指买家在店铺停留的时间	停留时间越长，说明店铺对买家的吸引力越大；停留时间越短，说明店铺给买家的感观不佳
跳失率	指显示买家只访问了一个页面就离开的访问次数占店铺总访问次数的比例	如果跳失率太高则说明店铺的商品、装修设计吸引力不足，导致很多买家进入后就失去了继续访问的兴趣而离开了
访问深度	指买家从店铺首页访问其他商品页面的次数。当买家通过店铺首页继续访问店铺其他的商品页面时，就是一个访问深度	访问深度是衡量一个店铺是否受欢迎的重要指标。一般来说，在店铺首页不宜放置过多同类商品，宜放置可搭配销售的商品
收藏类数据	指店铺的收藏数据	即使买家进入店铺没有下单购物，但只要收藏了商品或者店铺，就证明其对店铺或店铺中的商品是有兴趣的，达成交易的可能性较高
静默转化率	指不咨询客服而直接下单的买家与独立访客数的比值	提高静默转化率是网店运营的重要目标，通过以下 5 点可以提高静默转化率：① 价格低廉；② 商品评价中多为高质量的好评；③ 商品描述详细、实用；④ 店铺装修精美；⑤ 促销活动丰富
咨询转化率	指咨询客服后下单的买家与独立访客数的比值	咨询转化率是评价客服工作的重要指标，可通过提升网店的客户服务水平来提高此数据
下单转化率	指提交订单的买家数与独立访客数的比值	如果下单转化率较低，说明买家浏览了商品或店铺，但没有提交订单，此时就要关注商品详情页面是否合理、客服工作是否到位等
支付转化率	指支付订单的买家数与独立访客数的比值	如果下单转化率较高而支付转化率较低，就要增加催付工具的使用频率
客单价	指店铺成交金额与成交用户数的比值	客单价是一个复杂的指标，网店运营的每一个环节及每一个细节，都可能对客单价产生影响

其中，最为关键的指标是各种转化率和客单价，转化率反映了流量的质量；客单价反映了流量的价值。转化率数据的高低跟商品的价格、店铺的装修、网店客服的服务水平等因素都有密切的关系。网店运营工作的重心就是通过坚持不懈的改进措施，消除买家的疑虑，促使其下单购买商品，从而提高转化率，为网店带来更高的收益。

网店可以通过以下的方式提高客单价。① 关联销售。通过关联商品推荐、优惠券促销、商品组合策略、客服推荐等，促使买家在购买商品时还顺便购买别的商品。② 提高商品品牌价值。如果商品具有很强的品牌溢价，广受消费者喜爱，其价格可能会比同类商品价格要高很多。③ 营销推广。例如，通过社交媒体找到精准客户群体。

（二）单品运营分析

如果把网店比喻成一个健康的人，那么单品则是构成人体组织的细胞，它具有新陈代谢的功能（产品生命周期不断迭代更新）。这个“人”是否健康，看细胞的运行代谢是否健康即可。同理网店可以从单品运营来分析其是否良性发展。

1. 单品运营分析的内容

（1）销售分析。通过销售分析，卖家可以掌握单品销售变化趋势，有针对性地制订单品营销策略，进而提高单品成交转化率。

（2）促销分析。促销分析可以帮助卖家量化搭配商品的销售效果，增加网店的引流渠道，进而提高客单价。

（3）访客特征分析。卖家可以了解访客的潜在需求，从而更好地为买家提供符合其需求的商品。

（4）流量来源分析。卖家通过分析商品的流量来源，可以更好地了解各个渠道的商品引流效果。

2. 单品运营分析的方法

单品运营分析常用的分析指标有商品访客数、平均停留时长、商品详情页跳失率、商品加购件数、商品收藏人数、搜索引导访客数（衡量标题关键词是否需要优化）、支付转化率等。

卖家进行单品运营分析时，可以直接借助电商平台提供的分析工具。例如，在生意参谋里，单品运营分析一般可以借助品类模块实现。品类模块提供核心指标监控数据，如图 6-35 所示。

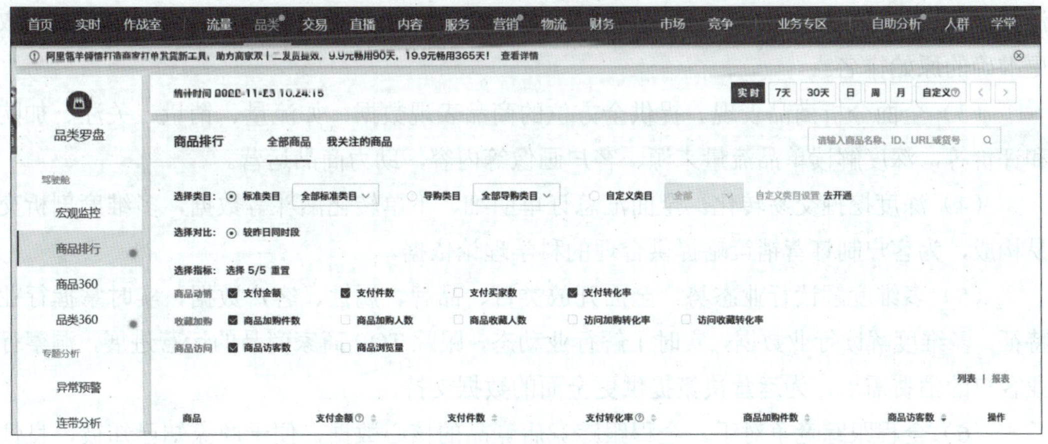

图 6-35　生意参谋的单品分析版块

（三）网络店铺数据分析工具

1. 电商平台的分析工具

电商平台一般会为商家提供大数据分析工具，如淘宝的生意参谋、拼多多的多多情报通和京东的京东商智（见图 6-36），它们的主要功能类似，接下来以京东商智为例进行具体介绍。

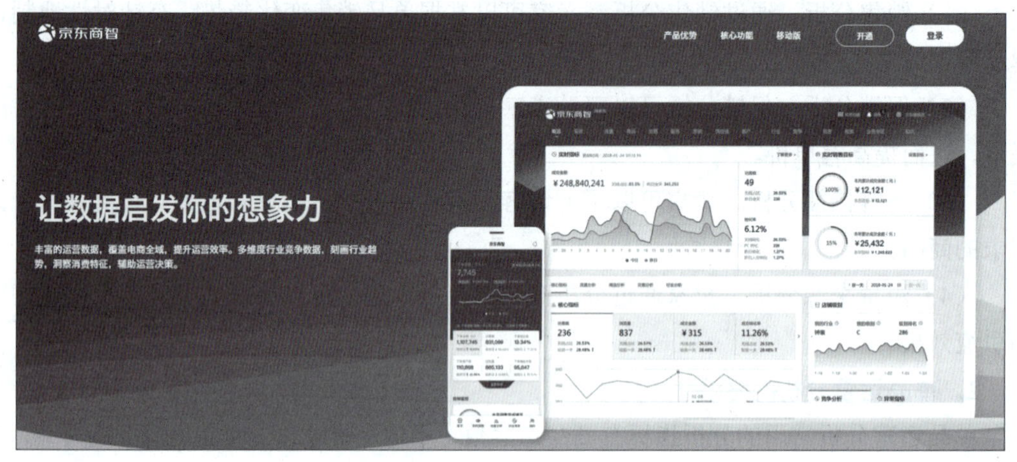

图 6-36 京东商智首页

（1）即刻洞察实时数据。显示实时销售数据、流量数据，便于商家精准把握任务进度。显示实时商品明细和实时成交转化率，便于商家拆分细节，发现问题。大促时期，实时分享大屏数据，提升运营士气，烘托大促气氛。

（2）深度解析流量明细。细分流量来源去向，全面覆盖付费免费流量，提供丰富的流量数量、质量、转化指标，支持商家评估引流效果。提供搜索排名服务，支持商家获取更准确的原始排名。

（3）全面分析商品表现。提供全方位的商品表现数据，如流量、销量、关注、加购和评价等，深度解读单品流量来源、客户画像等内容，助力商品运营。

（4）深度挖掘交易转化。全面汇总订单明细、下单转化漏斗等数据，多维度剖析交易构成，为客户制订营销策略提供合理的科学理论依据。

（5）多维度解读行业态势。全面开放类目、品牌、属性、客户数据，实时掌握行业特征，多维度解读行业数据，实时了解行业动态，跟踪 TOP 商家商品的运营进展，洞察行业客户的消费需求，为运营决策提供更全面的数据支持。

（6）全程跟踪竞争对手。全程跟踪竞店竞品的核心数据，便于商家知己知彼，良性角逐，洞悉流失问题，实现精细化运营。

2. Excel

Excel 具有交互友好的图形化界面和易于理解的操作逻辑，是最为大众所熟知和欢迎的本地数据分析工具。它几乎可以胜任所有的数据处理和分析工作。例如，利用 Excel 中丰富的公式和函数，用户可以轻松完成求和、计数、条件判断、求平均值等数据处理工作；利用 Excel 的排序、筛选、分类汇总、分列、删除重复值、数据验证、透视表等功能，用户可以轻松完成数据分析工作，如图 6-37 所示。

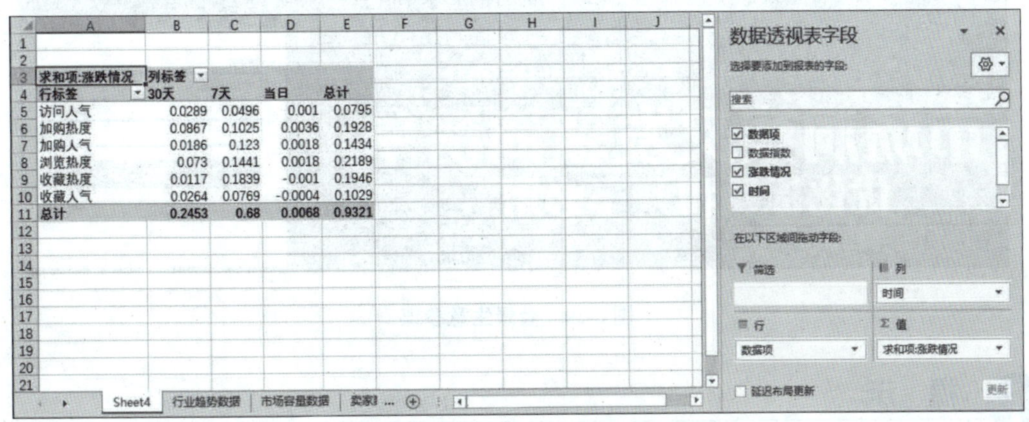

求和项:涨跌情况	列标签			
行标签	30天	7天	当日	总计
访问人气	0.0289	0.0496	0.001	0.0795
加购热度	0.0867	0.1025	0.0036	0.1928
加购人气	0.0186	0.123	0.0018	0.1434
浏览热度	0.073	0.1441	0.0018	0.2189
收藏热度	0.0117	0.1839	-0.001	0.1946
收藏人气	0.0264	0.0769	-0.0004	0.1029
总计	0.2453	0.68	0.0068	0.9321

图 6-37　利用 Excel 进行数据分析

在数据可视化方面，Excel 同样表现出色。它支持将数据绘制成可视化图表进行展示，如折线图、条形图、饼图、散点图、气泡图、面积图、雷达图等。绘制好的图表不仅精致美观，还会随数据的变化而呈现实时效果，如图 6-38 所示。

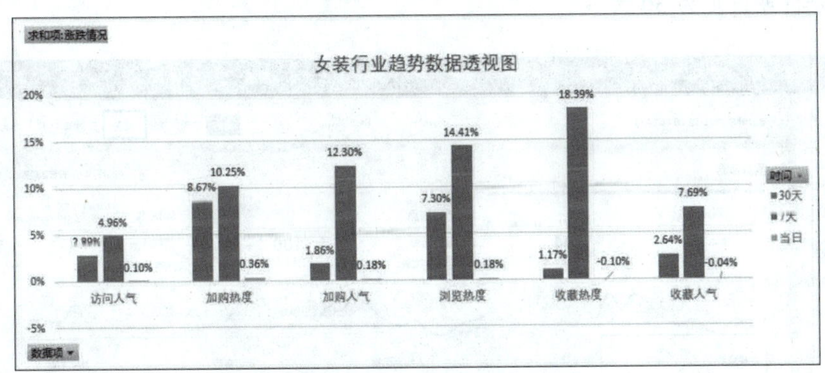

图 6-38　使用 Excel 绘制可视化图表

任务实施　使用 Excel 分析网络店铺运营数据

Excel 是一种常用的数据分析工具。假设你是一家网络店铺的店主，利用生意参谋采集到网店前 10 的流量来源，但生意参谋并不能将其分类并计算付费流量和免费流量的占比，此时就需要使用 Excel 对其进行简单的数据处理，以便量化分析，具体操作步骤如下。

步骤1 使用浏览器访问生意参谋的官方网站（https://sycm.taobao.com），打开登录页面，在右侧的登录框中输入账号名和登录密码，然后单击“登录”按钮，如图 6-39 所示。

图 6-39　登录生意参谋

> **提　示**
>
> 除官方网站外，淘宝卖家还可以通过阿里巴巴提供的店铺管理工具——“千牛工作台”的“数据”模块进入生意参谋。

步骤2 选择导航栏中的“流量”选项，切换至流量看板，单击如图 6-40 中的“30 天”按钮，将分析期设定为 30 天。

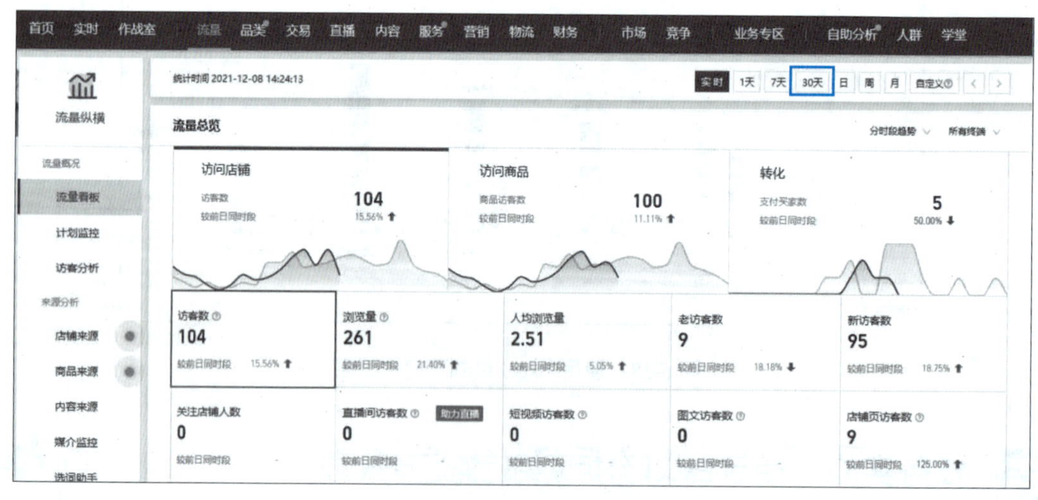

图 6-40　流量看板

步骤3 向下拖动页面右侧的滚动条，查看流量来源，如图 6-41 所示。

流量来源排行TOP10　　无线端　店铺来源 >

排名	来源名称	访客数	操作
1	手淘搜索	36	详情 趋势 商品效果
2	直通车	34	详情 趋势 商品效果
3	手淘推荐	10	趋势 商品效果
4	我的淘宝	8	趋势 商品效果
5	手淘淘金币	4	趋势 商品效果
6	手淘旺信	3	趋势 商品效果
7	淘宝特价版	3	趋势 商品效果
8	淘内免费其他	3	详情 趋势 商品效果
9	购物车	3	趋势 商品效果
10	手淘拍立淘	2	趋势 商品效果

图 6-41　流量来源

步骤4 通过图 6-41 可以得到如下流量数据：手淘搜索（36），直通车（34），手淘推荐（10），我的淘宝（8），手淘淘金币（4），手淘旺信（3），淘宝特价版（3），淘内免费其他（3），购物车（3），手淘拍立淘（2）。

步骤5 制作表格。在 Excel 中新建一个工作簿，将默认的工作表 Sheet1 重命名为“网店流量分析表”，然后设定表头和“流量来源”“数量”“占比”“流量性质”等要素，然后输入步骤 4 中获得的数据，效果如图 6-42 所示。

步骤6 为表格添加计算公式。首先计算流量的总和，在 B13 单元格中输入求和计算公式“=SUM(B3:B12)”，计算出流量总和为“106”。然后计算“手淘搜索”流量的占比，在 C3 单元格中输入公式“=C3/B13”并设置单元格格式的数字类型为百分比。双击 C3 单元格的填充柄，可计算出所有流量的占比，最终效果如图 6-43 所示。

网店流量分析表

流量来源	数量	占比	流量性质
手淘搜索	36		免费流量
直通车	34		付费流量
手淘推荐	10		免费流量
我的淘宝	8		免费流量
手淘淘金币	4		免费流量
手淘旺信	3		免费流量
淘宝特价版	3		免费流量
淘内免费其他	3		免费流量
购物车	3		免费流量
手淘拍立淘	2		免费流量
合计			

图 6-42　制作表格

	A	B	C	D
1	网店流量分析表			
2	流量来源	数量	占比	流量性质
3	手淘搜索	36	33.96%	免费流量
4	直通车	34	32.08%	付费流量
5	手淘推荐	10	9.43%	免费流量
6	我的淘宝	8	7.55%	免费流量
7	手淘淘金币	4	3.77%	免费流量
8	手淘旺信	3	2.83%	免费流量
9	淘宝特价版	3	2.83%	免费流量
10	淘内免费其他	3	2.83%	免费流量
11	购物车	3	2.83%	免费流量
12	手淘拍立淘	2	1.89%	免费流量
13	合计	106		

图 6-43　为表格添加计算公式

步骤7 制作数据饼图。选中 A3:A12 和 C3:C12 单元格区域，单击“插入”选项卡“图表”组中的“插入饼图或圆环图”按钮，在展开的下拉列表中选择“饼图”选项，此时表格中会自动生成一张数据饼图。选中饼图，单击右上角的“图表元素”设置按钮，取消“图例”

左侧已勾选的单选钮，取消图例显示；然后勾选数据标签左侧的单选钮并将其设置为“数据标签外”；最后将饼图标题修改为“网店流量结构图”，并对图表进行适当美化，最终效果如图 6-44 所示。

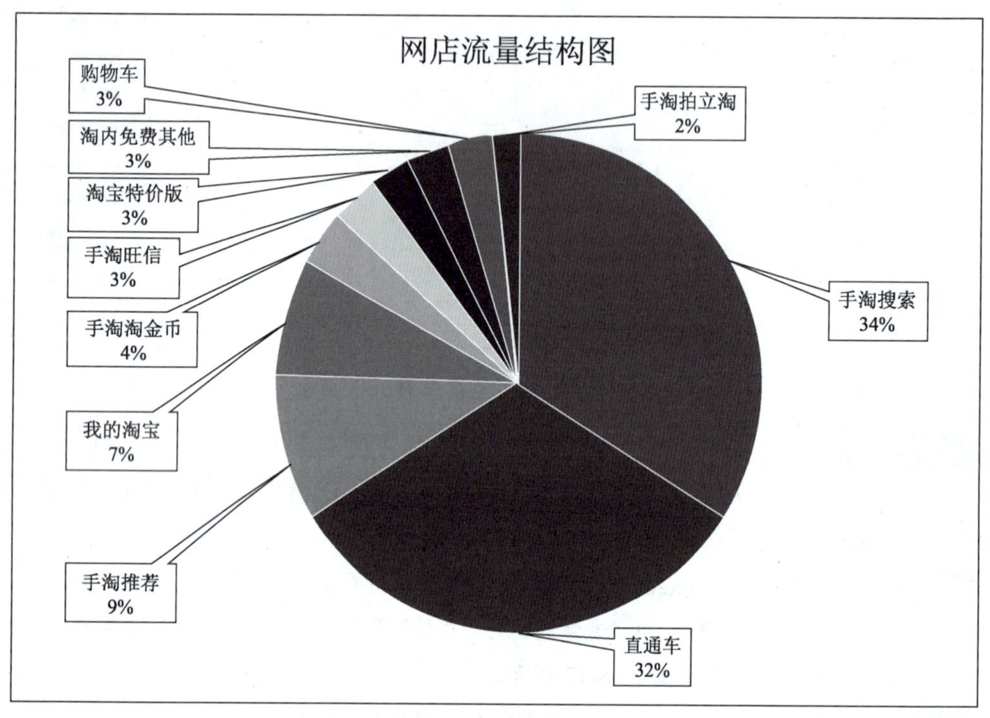

图 6-44　数据饼图

步骤 8　从图 6-44 可以看出，该店当日的流量中有 32%的数据来自直通车，其为付费流量。一般来说，新店开业，几乎没有流量，此时需要通过付费流量快速积累客户，付费流量的比例可以高达 80%以上。但是店铺运营进入平稳期以后，付费流量不宜超过 30%。该店付费流量比例适中。

项目实训

根据欧睿咨询数据显示，预计到 2024 年，我国童装市场规模将超过 4 000 亿元，到 2025 年市场规模将达到 4 738 亿元。但是，要想在各大品牌和平台争相抢占的线上童装市场中分得一杯羹，细分化经营似乎是中小卖家不错的出路。

（一）实训目标

调研分析天猫商城童装店的网店定位、装修风格和运营数据，掌握网店定位、网店装修和数据分析等相关的知识和能力。

（二）实训内容

（1）在天猫商城选择自己感兴趣的童装店，了解该店铺的定位，包括目标消费群体定位和商品定位，并填写表 6-3。

表 6-3 网店定位

项目		内容
目标消费群体定位		
商品定位	属性定位	
	价格定位	
	质量定位	
	风格定位	

（2）调研分析你所选店铺的装修风格和买家所关注的店铺运营情况，并填写表 6-4。

表 6-4 店铺装修风格及运营情况

项目	内容
店铺装修风格	
买家关心的数据分析	
买家评价情况	

项目考核

（一）名词解释

（1）网络店铺；（2）类目；（3）自主流量；（4）付费流量。

（二）单项选择题

（1）（　　）是网店中最容易与买家产生共鸣、促进交易的地方。

A．首页　　B．商品详情页

C．宝贝列表页　　D．自定义页

（2）（　　）是网店免费引流的最佳渠道。

A．社群推广　　B．站内营销工具

C．关键词广告　　D．网站平台的推广活动

（3）商品名称常用的格式是（　　）。

A．品牌名+商品名+卖点+属性

B．品牌名+店铺名+商品类别+销量

C．品牌名+商品名+销量+折扣

D．店铺名+商品名+卖点+属性

（4）（　　）是指在限定的时间内将商品以特价出售。

A．秒杀　　B．满就送

C．抽奖　　D．限时折扣

（三）多项选择题

（1）下列说法中，正确的是（　　）。

A．进行商品类目选择时，新手商家需要注意不宜选市场需求较小的类目

B．第三方电商平台具有流量高、进入方便等优点

C．一般网店可以从消费属性分析和消费行为分析两个方面来定位目标消费群体

D．大多数淘宝网店的移动端流量只占到总流量的 20%

（2）整体店铺的装修主要分为（　　）等几个部分。

A．创建网络店铺　　B．店铺的风格管理

C．页面装修　　D．设置店铺基础信息

（3）店铺的首页相当于实体店的门面，具有（　　）的作用。

A．宣传品牌形象　　B．展示商品

C．引导分流　　D．减少跳失率

（4）下列选项中属于店铺数据分析工具的是（　　）。

A．生意参谋　　B．多多情报通

C．直通车　　D．京东商智

（四）思考题

（1）网络商品定位主要考虑哪些方面？

（2）网络店铺创建时，应如何选择平台？

（3）网络店铺的推广方法主要有哪些？

（4）网络店铺需要关注的核心数据指标有哪些？

项目评价

请结合本项目学习情况进行自评、互评和师评，并将评价结果填入表 6-5 中。

表 6-5　项目评价

评价项目	评价内容	评价分数			
		分值	自评	互评	师评
知识（40%）	对网络店铺和目标消费群体的定位、网络店铺模式和平台的选择等相关知识点的理解和运用程度	10 分			
	对网络店铺的创建和装修方法等相关知识点的理解和运用程度	15 分			
	对网络店铺的推广、促销活动和数据分析方法等相关知识点的理解和运用程度	15 分			
技能（40%）	能否在批发网站合理挑选货源	10 分			
	能否自行创建和装修淘宝店铺	15 分			
	使用 Excel 分析网络店铺运营数据的熟练度	15 分			
素养（20%）	遵守课堂纪律，上课精神饱满	5 分			
	具有自主学习意识，做好课前准备	5 分			
	善于思考，积极参与，勇于提出问题	5 分			
	具有团队合作精神，出色完成小组任务	5 分			
合计	综合分数______自评（25%）+互评（25%）+师评（50%）	100 分			
	综合等级______	指导老师签字__________			
综合评价	最突出的表现（创新或进步）： 还需改进的地方（不足或缺点）：				

项目七

电子支付与安全

项目导读

电子支付与安全是制约电子商务发展的核心和关键问题之一。在电子商务领域，网上银行与网络支付不仅是电子商务活动中不可或缺的基础设施，还是电子商务模式拓展和创新的重要驱动力。此外，维护电子商务安全是实现电子商务快速发展的保障，主要应从加强电子商务安全技术和强化电子商务安全管理两个方面综合考虑。

知识目标

- 了解电子支付的定义、常用的电子支付工具、网上银行的定义及分类。
- 了解第三方支付的定义、特点和分类。
- 了解移动支付的定义、特点和分类。
- 了解电子商务面临的安全威胁、电子商务的安全性要求、电子商务安全技术和电子商务安全管理。

能力目标

- 能够使用个人网上银行完成转账汇款等业务。
- 能够使用第三方支付、移动支付等支付方式完成支付活动。
- 能够利用“国家反诈中心”App 防范网络诈骗。

素养目标

- 建立健康的消费观和价值观，远离校园贷。
- 以诚待人，传承诚实守信美德。

任务一 了解电子支付

任务导入

扫码观看微课视频“数字人民币的特点”，然后说一说什么是数字人民币，并说一说你还知道哪些电子支付工具。

数字人民币的特点

一、什么是电子支付

中国人民银行公布的《电子支付指引（第一号）》规定：电子支付是指单位、个人直接或授权他人通过电子终端发出支付指令，实现货币支付与资金转移的行为。电子支付的类型按电子支付指令发起方式分为网上支付、电话支付、移动支付、销售点终端交易、自动柜员机交易和其他电子支付。

在电子商务中电子支付可以理解为：电子交易的当事人，包括消费者、商家和金融机构，使用安全电子支付手段，通过网络进行的货币支付或资金流转。电子支付是电子商务系统的重要组成部分。

二、常用的电子支付工具

电子支付工具是资金转移的载体，方便、快捷、安全的支付工具是加快资金周转、提高资金使用效率的保障。随着信息技术和电子商务的快速发展，电子支付工具越来越多，它们各有自己的特点和运作模式。接下来，主要介绍电子支付工具的 5 种典型形式。

（一）电子银行卡

银行卡是由商业银行向社会公众发行的具有消费信用、转账结算、存取现金等全部功能或部分功能的支付工具。电子银行卡是普通银行卡功能在互联网上的延伸，目前，在各种电子商务模式中，电子银行卡都是最普遍的支付方式之一。另外，其他的一些电子支付工具也都要依托银行卡账户。

（1）信用卡（credit card）分为贷记卡和准贷记卡。贷记卡是指发卡行根据客户的资信等级，给持卡人规定一个信用额度，持卡人可以在任何特约场所先消费后还款，也可以在自动柜员机（automated teller machine, ATM）上预支现金的信用卡。准贷记卡是指持卡人按要求交存一定金额的备用金，当备用金账户余额不足以支付时，可在规定的信用额度内透支的信用卡。日常所说的信用卡，一般单指贷记卡。

素养之窗

大学生群体要树立理性消费观，增强风险责任意识，提升风险管理能力，远离恶性“校园贷”，保护好个人敏感金融信息，利用法律维护自身权益。例如，要增加自我保护意识，不攀比，不盲目过度消费；三思而后行，拒绝各种“无门槛”贷款套路，选择正规金融机构和渠道，合理消费不越线。

（2）借记卡（debit card）是指发卡银行向持卡人签发的，没有信用额度，持卡人先存款、后使用的银行卡。

（二）电子现金

电子现金（electronic cash, E-cash）其实是一种以数据形式流通的货币，它可以直接用于购物消费。电子现金具有安全、方便、匿名和经济等特点，适用于通过网络进行支付的小额交易。

一般情况下，使用电子现金要经过提取、支付和存款 3 个过程，涉及用户、商家和银行三方。电子现金的基本流通模式为：用户与银行执行提取协议从银行提取电子现金；用户与商家执行支付协议支付电子现金；商家与银行执行存款协议，将交易所得的电子现金存入银行。

（三）电子钱包

电子钱包（electronic purse, E-purse）是消费者在电子商务购物活动中常用的一种支付工具，适用于小额购物。通常，安装电子钱包软件后，消费者把自己的各种电子货币数据输入进去，就可以使用电子钱包进行购物活动了。付款时，消费者选择电子钱包内的电子货币进行支付，如选择电子信用卡，只要点击相应的项目，然后按照操作提醒输入密码等，即可完成付款。

（四）电子支票

电子支票（electronic check, E-check）是一种借鉴纸张支票转移支付的优点，利用数字传递将资金从一个账户转移到另一个账户的电子付款形式。大多数银行金融机构，通过电子支票支付系统，在银行间发出和接收电子支票，向客户提供电子支付服务。电子支票具有成本低、支付速度快、安全性高和不易伪造的特点，它作为常用的电子支付工具，主要用于大额资金的支付。

（五）智能卡

智能卡是在塑料卡上安装嵌入式微型控制器芯片的 IC 卡。目前 IC 卡已在金融、电信、社会保障、税务、交通等许多领域得到广泛应用，如社会保障 IC 卡、城市交通 IC 卡、电话 IC 卡、水电气 IC 卡、消费 IC 卡等。行业 IC 卡应用已经渗透到百姓生活的方方面面，并取得了较好的社会效益和经济效益，这对提高各行业及地方政府的现代化管理水平，改变人民的生活模式和提高生活质量，推动国民经济和社会信息化进程发挥了重要作用。

三、网上银行

（一）什么是网上银行

网上银行也称网络银行、在线银行，是指银行通过信息网络建立的交易平台和服务渠道。它能使客户在任何地点（anywhere）、任何时间（anytime）以多种方式（anyway）方便地获得银行全方位、个性化的服务，因此，网上银行又称“3A 银行”。

提 示

电子银行是指商业银行利用计算机和网络通信技术，通过语音或其他自动化设备，以人工辅助或自助形式，向客户提供方便快捷的金融服务。常见的 ATM、销售终端（point of sale, POS）系统、无人银行等银行服务形式都属于电子银行的范畴。

网上银行有别于传统的电子银行，它可以看作是电子银行的一种，是电子银行的高级发展形式。可以说，网上银行就是银行在互联网上开设的虚拟银行柜台。

（二）网上银行的分类

1. 分支型网上银行与纯网上银行

按照组织架构的不同，网上银行可以分为分支型网上银行与纯网上银行。

（1）分支型网上银行是传统银行服务在互联网上的延伸，我国大多数网上银行属于这种。

（2）纯网上银行是直接建立的独立的在线银行，是完全依赖于互联网的虚拟电子银行，如微众银行、网商银行等。

2. 个人网上银行和企业网上银行

按照服务对象的不同，网上银行可以分为个人网上银行和企业网上银行。

（1）个人网上银行是指银行通过互联网，为个人客户提供账户查询、转账汇款、投资理财、在线支付等金融服务的网上银行。它主要适用于个人与家庭的日常消费支付与转账，使客户足不出户就能安全、便捷地管理活期和定期存款、支票、信用卡及个人投资等。

个人网上银行一般支持多端操作，包括网上银行 PC 端、网上银行 App 和网上银行小程序。其中，网上银行 App 功能最为全面、使用频率最高。例如，交通银行网上银行 App 的界面，如图 7-1 所示。

图 7-1 交通银行网上银行 App 界面

（2）企业网上银行主要针对企业与政府部门等企事业组织。企事业组织可以通过企业网上银行服务实现了解企业财务运作情况，及时在组织内部调配资金，轻松处理大批量的网上支付和工资发放业务，以及处理信用证相关业务等功能。中国工商银行的企业网上银行登录页面，如图 7-2 所示。

图 7-2　中国工商银行的企业网上银行登录页面

（三）手机银行

手机银行又称移动银行，是利用移动通信网络及手机终端办理相关银行业务的简称。作为一种结合了货币电子化与移动通信的崭新服务，手机银行业务不仅可以使人们在任何时间、任何地点处理多种金融业务，而且极大地丰富了银行服务的内涵，使银行能以便利、高效而又较为安全的方式为客户提供传统和创新的金融服务。

手机银行是网上银行的延伸，也是继电话银行、网上银行之后又一种方便银行用户的金融业务服务方式，有贴身“电子钱包”之称。它一方面延长了银行的服务时间，扩大了银行服务范围，另一方面无形地增加了许多银行经营业务网点，真正实现了 24 小时全天候服务，大力拓展了银行的中间业务。

任务实施　利用民生银行 App 进行转账汇款

在个人网上银行 App 上，用户可以进行转账、支付、贷款、理财、缴费等操作，十分快捷方便。假设你要利用民生银行 App 进行转账汇款，可按下述步骤进行操作。

步骤 1　在手机上下载并安装民生银行 App，打开 App 后使用手机号码和登录密码登录。

步骤 2　在账户首页（见图 7-3）点击“转账”按钮，进入转账页面，继续点击“银行卡转账”按钮，进入“转账汇款”页面，如图 7-4 所示。系统一般已默认填好付款卡号等信息，如果已添加多张银行卡，则需要选择付款的银行卡卡号。然后，填写收款人的相关信息（如收款人户名、收款账号/手机号和收款人银行）和转账金额。所有信息填写完成后点击“转账”按钮。

步骤 3 在先后弹出的对话框中分别输入手机短信验证码和交易密码后，页面跳转至“转账结果”页面，出现“转账成功”字样，用户可保存交易快照或查看业务受理单，如图 7-5 所示。

图 7-3 民生银行 App 首页

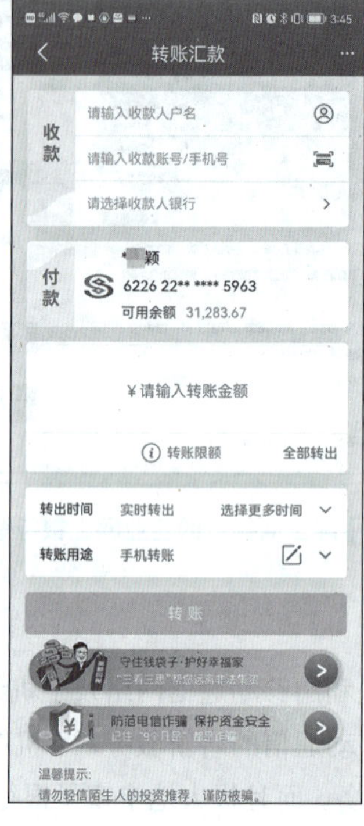

图 7-4 “转账汇款”页面

图 7-5 “转账结果”页面

任务二 了解第三方支付

任务导入

扫码观看微课视频“2021 年我国电子支付行业发展现状”，然后按照你的理解说一说什么是第三方支付，并说一说你知道哪些第三方支付方式。

扫一扫

2021 年我国电子支付行业发展现状

一、什么是第三方支付

第三方支付是指具备一定实力和信誉保障的独立机构，通过与银联或网联对接，为用户提供支付服务，进而方便交易双方快速达成交易的网络支付模式。在这种支付模式下，充当支付中介或支付服务商的独立机构通常称为第三方支付平台。当前，我国最为知名的第三方支付平台是支付宝和财付通（含微信支付，微信支付是财付通的前端产品）。

提 示

第三方支付平台之所以被称为“第三方”，是因为这些支付平台并不涉及资金的所有权，而只是起到中转作用，承担担保人和资金托管人的角色。

二、第三方支付的特点

第三方支付具有以下显著特点。

（1）便利性。第三方支付平台将多种银行卡支付方式整合到一个界面上，消费者和商家不需要在多家银行开设不同的账户，第三方支付平台负责与银行对接和交易结算，使网上购物更加快捷、便利。

（2）低成本。由于第三方支付服务商的存在，银行降低了发展商户和收单成本，商家也减少了与多家银行网关连接的开发费用和系统开销。所以，一个好的第三方支付服务商对每家银行来说都是一个“超级商户”，对每一家商户来说都是一家“超级银行”。

（3）安全性。第三方支付平台的服务系统可以对交易双方的交易信息进行详细的记录，从而防止交易双方出现抵赖行为，也可为可能出现的纠纷问题提供相应的证据。同时，通过虚拟账户对买方和卖方的银行账号、密码等进行屏蔽，买方和卖方都不能互知对方的此类信息，有效降低了交易双方账户机密信息暴露的风险，确保了交易双方的经济利益。

（4）担保性。第三方支付平台资金雄厚，具有中立性和较高的公信度，作为交易者的认证方和交易资金的托管方，简单地破解了网络交易中的信任难题。

三、第三方支付的分类

（一）根据业务模式和支付流程分类

1. 网关型支付模式

网关型支付模式是指在网上商户和银行网关之间增加一个第三方支付网关，由第三方支付网关负责集成不同银行的网银接口，并为网上商户提供统一的支付接口和结算对账等业务服务。在这种模式下，第三方支付平台把所有银行网关（网银、电话银行）集成在了一个平台上，商户（卖家）和消费者（买家）只需要使用第三方支付平台就可以连接多个银行网关，实现一点接入，完成各种银行卡的互联网支付服务，如图 7-6 所示。

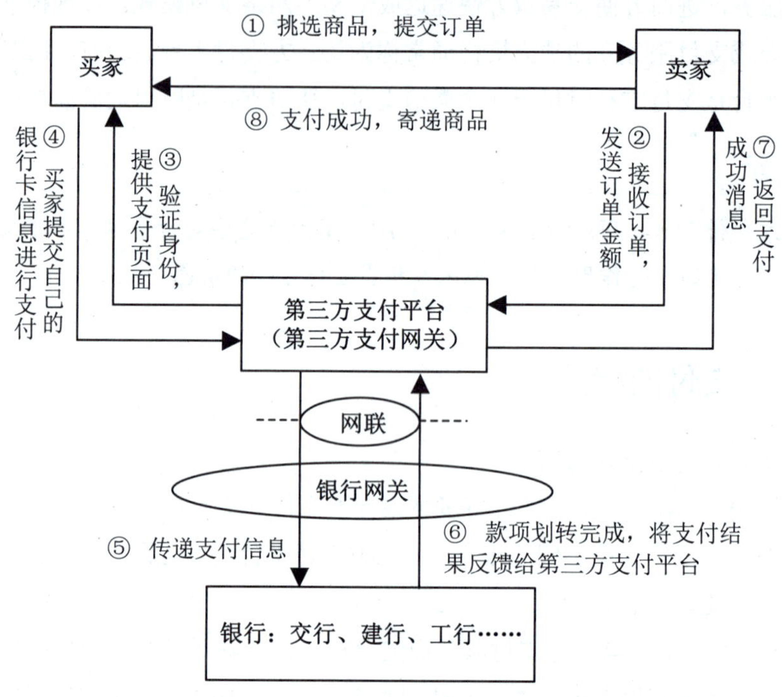

图 7-6　网关型支付模式

在网关型支付模式下，第三方支付平台扮演着“通道”的角色，并没有实际涉及银行的支付和清算，只是传递了支付指令，网关支付本身没有太多的增值服务。因此，在网联诞生以后，以单一网关支付模式为主的第三方支付平台日渐式微。

提　示

网联的全称是网联清算有限公司，是经中国人民银行批准成立的非银行支付机构网络支付清算平台的运营机构。网联平台旨在为支付机构提供统一、公共的资金清算服务，它支持支付机构一点接入平台办理业务，以节约连接成本，提高清算效率，保障客户资金安全，也有利于监管部门对社会资金流向的实时监测。按规定，支付机构的线上支付通道直接通过网联平台与各家银行对接，所有支付交易环节必须经过网联平台。

2. 虚拟账户型支付模式

主流的第三方支付平台不仅为用户提供银行支付网关的集成服务，还为用户提供一个类似于普通银行账户的虚拟账户，这个虚拟账户可以与众多不同的银行卡账户进行绑定或对接，用户可以采用协议代扣的方式，授权第三方平台划转自己银行卡的资金（快捷支付）；也可以通过银行卡向虚拟账户充值。用户在网上的支付交易可在用户的虚拟账户之间完成，也可在虚拟账户与银行账户之间完成。

在虚拟账户型支付模式下，虚拟账户是非常重要的，它是所有支付业务流程的基本载体。根据虚拟账户承担的不同功能，虚拟账户型支付模式又可以细分为担保型和非担保型两类。

（1）担保型（间付模式）。在间付模式下，虚拟账户不仅是一个资金流转的载体，还起到信用中介的作用。在交易过程中，先由第三方支付平台暂替买家保存货款，待买家收到交易商品并确认无误后，再委托第三方支付平台将货款支付给卖家，如图 7-7 所示。支付宝为淘宝和天猫商城等电子商务交易平台提供的虚拟账户支付服务，就是一种典型的间付模式。

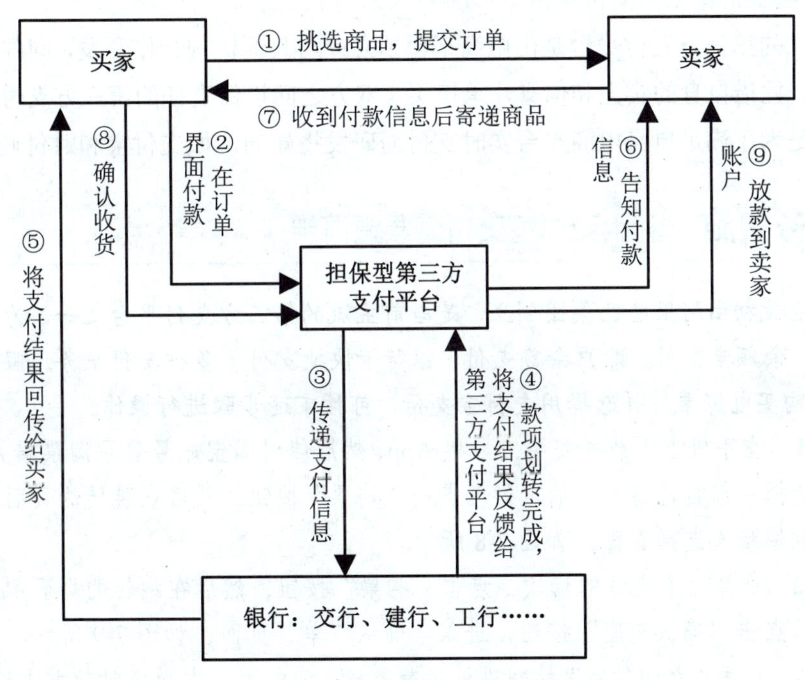

图 7-7 担保型支付模式

（2）非担保型（直付模式）。在直付模式下，虚拟账户只负责资金的暂时存放和转移，不承担信用中介等其他功能。在交易过程中，第三方支付平台根据支付信息将资金从买家银行账户转移到买家虚拟账户，再从买家虚拟账户转移到卖家虚拟账户，并最终划付给卖家的银行账户。整个交易过程对买卖双方而言，都是通过虚拟账户进行操作并实现的。提供直付模式的第三方支付机构有快钱、盛付通等。直付模式的支付流程相比间付模式少了

图 7-7 中的第⑥步和第⑧步，其他基本一致。

虚拟账户型支付模式解决了交易中信息不对称的问题，具有很多优点。例如，通过虚拟账户对卖家和买家的银行账号、密码等进行屏蔽，买家和卖家都不能互知对方的此类信息，由此减少了用户账户机密信息暴露的风险。此外，担保型虚拟账户支付模式还为电子商务交易提供了信用担保，为网上消费者提供了信用增强，由此解决了网络支付的信用缺失问题。

（二）根据是否依托于电商平台分类

1. 独立的第三方支付平台

独立的第三方支付平台是指完全独立于电商平台，由第三方投资机构为网上签约商户提供围绕订单和支付等多种增值服务的共享平台。它没有自己的商业交易平台，采取与各类行业、各种企业联合的方式，来推广自己的支付工具，如中国银联和环讯支付等。

2. 非独立的第三方支付平台

非独立的第三方支付平台是由电商平台独立或与其他机构合作开发，同各大银行建立合作关系，凭借自身的实力和信誉，承担买卖双方之间担保责任的第三方支付平台。这种形式最初是为了满足自身电商平台实时支付而研发搭建的，如支付宝和财付通等。

任务实施 利用支付宝支付淘票票订单

支付宝最初由阿里巴巴集团创立，是当前主流的第三方支付平台之一，为消费者提供花呗支付、余额宝支付、账户余额支付、银行卡快捷支付等多种支付服务。假设你在淘票票 App 上购买电影票，并选择用支付宝支付，可按下述步骤进行操作。

步骤1 在手机上下载并安装淘票票 App，然后使用淘宝账号登录淘票票 App。在“电影”版块选择一部自己感兴趣的电影。点击“购票”按钮，然后在跳转的页面中选择电影院，进入电影场次选择页面，如图 7-8 所示。

步骤2 选择一个合适的场次，点击“购票”按钮，然后在跳转的页面中选择座位。选好座位后点击“确认选座”按钮，进入“确认订单”页面，如图 7-9 所示。

步骤3 点击“立即付款”按钮进入付款流程，此时页面中弹出付款方式设置对话框，点击付款方式右侧的更多按钮 >，打开“资金渠道/支付工具”对话框，如图 7-10 所示。可以看到，除了花呗支付，还有余额宝支付、银行卡快捷支付、信用卡支付、账户余额支付和找朋友帮忙付等选项。

图 7-8 选择电影场次

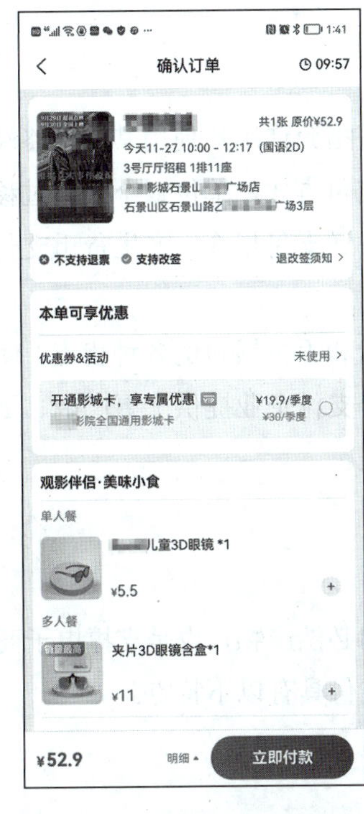

图 7-9 “确认订单”页面

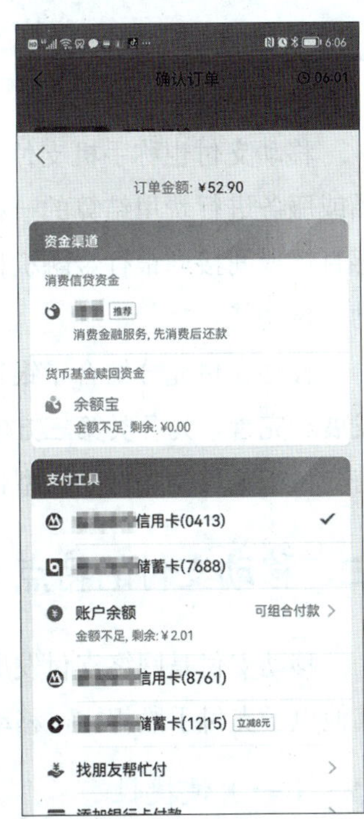

图 7-10 进入付款流程

步骤4 选择一个有足够余额的选项作为付款方式，选择完成后点击“确认付款”按钮，在弹出的“请输入支付密码”对话框中，输入支付密码即可。

步骤5 付款成功后弹出“支付结果”页面，显示购票成功。

任务三 了解移动支付

任务导入

扫码观看微课视频“我国移动支付行业的发展现状”，然后列举几个日常生活中应用移动支付的场景。

我国移动支付行业的发展现状

一、什么是移动支付

移动支付也称手机支付，是指允许用户使用其移动终端（通常是手机）对所消费的商品或服务进行费用结算的一种支付方式。单位或个人通过移动设备、互联网或者近距离传感直接或间接向银行金融机构发送支付指令，产生货币支付与资金转移行为，从而实现移动支付功能。

移动支付充分结合了银行卡和手机钱包的各种优点，使得货币交易电子化的进程得以发展和完善，为各类第三方电子支付企业提供了更广阔、更多样的业务方式。支付宝、微信支付都是移动支付的典型代表。

二、移动支付的特点

移动支付是网络支付发展的必然产物，也是支撑电子商务向其他领域拓展的关键。与其他电子支付手段相比，移动支付具有以下特点。

（一）便捷性

相对于常规的支付工具来说，以手机为主的移动设备具有更强的用户黏性，携带更方便，支付更便利。用户随身携带移动设备，消除了距离和地域的限制，可以随时随地获取所需要的服务、应用和信息，并完成整个支付与结算过程。我国的手机用户已高于互联网用户，移动支付终端的高普及率，使移动支付更具有普惠性。

（二）安全性

时至今日，手机已是大家日常随身携带、很少离手的私人用品。并且手机号码与个人身份信息实名绑定，手机信息更是大家重点保护的隐私内容，因此，移动支付的安全性比PC端的网上支付更强。

（三）实时性

移动通信终端与互联网平台的交互取代了传统的人工操作，使移动支付不再仅仅受限于相关金融企业的营业时间，实现了7×24小时不受时间限制的服务。用户可以随时随地使用移动互联网查询账户余额、交易记录，进行实时转账、修改密码、购物消费等。

（四）集成性

移动支付不仅为用户提供了远程支付功能，还可以通过与终端读写器近距离识别进行信息交互。运营商可以将移动通信卡、公交卡、地铁卡、银行卡等各类信息整合到以手机为平台的载体中进行集成管理，并搭建与之配套的网络体系，从而为用户提供更加方便的支付及身份认证渠道。

三、移动支付的分类

按照不同的标准，移动支付可以分为不同的类型。了解移动支付的分类，是掌握移动支付基本应用的前提。

（一）银行卡支付、第三方支付账户支付、通信代收费账户支付

按照支付账户的性质，移动支付可以分为银行卡支付、第三方支付账户支付、通信代收费账户支付。

（1）银行卡支付是指直接采用银行的借记卡或信用卡账户进行支付的方式。

（2）第三方支付账户支付是指为用户提供与银行或金融机构支付结算系统接口的通道服务，实现资金转移和支付结算功能的一种支付服务。第三方支付机构作为双方交易的支付结算服务的中间商，需要提供支付服务通道，并通过第三方支付平台实现交易和资金转移结算安排的功能。

（3）通信代收费账户是移动运营商为其用户提供的一种小额支付账户，用户在互联网上购买电子书、歌曲、视频、软件、游戏等虚拟产品时，通过手机发送短信等方式进行后台认证，并将账单记录在用户的通信费账单中，月底进行合单收取。这种支付方式目前并不常用。

（二）即时支付和担保支付

按照支付的结算模式，移动支付可以分为即时支付和担保支付。

（1）即时支付是指支付服务提供商将交易资金从买家账户即时划拨到卖家账户。一般应用于“一手交钱一手交货”的业务场景（如商场购物），或应用于信誉度很高的 B2C 及 B2B 电子商务，如首信易支付、易宝支付等。

（2）担保支付是指支付服务提供商先接收买家的货款，但并不马上支付给卖家，而是通知卖家货款已冻结，让卖家发货；买家收到货物并确认后，支付服务提供商将货款划拨到卖家账户。支付服务提供商不仅负责资本的划拨，同时还要为不信任的买卖双方提供信用担保。担保支付业务为开展基于互联网的电子商务提供了基础，特别是对于没有信誉度的 C2C 交易及信誉度不高的 B2C 交易，如支付宝支付。

（三）近场支付和远程支付

按照完成支付所依托的技术条件，移动支付可以分为近场支付和远程支付。

（1）近场支付是指通过具有近距离无线通信技术的移动终端实现本地化通信，进行货币资金转移的支付方式。

（2）远程支付是指通过移动网络，利用短信、4G/5G 等空中接口，与后台支付系统建立连接，实现各种转账、消费等支付功能。

知识拓展

近距离无线通信（near field communication, NFC）技术，是近场支付的主流技术。它是一种短距离的高频无线通信技术，允许电子设备之间进行非接触式点对点数据传输交换数据。

NFC 支付是指消费者在购买商品或服务时，即时采用 NFC 技术通过手机等手持设备完成支付，是一种新兴的移动支付方式。支付的处理在现场进行，并且在线下进行，不需要使用移动网络，而是使用 NFC 射频通道实现与 POS 收款机或自动售货机等设备的本地通信。

任务实施　使用手机 NFC 交通卡乘坐公交车

随着移动互联网时代的到来，人们的出行方式有了越来越多的选择。当下，除了二维码之外，NFC 是另一个移动支付的热点。通过智能手机内置的 NFC 功能，可以把手机“变成”交通卡，在支持的城市乘坐公交车、乘坐地铁，甚至进行消费。如果你的手机中内置 NFC 模块，你也想体验使用手机 NFC 交通卡乘坐公交车，可按下述步骤进行操作。

步骤1　在具备 NFC 功能的手机上添加交通卡。例如，在华为手机上，可打开系统自带的钱包 App，在“首页”版块中点击“交通出行”按钮（见图 7-11），进入“交通出行”页面，点击“立即开通”按钮，如图 7-12 所示。接着，在“添加交通卡”页面列表中选择并开通所在城市的交通卡（或在顶部搜索栏中搜索所在城市，就可以打开所在城市交通卡）。有些交通卡是免费开通的，有些则需要付费。

步骤2　交通卡开通后，在“交通出行”页面中点击“充值”按钮，在跳转的“交通卡充值”页面选择充值金额，然后点击“立即充值”按钮为交通卡充值，如图 7-13 所示。

图 7-11 点击“交通出行”按钮

图 7-12 “立即开通”按钮

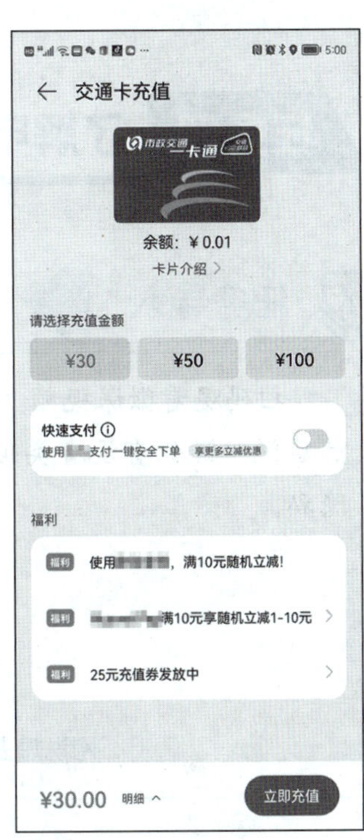

图 7-13 点击“立即充值”按钮

步骤 3 乘坐公交车时，只需要将手机靠近刷卡区域，即可完成刷卡，如图 7-14 所示。

图 7-14 使用手机 NFC 交通卡乘坐公交车

任务四 了解电子商务安全

任务导入

扫码观看微课视频“刚说想去吃火锅就收到广告，大数据时代如何保护隐私”，然后说一说你有没有类似的经历，并说一说大数据时代你认为应如何保护自己的隐私。

刚说想去吃火锅就收到广告，大数据时代如何保护隐私

电子商务安全是互联网安全在电子商务领域的延伸，其主要体现在两个方面。一是安全技术，电子商务是通过开放性的网络传输商务信息来进行贸易活动的，这与电子商务所需要的保密性是矛盾的，这就需要相应的电子商务安全技术手段来保障。二是安全管理，要从宏观和微观两个角度完善电子商务安全管理体系。

一、电子商务面临的安全威胁

在网上交易过程中，买卖双方都可能面临的安全威胁主要有以下几个。

（一）信息泄露

电子商务中的信息泄露主要包括两个方面：一是交易双方进行交易的内容（如订单信息、合同信息、往来账目等）被第三方窃取；二是交易一方提供给另一方使用的信息被第三方非法使用，如个人身份信息、个人履历、联系方式等。

（二）信息篡改

信息篡改是指商务信息在网络传输的过程中被第三方获悉并篡改，或者黑客非法入侵电子商务系统篡改商务信息，从而使商务信息失去真实性和完整性。

（三）信息破坏

信息破坏要从两个方面来考虑：一方面是非人为因素，如网络硬件和软件等出现故障，可能会使商务信息丢失或发生错误，对交易过程和商业信息安全造成破坏；另一方面则是人为因素，主要指计算机网络遭受一些恶意行为的攻击（如勒索软件、计算机病毒等），而使电子商务信息遭到破坏。此外，不少的信息破坏事件来自怀有报复心理的员工，包括被上司指责、被企业解雇或者被停职的员工，他们可能会报复性地通过病毒或者有意删除重要文件，来损害企业的信息或数据安全。

（四）抵赖行为

传统商务活动是建立在商业信用基础上的，而网上交易的双方通过计算机的虚拟网络环境进行谈判、签约、结算，当一方发现交易对自己不利时，可能会更容易产生抵赖行为，从而给另一方造成损失。

素养之窗

诚信是我国道德体系的基础和根本价值取向，是社会主义核心价值观的道德基石。

从字形分析，“信”从“人”从“言”，在儒家学说中，“信”是“仁、义、礼、智、信”五常伦理的重要内容。孔子曾言：“人而无信，不知其可也。”孟子也认为：“父子有亲，君臣有义，夫妇有别，长幼有序，朋友有信。”儒家将“信”作为朋友交往的重要原则。

“信”的含义一般分为两种：其一，“信”为真实；其二，“信”为不欺诈、不虚伪。在市场经济条件下，“信”的含义主要是指在市场行为中的信用、信誉和社会交往中的恪守承诺。诚信不仅是社会主义核心价值观的基本要求，也是电子商务活动蓬勃发展的重要基础。

二、电子商务的安全性要求

对于电子商务交易的买卖双方来说，安全性始终是放在第一位的。只有满足交易各方的安全性要求，电子商务才能取得更多人的信任。一般来说，电子商务的安全性要求包括信息的保密性、可靠性、不可否认性、完整性和可控性。

（一）保密性

在电子商务交易的过程中，必须保证交易双方的隐私信息在互联网上存储、传递时不会被泄露，或者即使他人截获或窃取了隐私信息，也无法识别信息的真实内容。在电子商务活动中，保障信息保密性最有效的措施就是对传输或存储的隐私信息进行加密。

（二）可靠性

网上交易的双方一般都互不相识，有的甚至相隔千里，双方都害怕遇到骗子。因此，交易前确认对方的真实身份十分重要。电子商务平台应该提供交易双方进行身份鉴别的机制，确保交易双方的身份信息可靠和合法。

（三）不可否认性

不可否认性又称不可抵赖性，是指在电子商务活动中，信息的发送方和接收方不能否认自己曾经发出或接收过信息。在传统的交易过程中，交易双方主要通过盖章和签名来预防抵赖行为。而进行电子商务活动时，则主要依靠在交易信息的传输过程中为参与交易的个人、企业提供可靠的标识（电子签章），确保信息主体不可抵赖。

（四）完整性

如果有人能够随意修改交易信息，那么交易本身就会存在巨大的风险。电子商务平台应采用技术手段，杜绝他人对已经生成的交易信息进行添加、修改和删除等操作，同时防止数据传输过程中交易信息的丢失和重复，并保证信息传递次序的统一。

（五）可控性

电子商务平台必须保证对相关商务信息的访问行为都是可控的、经过授权的。电子商务平台通过技术手段拒绝未授权的访问，并且设定访问级别，用户只能访问系统授权或指定的信息资源。电子商务安全的可控性一般通过专用网络、防火墙等技术手段实现。

三、电子商务安全技术

电子商务安全技术是应对电子商务外部安全威胁的主要工具，它守护着消费者和企业的交易安全。常用的电子商务安全技术包括加密技术、防火墙技术、认证技术、安全协议等。

（一）加密技术

加密是电子商务活动中最常用的安全措施之一，是指将原来大家可以理解的信息（称为明文）与一个特殊的字符串（称为密钥）结合，并使用加密算法进行运算，使明文信息变成不可理解、无意义的信息（称为密文）。在电子商务活动中，为了不让第三方获取信息内容，信息发送方会利用密钥对信息进行加密，接收方收到信息后需要利用密钥对信息进行解密，如图 7-15 所示。

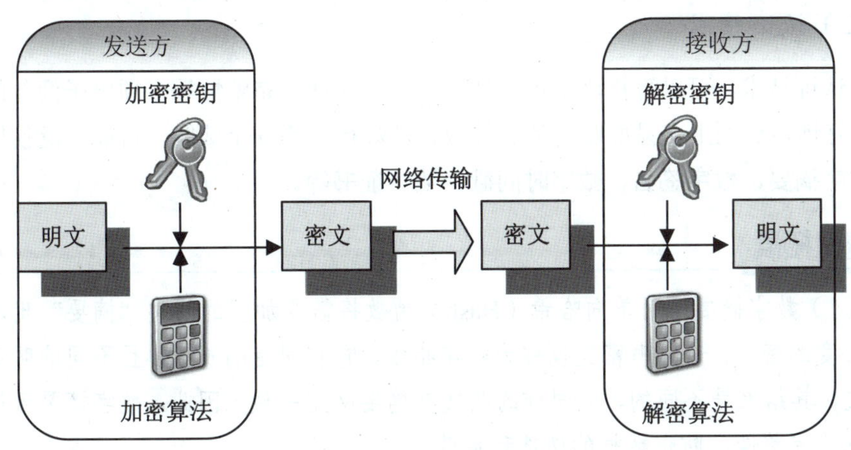

图 7-15 加密与解密流程

加密技术可以有效地保证信息的保密性、完整性和可靠性。此外，加密技术还可以用于数字签名、数字认证等方面，是认证技术及其他许多安全技术的基础，也是信息安全的核心技术之一。

知识拓展

常用的现代加密技术有对称加密技术和非对称加密技术。对称加密技术又称通用密钥密码技术、传统加密技术，是指信息的加密和解密使用相同秘钥的密码技术。非对称加密技术又称公开密钥密码技术，信息的加密和解密使用的是秘钥对，即公钥（public key）和私钥（private key）。通常用公钥加密、私钥解密来保障信息的保密性；用私钥加密、公钥解密来进行身份认证。

（二）防火墙技术

实现保密的另外一种方法是进行存取访问控制，对敏感数据的访问实行身份验证，具备合法身份的用户允许访问，没有合法身份的用户禁止访问，这就是防火墙技术的功能。

“防火墙”是一种形象的说法，其实它是一种计算机硬件和软件的组合，可使互联网与内部网之间建立起一个安全网关，从而保护内部网免受非法用户的侵入，它其实就是把互联网与内部网隔开的屏障。

知识拓展

防止入侵和攻击的主要技术除了防火墙技术，还有入侵检测技术等。

入侵检测系统（intrusion detection system, IDS）是对计算机和网络资源的恶意使用行为进行识别和相应处理的系统。它通过对计算机系统进行监视，提供实时的入侵监测，并采取相应的防护手段。它的目的在于监测可能存在的攻击行为，包括来自系统外部的入侵行为和来自内部用户的非授权行为。

（三）认证技术

采用认证技术，可以直接满足可靠性、不可否认性、完整性等多项电子商务的安全性要求，较好地避免网上交易面临的信息篡改、抵赖行为等安全威胁。目前广泛使用的认证技术有数字摘要、数字签名、数字时间戳、数字证书等。

知识拓展

（1）数字摘要采用单向哈希（Hash）函数将需要加密的明文“摘要”生成一串固定长度的密文，这一串密文也称为数字指纹，它有固定的长度，且不同的明文摘要成密文，其结果是不同的，而同样的明文其摘要必定一致。因此，数字摘要可用于验证消息的完整性，防止数据的伪造和篡改。

（2）数字签名把数字摘要技术和非对称加密技术结合起来，可以同时保证数据的完整性、真实性和不可否认性。

（3）数字时间戳（digital time stamp, DTS）是对电子商务活动中交易日期和时间采取的安全措施，由专门的机构提供，以保证交易者对交易日期和时间的不可抵赖。DTS 是一个经加密后形成的凭证文档，包括 3 个部分：一是需要加时间戳的文件的数字摘要；二是 DTS 发送和接收文件的日期和时间；三是 DTS 的数字签名。

（4）数字证书是标志网络用户唯一身份信息的一系列数据，在网络通信中用于识别通信各方的身份，如同现实中的居民身份证。数字证书作为现实实体在虚拟网络中的唯一身份标识，必须由权威公正的第三方认证机构（见图 7-16）颁发，认证中心（certificate authority, CA）要负责在发行证书前证实个人身份和密钥所有权。数字证书可用于发送电子邮件、访问网站、网上证券交易、网上签约、网上办公、网上缴费、网上税务处理等网上安全电子事务处理和安全电子交易活动。

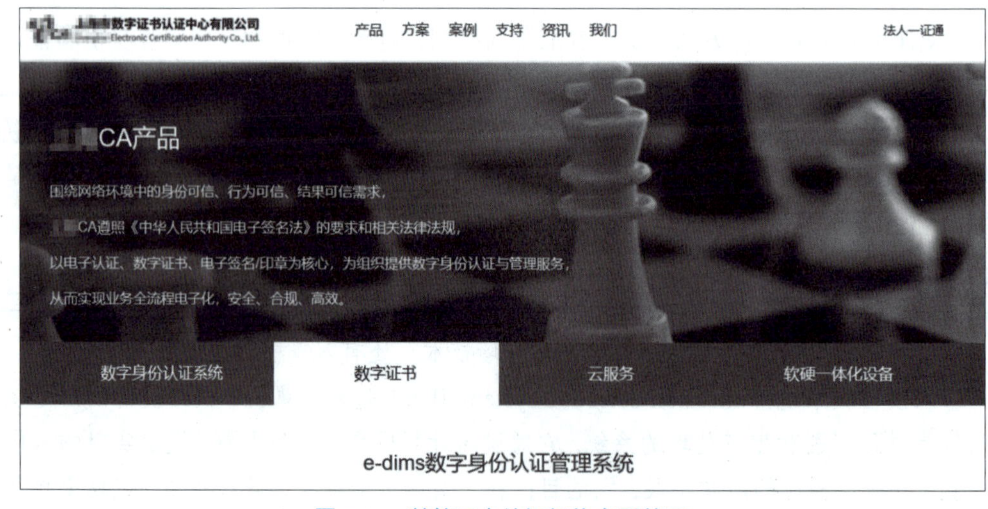

图 7-16　某第三方认证机构官网首页

（四）安全协议

安全协议是网络安全的一个重要组成部分，它是以密码学为基础的消息交换协议，可用于保障计算机网络信息系统中秘密信息的安全传递与处理，确保网络用户能够安全、方便、透明地使用系统中的密码资源。电子商务领域中常见的安全协议有安全套接层协议和安全电子交易协议等。

1. 安全套接层协议

安全套接层（secure socket layer, SSL）协议是指使用公钥和私钥技术组合的安全网络通信协议，它是网景公司推出的基于互联网应用的安全协议。安全套接层协议制定了一种在应用层协议和 TCP/IP 之间提供数据安全性分层的机制。

2. 安全电子交易协议

安全电子交易（secure electronic transaction, SET）协议是由万事达卡和维萨联合网景、微软等公司，于 1997 年推出的。该协议主要是为了实现更加完善的即时电子支付。安全电子交易协议是 B2C 基于信用卡支付模式而设计的，它在保留对客户信用卡认证的前提下，增加了对商家身份的认证，突现了客户、商家、银行之间通过信用卡交易的数据完整性和不可否认性等优点，它还是目前国际上公认的信用卡网上交易标准。

四、电子商务安全管理

随着网络技术的不断发展，电子商务安全问题迎来了新的挑战，仅靠技术手段已经不能解决所有问题，安全管理越来越重要。

（一）宏观领域的电子商务安全管理

1. 提高公众安全意识

我国要强化网络安全宣传工作，提高社会公众对网络安全意识的认知水平，让其认识到网络犯罪的破坏性及危害性，帮助他们认识到电子商务安全防范措施的重要性。

2. 提升治网管网能力

面对互联网和电子商务发展带来的新变化、新发展、新问题和新挑战，如何切实提升治网管网能力，是一项重大而紧迫的课题。我国早在 2019 年就制定出台了《关于加快建立网络综合治理体系的意见》，为网络综合治理体系建设指明了方向。当然，随着信息技术的不断发展，我国要不断加强网络治理和管理水平，确保网络环境的安全。

3. 加强国家立法保障力度

针对电子商务安全问题，我国也要持续完善法律制度以保护电子商务运行者及使用者的合法权益，并促进电子商务业的快速发展。

（二）微观领域的电子商务安全管理

1. 企业的电子商务安全管理

建立科学合理的电子商务安全管理制度，可以帮助电子商务企业更好地进行安全管理，提高企业人员的电子商务安全防范意识。常见的电子商务安全管理制度包括人员管理制度，保密制度，跟踪、审计、稽核制度和网络系统的日常维护制度等。

（1）人员管理制度的要点包括：① 持证上岗；② 落实工作责任制；③ 贯彻网上交易安全运作基本原则，如双人负责制、任期有限制、最小权限制。

（2）保密制度的要点包括：① 划分信息的安全级别，确定安全防范重点，提出相应的保密措施；② 关键岗位签署保密协议。

（3）跟踪、审计、稽核制度的要点包括：① 建立网络交易系统日志机制，记录系统运行的全过程；② 建立定期审计制度，监控和捕捉各种安全事件，保存、维护和管理系统日志；③ 建议稽核制度，利用计算机及网络系统或稽核业务应用软件调阅、查询、审核、判断电子商务活动的合理性、安全性。

（4）网络系统的日常维护制度的要点包括：① 数据维护，定期对企业数据资源进行维护，如数据双备份，建立和执行数据存取控制及泄密责任追究等措施；② 设备维护，对系统运行的硬件进行日常管理和维护，如计算机、外部设备、网络设备等的故障排除、定期保养。

2. 个人的网络日常安全防范

对于普通用户来说，做好电子商务安全的日常防范十分重要。日常防范可以帮助用户在一定程度上降低安全风险，保证用户免受侵害。例如，谨慎下载安装手机 App，对于不明来源的 App 应避而远之；不要随便打开短信中的链接或扫描二维码；在公共场合不要随意连接无密码的免费 Wi-Fi；谨慎为 App 授权；等等。

任务实施　下载并使用“国家反诈中心”App

“国家反诈中心”App，具备风险自查、开启诈骗预警防护等功能。如果你也想体验“国家反诈中心”App 的“App 自检”“来电预警”功能，可按下述步骤进行操作。

步骤1　在手机自带的应用商店中搜索并安装“国家反诈中心”App，如图 7-17 所示。

步骤2　安装完成后，打开“国家反诈中心”App，按引导完成设置并登录账号。此处可选择使用 QQ 账号进行快捷注册并登录。账号注册成功后绑定个人手机号码。

步骤3　在“国家反诈中心”App 的首页点击“App 自检”按钮（见图 7-18），检测手机中是否有可疑 App，如图 7-19 所示。

步骤4　App 自检完成后，返回 App 首页，点击“来电预警”按钮，根据提示为本 App 提供授权，开启来电预警防护，如图 7-20 所示。

步骤5　如遇到电话诈骗或网络诈骗，可点击“我要举报”按钮进行举报，要注意使用相关功能需要实名认证。举报时需要留存相关证据，可在“我的”版块中点击“音频录制”按钮（见图 7-21），进行录音或录屏，如图 7-22 所示。其他事项可点击“用户手册”按钮进行了解。

图 7-17 应用商店中的搜索结果

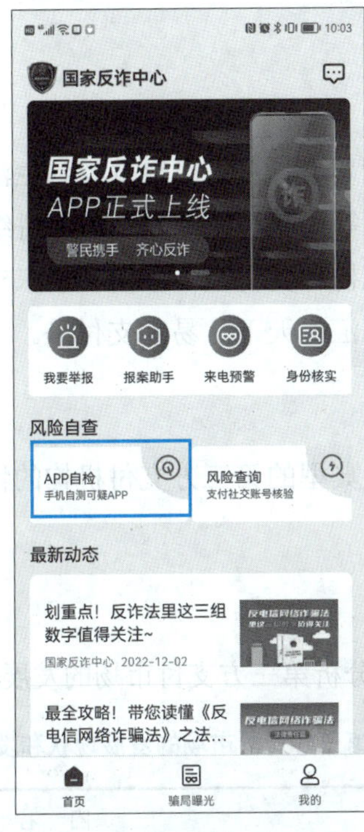

图 7-18 点击“App 自检”按钮

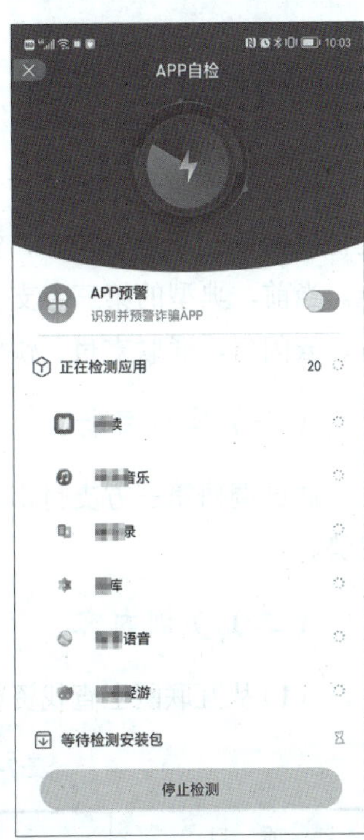

图 7-19 进行“App 自检”

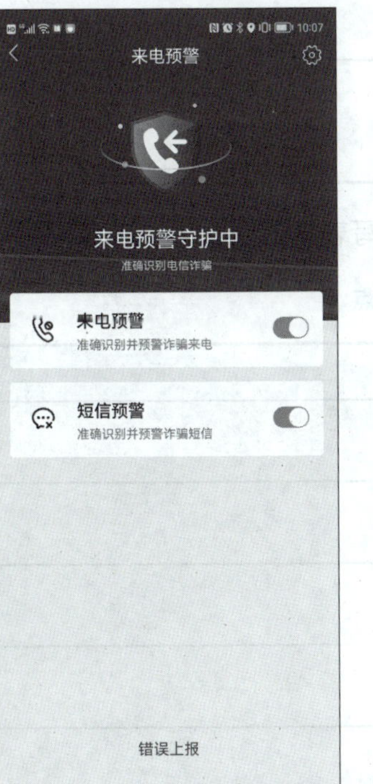

图 7-20 开启来电预警防护

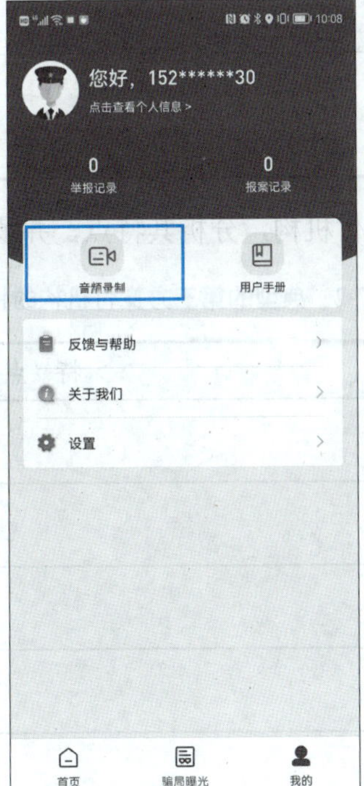

图 7-21 点击“音频录制”按钮

图 7-22 “音频录制”页面

项目实训

第三方支付越来越被广大消费者接受，已经普及到生活中的方方面面。不同的第三方支付机构依托场景、技术、资源等优势，在细分领域深耕细作，提升服务体验，为行业赋能。当前，典型的第三方支付机构有支付宝、微信、京东支付、拉卡拉、壹钱包、银联商务、云闪付、通联支付、快钱、汇付天下、易宝支付等。

（一）实训目标

通过调研第三方支付市场及典型的第三方支付机构的情况，了解第三方支付的特点和优势。

（二）实训内容

（1）从互联网上查找资料，分析第三方支付市场的发展现状和发展趋势，并填写表 7-1。

表 7-1　第三方支付市场的发展现状和发展趋势

项　目	内　容
第三方支付市场的发展现状	
第三方支付市场的发展趋势	

（2）搜索典型的第三方支付机构，分析其特点，并填写表 7-2。

表 7-2　典型的第三方支付机构的特点

第三方支付机构	特　点
支付宝	
微信	
云闪付	
快钱	
易宝支付	

项目考核

（一）名词解释

（1）电子支付；（2）网关型支付模式；（3）移动支付；（4）对称加密技术。

（二）单项选择题

（1）按服务对象划分，网上银行可分为（　　）。

A．个人网上银行与企业网上银行

B．纯网上银行与分支型网上银行

C．信息型、交互型与支付型网上银行

D．公立银行与私立银行

（2）具备合法身份的用户允许访问，没有合法身份的用户禁止访问，这就是（　　）的功能。

A．数据加密技术　　B．防火墙技术

C．认证技术　　D．安全协议

（3）在线下超市购物时，通过支付宝 App 扫码付款，属于（　　）。

A．大额支付　　B．远程支付

C．近场支付　　D．银行卡支付

（4）数字证书作为现实实体在虚拟网络中的唯一身份标识，必须由权威公正的（　　）颁发。

A．电子商务平台　　B．政府机构

C．消费者　　D．第三方认证机构

（三）多项选择题

（1）电子支付工具包括（　　）。

A．电子银行卡　　B．电子现金

C．电子钱包　　D．电子支票

（2）移动支付的特点有（　　）。

A．便捷性　　B．安全性

C．实时性　　D．集成性

（3）在网上交易过程中，买卖双方都可能面临的安全威胁包括（　　）。

A．信息泄露　　B．信息篡改

C．抵赖行为　　D．恐吓威胁

（4）加密技术可以有效地保证信息的（　　）。

A. 保密性　　B. 完整性

C. 可靠性　　D. 不可否认性

（四）思考题

（1）常用的电子支付工具有哪些？

（2）简述虚拟账户型支付模式的特点。

（3）简述电子商务的安全性要求。

（4）电子商务安全技术主要有哪些？

项目评价

学习本项目后，请结合本项目学习情况进行自评、互评和师评，并将评价结果填入表 7-3 中。

表 7-3　项目评价

评价项目	评价内容	评价分数			
		分值	自评	互评	师评
知识（40%）	对电子支付的定义、常用的电子支付工具、网上银行的定义及分类等相关知识点的理解及运用程度	10 分			
	对第三方支付的定义、特点和分类等相关知识点的理解及运用程度	10 分			
	对移动支付的定义、特点和分类等相关知识点的理解及运用程度	10 分			
	对电子商务面临的安全威胁、电子商务的安全性要求、电子商务安全技术和电子商务安全管理等相关知识点的理解及运用程度	10 分			
技能（40%）	使用个人网上银行完成转账汇款等业务的熟练度	15 分			
	使用第三方支付、移动支付等支付方式完成支付活动的能力	15 分			
	利用“国家反诈中心”App 防范网络诈骗的熟练度	10 分			
素养（20%）	遵守课堂纪律，上课精神饱满	5 分			
	具有自主学习意识，做好课前准备	5 分			
	善于思考，积极参与，勇于提出问题	5 分			
	具有团队合作精神，出色完成小组任务	5 分			

（续表）

评价项目	评价内容	评价分数			
		分值	自评	互评	师评
合计	综合分数______自评（25%）+互评（25%）+师评（50%）	100 分			
	综合等级______	指导老师签字__________			
综合评价	最突出的表现（创新或进步）： 还需改进的地方（不足或缺点）：				

项目八

电子商务物流

项目导读

物流是电子商务的基础和保障，它对电子商务的发展起着重要作用。在各种电子商务物流模式兴起和新兴智能物流技术的背景下，商品从企业转移到消费者手上的时间正变得越来越短，极大地提升了电子商务企业的市场竞争能力和消费者的购物体验。

知识目标

- 了解物流的定义、电子商务物流的定义和电子商务物流模式。
- 了解电子商务物流配送流程、模式和智能物流技术。

能力目标

- 能够为企业选择合适的电子商务物流模式。
- 能够应用简单的智能物流技术。
- 能够通过物流相关的微信小程序邮寄快递。

素养目标

- 增强环保意识，倡导绿色生活。
- 领略相关企业的物流创新成果，增强创新意识。

任务一 认识电子商务物流

任务导入

扫码观看微课视频“一家非典型的物流公司——京东物流”，然后说一说除了京东物流，你还知道哪些电子商务物流平台，并说一说它们分别属于什么电子商务物流模式。

一家非典型的物流公司——京东物流

一、什么是物流

物流是指物品从供给地向接收地的实体流动过程。根据实际需要，将运输、储存、装卸、搬运、包装、流通加工、配送、信息处理等基本功能实施有机结合。

二、什么是电子商务物流

电子商务物流就是服务于电子商务的各类物流活动的总和。在电子商务交易中，物流是实体商品交易得以完成的必要保证。缺少现代化物流，电子商务的商品品类将会大幅度减少，电子商务也就无法给人们的生活带来应有的便利。

三、电子商务物流模式

常见的电子商务物流模式有自营物流模式、物流联盟模式、第三方物流模式和第四方物流模式等。

（一）自营物流模式

自营物流模式是指电子商务企业借助自身的物流条件（包括自建物流设施、自有物流设备、自聘快递配送人员等）自行组织物流活动，直接经营管理整个物流渠道。

在自营物流模式下，电子商务企业不仅需要在物流渠道建设上投入巨额的资金，还需要能提供巨大的、稳定的业务订单，以支撑物流渠道的运作。因此，采用自营物流模式的电子商务企业主要有两类：① 资金充足、实力雄厚且具有较大的电子商务业务规模的电子商务企业，如京东旗下的京东物流，如图 8-1 所示；② 已有相当规模的营销渠道和物流配送体系的大型制造业企业或批发企业，如苏宁旗下的苏宁物流，如图 8-2 所示。

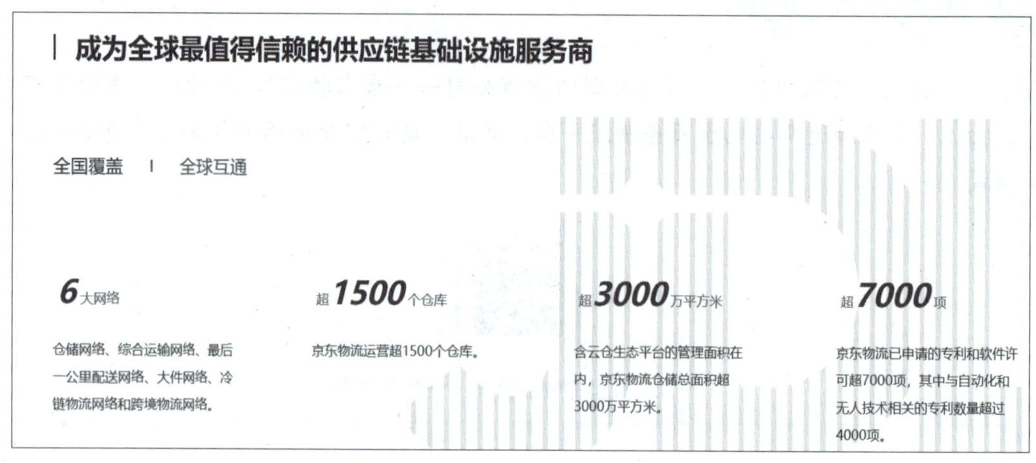

图 8-1　京东物流官网上的企业简介（部分）

图 8-2　苏宁物流官网上的企业简介（部分）

虽然自营物流模式巨大的资金投入和业务压力对一般企业来说是一大缺点，但高投入也意味着高回报，选用自营物流模式的优点也非常明显：① 自营物流使电子商务企业对物流环节有较强的控制能力，可以极大地提升物流服务的质量，为消费者提供更好的客户体验；② 自营物流的配合度更高，可以集中资源服务于本企业的核心业务；③ 自营物流是获取电子商务大数据资源（如买家购物频率、住在哪里、喜欢什么商品等）的最佳渠道之一，而大数据资源是当前电子商务企业最重要的资产。

（二）物流联盟模式

物流联盟是指两个或两个以上的企业组织为实现特定的物流目标而采取的长期联合与合作，其目的是实现联盟参与方的共赢。广义上的物流联盟包括第三方物流，第三方物流企业入驻电子商务交易平台，达成合作协议，是一种最简单的联盟形式。参与联盟的企业汇集、交换或统一物流资源或信息资源以谋求共同利益，同时参与企业仍保持各自的独立性。

2013 年 5 月 28 日，阿里巴巴集团、顺丰速运、三通一达（即申通快递、中通快递、圆通速递、韵达）等共同组建“菜鸟网络科技有限公司”，这一事件代表着阿里巴巴集团与上述第三方物流企业结成了联盟，意图与京东物流、中国邮政速递物流“三分天下”，如图 8-3 所示。

图 8-3　菜鸟联盟

物流联盟的效益在于物流联盟内的成员可以从其他成员那里得到过剩的物流能力或处于战略意义的市场地理位置及卓越的管理能力等，实现资源共享、优势互补。物流联盟的风险在于企业成员容易产生对战略伙伴的过分依赖，由于资产专用性和信息不对称等原因可能使其蒙受损失。此外，也可能造成企业成员专业化水平降低，核心竞争力丧失。

（三）第三方物流模式

第三方物流（third-party logistics, 3PL）是在“第一方”发货人和“第二方”收货人之外的“第三方”角色，它主要为交易双方提供物流服务，不参与商品交易。对于电子商务企业来说，自营物流的成本投入太大，将物流服务外包给第三方，无疑是一种“轻装上阵”

的好方法。目前，淘宝店家可选的第三方物流服务商有圆通速递、中国邮政速递物流、申通快递、顺丰速运、韵达等，如图 8-4 所示。

图 8-4　物流服务商的 LOGO

在当今竞争日趋激化和社会分工日益细化的大背景下，物流外包具有明显的优越性，具体表现在：① 企业集中精力于核心业务；② 提供专业化物流服务，改善企业价值链；③ 减少投资、降低运营成本和行业风险。目前，除了少数几家有能力自建物流渠道外，大多数电子商务企业都倾向于采用第三方物流模式，如淘宝、拼多多、当当等。在淘宝和天猫商城的发展早期，通过将物流服务外包，平台节省了大量的资金用于开拓市场及研发支付系统。

当然，第三方物流也存在着企业难以监督和控制物流环节，以及不利于企业内部整体优化等问题，企业可以通过加强和外包物流的联盟合作，并建立物流评价体系等措施进行改善。

（四）第四方物流模式

第四方物流（fourth-party logistics, 4PL），就是供应链的集成、整合和管理者，它主要通过对第三方物流服务商、IT 服务商、管理咨询公司及其他增值服务商的资源、能力和技术的整合和管理，提供综合的供应链解决方案。第四方物流具有再造、创新、实施和执行 4 个层面的特征，通过影响整个供应链为其客户带来比第三方物流更大的价值。

（1）再造指供应链过程协作和再设计，是第四方物流最高层次的方案。

（2）创新指通过新技术实现各个供应链职能的加强，包括采购策略、销售和运作计划、分销管理和客户支持。

（3）实施指流程一体化、客户公司和服务供应商之间的系统集成及运作交接。

（4）执行指承担多个供应链职能和流程的运作，除了传统第三方物流的运输和仓库管理的运作，还包括采购、库存管理、制造、信息技术管理、需求预测、销售、客户服务管理、网络管理和行政管理的运作。

知识拓展

第五方物流（fifth-party logistics, 5PL）又称数字物流，是指在商贸的实际运作中应用互联网技术去支持整个物流服务链，并且能组合相关的执行成员协同为企业的物流需求提供高效服务。它是系统的提供者，优化者和组合者。

（1）系统的提供者，是指第五方物流为客户组合物流链信息作业的各个环节、为客户提供营运解决方案、收集实时资讯、提供营运作业的平台，以达到评估、监控及快速回顾运作信息的作用。

（2）系统的优化者，是指第五方物流可以促进物流标准化的实现。

（3）系统的组合者，是指第五方物流是一个用户之间可以寻求多种组合，构成一个多接口、多用户、跨区域、无时限的宏观物流服务平台。

任务实施 分析我国电子商务物流发展现状和发展趋势

步骤1 以小组（5～6人为宜）为单位，查阅我国电子商务物流发展现状和发展趋势的相关资料。

步骤2 各小组分析近年来我国电子商务物流整体规模、竞争格局及未来发展趋势，并形成分析报告。

步骤3 各小组推选一名组长，轮流上台阐述自己小组的分析成果，最后由老师综合点评。

素养之窗

2018年施行的《快递暂行条例》，2019年、2020年先后出台的《关于推动物流高质量发展促进形成强大国内市场的意见》《关于加快推进快递包装绿色转型的意见》，以及2021年3月起施行的《邮件快件包装管理办法》，均对“绿色快递”作出了明确要求。

快递行业内的“绿色风”已然刮起。例如，近年来，菜鸟裹裹的“环保寄”已在北京、广州、杭州等城市上线，环保袋每件可减塑4.4 g。菜鸟裹裹联合快递物流行业推行的绿色行动，每年正在让数百亿个快递包裹实现不同程度的轻量化、可循环、可降解。

又如，顺丰围绕“绿色物流低碳生活”的环保主题，通过科技创新，将绿色理念贯穿在快件全流程，从包装、运输、到转运，从各个环节提升自身的资源利用率，降低碳排放和能源消耗，践行环保社会责任，促进社会可持续发展。2021年9月，顺丰投入社会使用的循环产品总计2 900万个，总循环次数2.9亿次。

任务二 了解电子商务物流应用

任务导入

扫码观看微课视频“服贸会上亮相的物流黑科技”，然后说一说你还知道哪些智能物流技术。

扫一扫

服贸会上亮相的物流黑科技

一、电子商务物流配送

（一）电子商务物流配送流程

电子商务物流配送流程如图 8-5 所示。

图 8-5　电子商务物流配送流程

1．采购作业流程

采购作业流程处于准备配送商品的阶段，是配送中心运转的基础环节。企业在接收到消费者网上提交的订单后，要保证有充足的库存，如果发现库存不足则需要立即向供应商发出采购订单，然后根据与供应商签订的订单情况，确认后通知仓储中心做好进货入库的仓储作业准备。

2．仓储作业流程

仓储作业流程是采购作业流程的延续，主要作业区有进货区、拣货区和发货区。

（1）仓储中心从供应商接收到送货单和货物后，在进货区对该货物进行验收，验收无误后进行下一步处理（如验收不合格则退货）。

（2）直通型货物（周转率快、立即出货的商品）直接进入发货区，进行暂时储存。

（3）存放型货物（周转率慢、安全储备的商品）进入拣货区，进行分类、入库储备

处理。

（4）货物进入仓库后，当需要发货时，根据发货清单分拣货物，对货物进行包装处理后送至发货区，最后装车进入到配送环节。

目前，电子商务企业一般采用智能化的仓库管理系统，实现仓库管理的自动化。例如，扫码出入库管理系统能高效地实现货物的定位和管理。企业要根据市场需求情况和库存水平确定合理的采购批量和采购时点。此外，还要定期进行库存盘点，保证货物的数量和质量。

3．配送作业流程

配送作业是物流配送的核心环节。配送部门要合理规划配送路线，并根据定位系统实时跟踪，多方协调实现各个配送环节的无缝衔接，高效地完成配送服务。

4．退货及后续处理作业流程

退货及后续处理作业流程是最后一个环节。退货可由配送部门集中送回仓储中心，由专人清理、登记、查明原因。如退货无质量问题，可重新进入库存系统。如是质量问题，应进行抽样检查，达不到相应质量标准则应及时通知采购作业流程停止订货，和供应商协商处理。

除此之外，由于大多数电子商务企业采用的是第三方物流模式，因此有必要建立客户满意度调查和投诉反馈系统，由其对物流配送方进行监督和考核，以保证电子商务的顺利进行。

（二）电子商务物流配送模式

1．网络快递模式

网络快递模式是通过网络的模式，将电商包裹实现揽件→中转→干线运输→中转→末端配送的过程。例如，买家在淘宝进行购物时，商品通常是以“单件”的形式，借助“快递”从卖家经过多个环节的“集散和分拨”，最终送达分散在全国的消费者手中。

2．仓配一体化模式

仓配一体化模式是“仓+落地配”的模式，将商品直接从工厂运送到配送中心仓库，提前备货到本地，再由本地仓库发往消费者的形式。这种模式是集“仓储服务+配送服务+技术支持+售后服务+增值服务”于一体的一站式物流服务。对比传统的仓储，仓配一体化能为电商企业节省仓储成本及配送成本，还能提高存货周转率，改善消费者体验。

仓配一体化模式的代表有京东物流、品骏物流、苏宁物流，它们主要服务于自身所属的电商平台，缩短自营商城订单的配送时间，保证商城的服务质量。此外，还有第三方仓配企业，如心怡科技和万象物流，主要业务是为天猫超市仓配，前者侧重仓储，后者侧重配送。

3．社会化配送模式

社会化配送模式是利用新兴技术开创的全新智能化配送模式，更加看重管理物流的能力，包括仓储资源管理和配送服务管理，通过整合多种技术、能力和社会资源，比时效、控成本，实现全社会物流资源的优化配置。

二、智能物流技术

智能物流就是将先进技术广泛应用于物流运输、储存、装卸、搬运、包装、流通加工、配送、信息处理等基本活动环节，实现物流环节的自动化运作和高效、优化管理，提高物流行业的服务水平，降低物流成本，同时减少社会资源消耗。

提　示

智能物流在实施的过程中强调的是物流过程数据智慧化、网络协同化和决策智慧化。智能物流在功能上要实现 6 个“正确”，即正确的货物、正确的数量、正确的地点、正确的质量、正确的时间和正确的价格；在技术上要实现物品识别、地点跟踪、物品溯源、物品监控和实时响应。

下面介绍实现智能物流的主要技术。

（一）条码技术

条码，即“条形码”，是由一组黑白相间、宽度不同的条状符号组成。条码技术是在计算机的应用实践中产生和发展起来的，是一种自动识别技术，它研究如何把计算机所需要的数据表示成条码形式，如何将条码表示的数据和符号转变为计算机可以自动采集、识别的数据。

条码技术可以大量、快速采集信息，它可以提高货物入库、出库、分拣和运输的效率，提升了物流的速度和准确性，同时缩短了货物的流动时间，促进了整个物流业的发展。

（二）射频识别技术

射频识别（radio frequency identification, RFID）技术是一种非接触式的自动识别技术，它通过射频信号自动识别目标对象并获取相关数据。此外，RFID 技术可识别高速运动物体并可同时识别多个标签，操作快捷方便。

利用 RFID 技术可以对物流各个环节进行监控和追踪，包括货物追踪、实时数据采集和仓储管理等，提高物流全流程的透明度和自动化程度，进而提升物流运力和客户服务水平。

（三）地理信息系统

地理信息系统（geographic information system, GIS）技术是以地理空间数据为基础，采用地理模型分析方法，适时地提供多种空间的和动态的地理信息，是一种为地理研究和地理决策服务的计算机技术系统。

GIS 技术在物流中主要应用于物流分析。完整的 GIS 物流分析软件集成了车辆路线模型、最短路径模型、网络物流模型、分配集合模型和设施定位模型等。

（四）全球定位系统

全球定位系统（global positioning system, GPS）是一种以人造地球卫星为基础的高精度无线电导航的定位系统，具备全天候、全球覆盖、高精度的特征，能够实时为全球范围内的陆地、海上、空中的各类目标提供持续实时的三维定位、运行速度及精确时间信息。

GPS 技术在物流领域的应用主要体现在实时导航、监控和调度、信息查询和共享、线路优化等方面。

（五）物联网技术

物联网技术将任何物品与互联网相连接，进行信息交换和通信，以实现智能化识别、定位、追踪、监控和管理的功能。它在仓储管理、运输管理、智能物流配送、供应链管理、追溯性管理等物流领域都有广泛性的应用。

物联网在物流行业的应用实质是整合物流信息化，逐步把信息技术的单点应用集成到系统中，整体推进物流系统的自动化、目视、受控、智能化、系统化、网络化发展，最终形成智慧物流系统。

（六）智能分拣机器人

智能分拣机器人是一种具备了传感器、物镜和电子光学系统的机器人，可以快速进行货物分拣，如申通的“小橙人”。

（七）智能配送机器人

智能配送机器人是一款针对现代化使用环境开发的智能机器人。具有自主导航行走，自主避障，防跌落，自主语音提示等功能，如菜鸟的“小 G Plus”、小度配送机器人等。作为整个物流系统中末端配送的最后一环，智能配送机器人所具备的高负荷、全天候工作、智能等优点，将为物流行业的“最后一公里”带去全新的解决方案。

（八）供应商管理库存

供应商管理库存（vendor managed inventory, VMI）是在快速响应和有效客户响应基础上发展而来的，其核心思想是供应商通过共享用户企业的当前库存和实际耗用数据，按照实际的消耗模型、消耗趋势和补货策略进行有实际根据的补货。

这一供应链管理方法采用的是一种连续补货策略，由供应商决定什么时候补货，补多少货。需求方与供应商共享需求预测、库存、销售报告等信息是供应商管理库存成功的关键，这种集成化的管理方式可以最大可能地减少由于独立预测的不确定性而导致的物流、信息流和资金流的浪费，降低了供应链的总成本。

任务实施　物流技术应用分析

从众多物流企业中选择一家感兴趣的企业，对该企业运用的物流技术进行分析，了解这些技术的作用，以及对物流时效性、智能化和系统化等的影响。

步骤1　以小组（5～6人为宜）为单位，由团队成员一起确定分析调研的企业。

步骤2　通过文献调查、查阅企业官网等方式，了解所选择企业应用的物流技术，并分析该企业物流的特点，尤其注重分析物流技术对物流时效性、智能化和系统化等的影响，并形成分析报告。

步骤3　各小组推选一名组长，轮流上台阐述自己小组的分析成果，最后由老师综合点评。

项目实训

在电子商务的产业链中，物流配送处于产业链的最前端，直接接触消费者。电子商务物流的发展快慢和服务质量，直接影响电子商务的质量。因此，我国很多电子商务企业使用适合自己的电子商务物流模式，为消费者打造高质量的物流服务。

（一）实训目标

调研京东、当当、菜鸟的物流模式，了解各种物流模式的特点。

（二）实训内容

（1）从互联网上查找资料，分析京东、当当、菜鸟所属的物流模式及自身物流的优缺点，并填写表8-1。

表8-1　企业采取的物流模式的分析

企　业	物流模式	优　点	缺　点
京东			
当当			
菜鸟			

（2）从互联网上查找资料，分析京东、当当、菜鸟采取的物流配送模式和智能物流技术，并填写表 8-2。

表 8-2　企业采取的物流配送模式和智能物流技术分析

企　业	物流配送模式	智能物流技术
京东		
当当		
菜鸟		

项目考核

（一）名词解释

（1）电子商务物流；（2）第三方物流；（3）仓配一体化模式；（4）GIS。

（二）单项选择题

（1）（　　）主要为交易双方提供物流服务，不参与商品交易。

A．自营物流模式　　B．第三方物流模式

C．物流联盟模式　　D．第四方物流模式

（2）不适合采用自营物流模式的是（　　）。

A．中小企业　　B．知名电子商务平台

C．实力强大的经销商　　D．资金实力雄厚的大企业

（3）（　　）是物流配送的核心环节。

A．采购作业　　B．仓储作业

C．配送作业　　D．退货及后续处理作业

（4）（　　）是一种非接触式的自动识别技术，它通过射频信号自动识别目标对象并获取相关数据。

A．条码技术　　B．RFID 技术

C．地理信息系统技术　　D．物联网技术

（三）多项选择题

（1）自营物流模式的代表企业有（　　）。

A. 海尔集团　　B. 淘宝

C. 京东　　D. 菜鸟

（2）常见的电子商务物流模式有（　　）。

A. 自营物流模式　　B. 物流联盟模式

C. 第三方物流模式　　D. 第四方物流模式

（3）电子商务物流配送模式有（　　）。

A. 网络快递模式　　B. 仓配一体化模式

C. 第三方物流模式　　D. 社会化配送模式

（4）智能物流技术有（　　）。

A. 条码技术　　B. RFID 技术

C. 地理信息系统技术　　D. 全球定位系统技术

（四）思考题

（1）简述常见的电子商务物流模式。

（2）简述电子商务物流配送流程。

（3）简述电子商务物流配送模式。

项目评价

学习本项目后，请结合本项目学习情况进行自评、互评和师评，并将评价结果填入表 8-3 中。

表 8-3　项目评价

评价项目	评价内容	评价分数			
		分值	自评	互评	师评
知识（40%）	对物流的定义、电子商务物流的定义和电子商务物流模式等相关知识点的理解和运用程度	20 分			
	对电子商务物流配送流程、模式和智能物流技术等相关知识点的理解和运用程度	20 分			
技能（40%）	为企业选择合适的电子商务物流模式的能力	15 分			
	应用简单的智能物流技术的能力	15 分			
	通过物流相关的微信小程序邮寄快递的能力	10 分			

（续表）

评价项目	评价内容	评价分数			
		分值	自评	互评	师评
素养（20%）	遵守课堂纪律，上课精神饱满	5 分			
	具有自主学习意识，做好课前准备	5 分			
	善于思考，积极参与，勇于提出问题	5 分			
	具有团队合作精神，出色完成小组任务	5 分			
合计	综合分数______自评（25%）+互评（25%）+师评（50%）	100 分			
	综合等级______	指导老师签字__________			
综合评价	最突出的表现（创新或进步）： 还需改进的地方（不足或缺点）：				

项目九 移动电子商务

当前，我国已经全面进入移动互联时代，传统电子商务企业很早就开启了从有线向无线的拓展与完善，移动电子商务成为电子商务发展的核心阵地。移动电子商务并不是对传统电子商务的简单延伸，而是重新定义，如企业自营移动商城、基于零售电商平台的移动商城、基于社交平台的移动商城和基于直播平台的移动商城等，其商业形态和商业思维都与传统电子商务有着巨大的区别。

知识目标

- 了解移动电子商务的定义、特点、应用和我国移动电子商务的发展。
- 了解移动电子商务购物平台的类型。

能力目标

- 能够创建移动网店。
- 能够在兴趣社交 App 上进行移动电子商务活动。

素养目标

- 感受我国移动电子商务的发展速度及先进应用，增强民族自豪感和创新意识。

任务一 了解移动电子商务

任务导入

扫码观看微课视频“移动互联网的商业思维”，然后说一说在移动电子商务中，你认为商家应该怎样转化商业思维来吸引更多的消费者呢。

移动互联网的商业思维

一、什么是移动电子商务

移动电子商务就是利用移动设备连接上互联网并开展电子商务的活动，即利用手机、平板电脑等移动终端设备进行的电子商务活动。

在实际应用中，移动电子商务将互联网、移动通信技术、短距离通信技术及其他信息处理技术完美地结合，使人们可以随时随地在线上，或线上线下结合进行各种交易活动、商务活动、金融活动和综合服务活动，如购物、订票、转账、生活缴费等。从这里可以看出，移动电子商务的“移动”是手段，“商务”是目的，这两者是移动电子商务的重要特征。

二、移动电子商务的特点

移动电子商务作为一种新的电子商务交易模式，其主要特点如下。

（一）广泛性

截至 2022 年 6 月，我国手机网民规模为 10.47 亿，手机网民占整体网民的比例约为 99.6%，移动电子商务用户规模大，市场广泛。

（二）灵活性

移动电子商务是一种可随时随地进行的电子商务活动。同时，移动电子商务的消费场景、支付方式也非常多样。

（三）安全性

计算机需要连接互联网才能发挥电子商务的功能，它有访问和被访问的需求；但是手机却不能随便被另一台设备访问，而且，手机号码与个人实名绑定，在身份认证上的安全性远优于传统电子商务。

（四）定位性

GPS 和 LBS 可以帮助移动电子商务服务提供商更准确地识别用户所在位置，从而向用户提供与其位置相关的信息和服务，如附近的旅游景点、饭店和宾馆等。

（五）创新性

由于移动电子商务领域涉及无线通信、无线接入、软件等技术，并且商务方式更加多元化、复杂化，因而在此领域很容易产生新的技术，移动电子商务领域将是下一个技术创新的沃土。

三、移动电子商务的应用

可以说，移动电子商务是传统电子商务的加强版，其应用领域比传统电子商务更广。接下来介绍移动电子商务的典型应用。

（一）移动购物

数据显示，2011—2021 年，移动购物用户规模呈爆发式增长，其过程经历了两轮快速发展期：第一轮是 2011—2018 年，主要由淘宝“双 11”、京东“618”等电子商务平台的年度优惠活动驱动，各个平台的移动端销售额都超过了 PC 端销售额；第二轮是从 2018 年以来由直播电商、新零售等新型购物模式驱动，网经社电子商务研究中心 2022 年 8 月 10 日发布的《2022 年（上）中国直播电商市场数据报告》显示，2018 至 2021 年，国内直播电商市场交易规模分别为 1 354.1 亿元、4 437.5 亿元、12 850 亿元和 23 615.1 亿元。其中，2018 年直播电商市场交易规模增速高达 589.46%，2019 年、2020 年和 2021 年增速分别为 227.7%、189.58%和 83.78%。

当前，移动购物的典型平台主要是各大传统电子商务平台的 App，如京东 App、淘宝 App、网易严选 App 等。

（二）兴趣社交

兴趣社交是指一群有共同文化背景或兴趣爱好的人结成的社交圈。在 PC 互联网时代，他们聚集于各种论坛（如影视论坛、动漫论坛）；在移动互联网时代，他们聚集于各类以兴趣为主题的社交 App。移动电子商务与兴趣社交的结合，主要是看中了兴趣社交 App 背后所蕴藏的巨大流量。例如，小红书 App 上聚集了大量的年轻人，主打美妆穿搭教程、旅游攻略、美食健身日常等兴趣热点，在人们分享自己穿搭或美妆产品的时候，如果添加一些营销信息，可以达到类似软文营销的效果。

（三）生活服务

移动电子商务的兴起，为一部分难以线上化的线下服务行业打开了电子商务的大门，如从餐饮行业中诞生的网络外卖业务、从交通出行中诞生的共享单车和网约车服务等。数据显示，截至 2022 年 6 月，我国网约车用户规模达 4.05 亿，占网民整体的 38.5%。目前，常见的生活服务类移动电子商务应用有美团 App、饿了么 App、口碑 App、哈啰 App 等。

（四）移动教育

移动教育是指在移动的学习场所或利用移动的学习工具所实施的教育，它是依托移动互联网、移动设备及多媒体技术实现的学生和教师间的交互式教学活动。移动教育包括学前启蒙、高等教育、职业培训、语言学习、数字教育等。当前主流的移动教育平台有网易公开课、腾讯课堂等。

（五）移动办公

移动办公又称“3A 办公”，即办公人员可在任何时间（anytime）、任何地点（anywhere）处理与业务相关的任何事情（anything）。移动办公主要体现为办公人员可以利用手机等移动终端的移动信息化软件处理工作，并通过建立手机终端与计算机互联互通的企业软件应用系统，办公人员可摆脱时间和场所的局限，提高办公的灵活性和协调性。

（六）移动旅游

移动旅游是指用户利用移动终端设备，采用移动支付的方式来完成和旅游产品供应者之间的交易活动。移动旅游电子商务可提供的服务包括旅游信息服务、旅游服务的查询和预订、旅游产品个性化定制等。相对于传统的互联网旅游产品来说，移动旅游的用户可以随时随地获取基于位置的服务，如导航、即时预订酒店房间、即时获取周边景点信息等。目前较为常用的移动旅游应用有携程旅行 App、飞猪旅行 App 等。

（七）移动医疗

移动医疗即移动电子商务与医疗行业的结合。对于一些急症病人来说，在紧急情况下，借助移动通信技术，病人在救护车上就可以和医疗中心的医生进行快速、动态、实时的信息沟通。在无线医疗模式下，病人和医院都可以从中获益，因此双方都愿意为之付费。

素养之窗

2022年1月27日上午，北京市海淀区田村路街道社区居民冰雪项目体验活动启动，中国冰雪运动员移动医疗保障平台是现场最闪亮的那颗“超级明星”，居民们纷纷登车参观并体验冰雪运动员们享受到的移动医疗服务。

热闹的田村路街道冬奥文化体验园现场停放了4辆“巨无霸”，这4辆特种车辆是中国冰雪运动员移动医疗保障平台的主力，包括移动手术车（见图9-1）、移动检测车、移动CT车及移动口腔治疗车，这些车辆外形炫酷，车厢里面就是紧凑的医院诊室、治疗室。

图9-1　移动手术车

冬奥保障办公室医疗组组长宋某介绍，冰雪运动训练基地往往地处偏远地区，特别是许多雪上项目需要在高海拔的亚高原环境下进行训练，而冰雪运动又是非常容易受伤的项目，移动医疗保障平台能满足从检测化验、X光片、CT直至手术的需求，相当于一个“野战医院”，必要的时候还能当作重症监护室，能够很好地救治受伤的冰雪运动员。

（八）移动娱乐

移动娱乐是指基于移动终端的移动游戏类App、移动音乐类App、移动阅读类App、移动视频类App等。以移动游戏为例，2022年上半年，腾讯、网易、字节跳动等企业继续对移动游戏相关产业进行投资，以保持竞争优势，拓展营收渠道，完善产业布局。

四、我国移动电子商务的发展

（一）移动电子商务的发展阶段

随着移动通信技术的发展，我国移动电子商务经历了4个发展阶段。

第一阶段的移动电子商务是以短信为基础的访问技术，这种技术存在着许多严重的缺陷，其中最严重的问题是实时性较差。

第二阶段的移动电子商务采用基于无线应用协议（wireless application protocol, WAP）技术的方式，移动端主要通过浏览器来访问 WAP 网页。由于 WAP 网页访问的交互性和安全性较差，极大地限制了移动电子商务的灵活性和便捷性。

第三阶段的移动电子商务融合了 3G/4G 移动技术、智能移动终端、虚拟专用网络（virtual private network, VPN）、数据库同步及身份认证等多种移动通信、信息处理和计算机网络的前沿技术，安全性和交互性有了极大的提高。

第四阶段的移动电子商务融合了 5G、大数据、人工智能、物联网、VR 和 AR 等新兴技术，实现了移动电子商务高质、高速发展。

（二）移动电子商务的发展现状

截至 2022 年 6 月，我国网民使用手机、台式电脑、笔记本电脑、电视和平板电脑上网的比例分别为 99.6%、33.3%、32.6%、26.7%和 27.6%，以移动终端为载体的移动电子商务用户规模远大于传统电子商务用户规模。

随着移动智能终端的普及，我国移动电子商务用户消费习惯逐渐形成，传统电子商务巨头纷纷布局移动电子商务，众多新型移动电子商务购物平台不断涌现。

截至 2021 年 12 月，我国国内市场上监测到的 App 数量为 252 万款。其中，游戏 App 数量继续领先，达 70.9 万款，占比约为 28%；日常工具类、电子商务类和社交通信类 App 数量分别达 37.0 万款、24.8 万款和 21.1 万款，分列第二至四位，占比共计约为 33%；其他生活服务、教育等十类占比约为 39%。可以预见，移动电子商务将成为各个商务领域的主战场。

任务实施　利用有赞微商城创建移动网店

目前，移动电子商务因其灵活便利、无所不在的特点，已成为电子商务发展的新方向。假设你也想创建一家移动网店，可按下述步骤进行操作。

步骤1 从手机应用商店下载并安装“有赞微商城”App，选择“同意协议”选项，进入“0 元开店”界面（见图 9-2），点击“开启我的线上经营”按钮，输入手机号码后，点击“下一步”按钮，此时提示完成安全验证，输入验证码后，进入“我要开店”界面，如图 9-3 所示。

步骤2 为微店选择主营类目，此处选择“配饰”。页面跳转后为店铺设置地址，然后点击“同意协议并开店”按钮，开店成功，如图 9-4 所示。

图 9-2　“0 元开店”界面

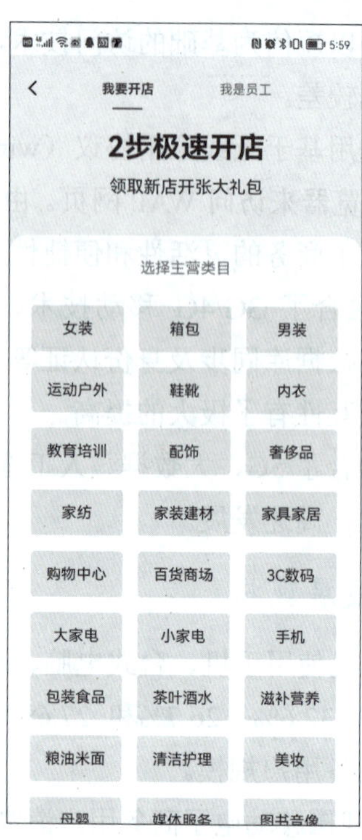

图 9-3　“我要开店”界面

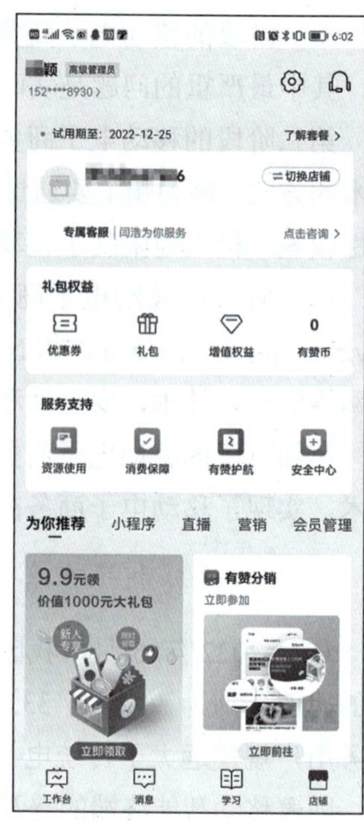

图 9-4　开店成功界面

提　示

开店成功后，你会有一周的店铺试用时间，要想长期经营，可点击“了解套餐”超链接，进入订购页面，此时可根据需要选择基础版、专业版或旗舰版，其中 2022 年专业版每年需 12 800 元。

任务二　了解移动电子商务购物平台

任务导入

扫码观看微课视频“抖音再次进军‘种草’赛道，小红书直面挑战”，然后说一说你知道哪些移动电子商务购物平台。

抖音再次进军“种草”赛道，小红书直面挑战

移动购物是移动电子商务的主要应用领域，越来越多的卖家和企业选择开设移动商城来销售自己的产品。随着移动电子商务的发展，移动商城的形态也呈现多样化趋势，卖家和企业可以根据自己的需求进行选择。

一、企业自营移动商城

随着移动电子商务的兴起，一些有实力的企业纷纷推出了自营的移动商城 App，如华为商城 App、苏宁易购 App 等，如图 9-5 所示。实际上，这类自营移动商城 App 只是企业传统销售渠道在移动端的延伸，与企业现有的传统销售渠道互相配合。企业自营移动商城相当于企业自己开店，不接纳其他企业开店。

二、基于零售电商平台的移动商城

国内最具有代表性的零售电子商务平台企业有淘宝、天猫、京东和拼多多等。它们通过平台的影响力和营销力，吸引商家入驻平台开店，从而使供应商、平台和消费者形成一个供应链生态圈。其中，淘宝 App、手机天猫 App 和京东 App 是传统互联网电子商务平台的移动端，拼多多 App 属于纯粹的移动电子商务平台，它的流量来源基于移动社交软件，没有对应的网站，如图 9-6 所示。

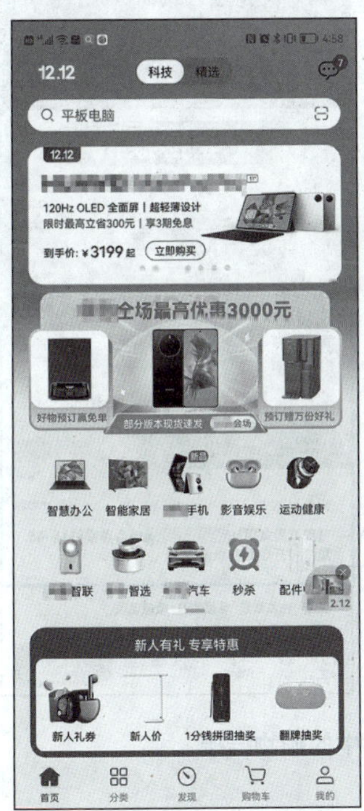

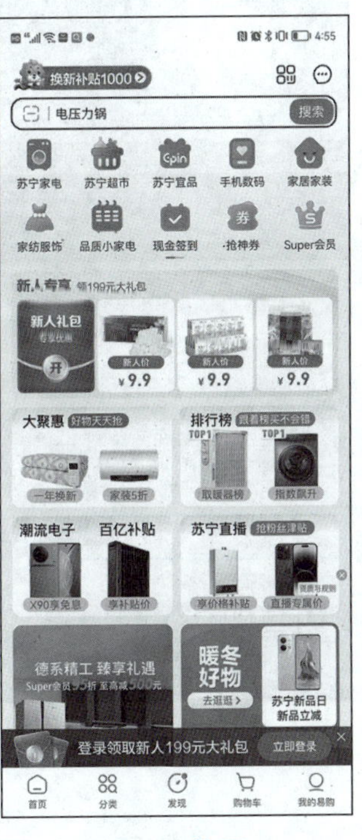

图 9-5 华为商城 App 和苏宁易购 App 首页

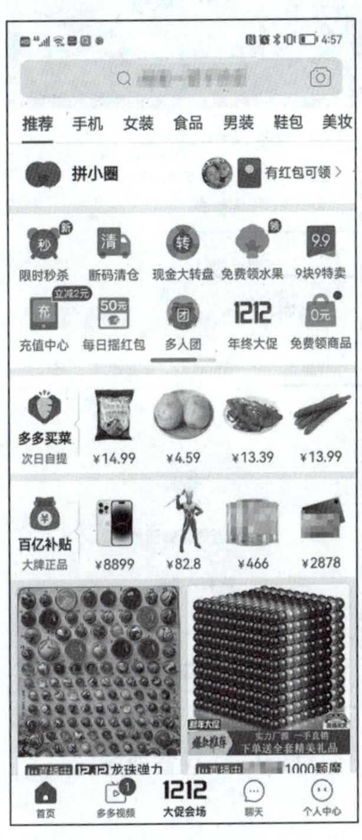

图 9-6 拼多多 App 首页

三、基于社交平台的移动商城

社交平台往往拥有海量的用户，其流量价值无时无刻不吸引着商家的关注。例如，截至 2022 年 6 月 30 日，微信及 WeChat 月活跃用户达 12.99 亿，很多商家都希望创建微信店铺。但是，在微信小程序诞生以前，微信的内置购物功能主要是与京东商城合作，而开店功能则是基于微信公众号平台的公众号店铺，微信 App 上没有交易系统。经过数年发展，微信小程序逐渐发展壮大，商家可以通过移动开店工具（如有赞微商城、微店、微盟等）开设小程序店铺。此外，微信还在 2021 年上线了与京东购物平级的“腾讯惠聚”平台，其类似于小程序版的“天猫商城”，主要接受品牌商家入驻。

四、基于直播平台的移动商城

近年来，直播电商模式逐渐发展成熟，一些直播平台也建立了相应的移动电子商务交易系统。例如，抖音 App 中的“抖音商城”（见图 9-7），抖音 App 的用户可以通过“抖音小店”创建自己的“抖店”，并在直播或短视频界面展示抖店链接，如图 9-8 所示。

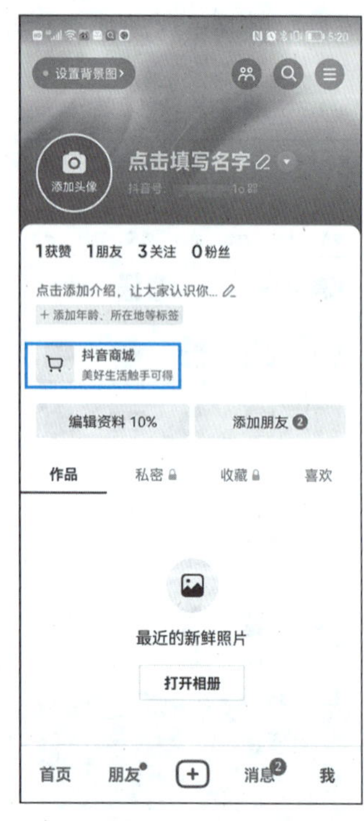

图 9-7 抖音商城

图 9-8 短视频作品中的购物链接

任务实施 在小红书 App 上体验社交电商

小红书 App 是一个生活方式分享社区，主要为消费者提供生活资讯和消费决策参考，旗下设有电商业务。如果你也想在小红书上体验社交电商，可按下述步骤进行操作。

（一）下载并登录小红书 App

步骤1 在手机上下载并安装小红书 App，然后通过手机号码登录账号，如图 9-9 所示。

步骤2 在切换的页面中选择自己感兴趣的内容，如图 9-10 所示。点击“下一步”按钮即可进入小红书 App 主页，如图 9-11 所示。

图 9-9 登录账号

图 9-10 选择感兴趣的内容

图 9-11 小红书 App 主页

（二）搜索购物推荐并与“种草”达人对话

小红书 App 的内容来源有 3 种：普通用户生成的内容（user generated content, UGC）、专业性较强的用户或商家生成的内容（professional generated content, PGC），以及明星达人生成的内容（professional user generated content, PUGC）。其中，UGC 占比最高，也是社区最主要的内容来源，它们都是基于用户真实感受和体验的原创内容，用户的信任度比较高。

步骤1 点击主页顶部右侧的搜索按钮，在输入框中输入自己感兴趣的产品名称，如“化妆品收纳盒”，搜索相关的产品推荐，选择任意一款产品推荐查看产品详情，如图 9-12

所示。

步骤2 如果对产品感兴趣并有意愿进一步了解，可在产品下方留言评论，如图 9-13 所示。同时，也可以关注“达人”账号并与其进行对话，如图 9-14 所示。

图 9-12 查看产品推荐

图 9-13 留言互动

图 9-14 关注“达人”并对话

（三）发布一篇自己的产品推荐

每个人都可以无门槛地在小红书上查看产品推荐，也可以发布自己的“攻略”，很多商家借此推广自己的商品。此外，小红书也开辟了专门的商城频道。

步骤1 浏览若干感兴趣的产品后，返回首页，点击界面底部的“+”号按钮，在手机相册里选择相关的产品图片，然后利用小红书提供的相关功能对图片进行简单的编辑或说明。这里，以试着向网友推荐一家不错的饭店为例，上传饭店相关的内容，如图 9-15 所示。注意，在编写标题和设置话题时一定要选好类别，这样才能准确地找到目标用户。

步骤2 返回小红书首页，选择界面底部的“购物”选项，进入小红书商城，如图 9-16 所示。在商城里随便逛逛吧！

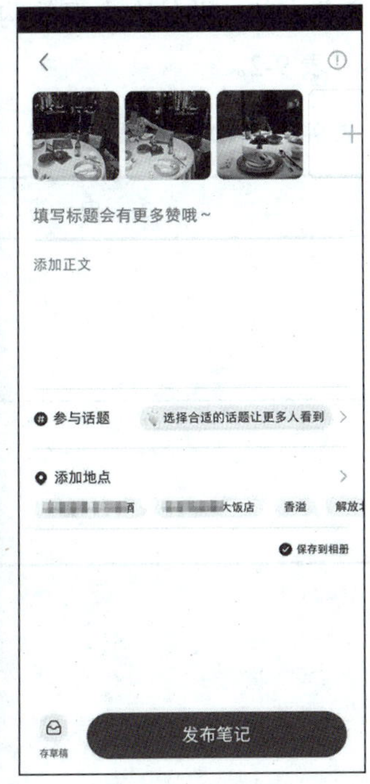

图 9-15　编辑推荐产品的信息

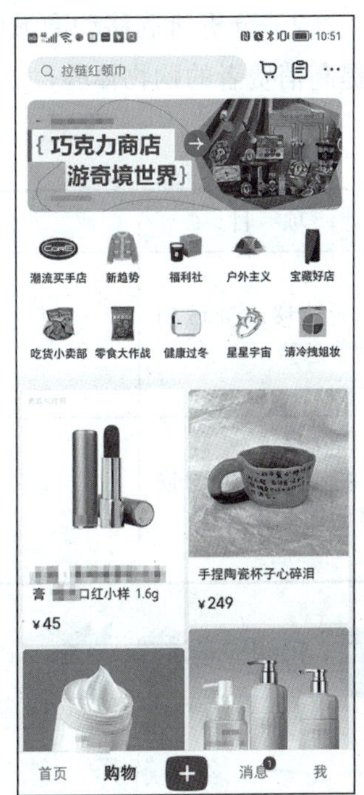

图 9-16　小红书商城界面

项目实训

（一）实训目标

调研自己感兴趣的移动商城情况，进一步理解移动电子商务的特点。

（二）实训内容

（1）从互联网上查找自己感兴趣的移动商城的资料，分析所选移动商城所属的类型及其特点，并填写表 9-1。

表 9-1　移动商城的类型及其特点

名　称	类　型	特　点

（2）分析所选移动商城的竞争态势，并结合自己的购物经历，谈谈该移动商城应如何提高消费者的购物体验，并填写表 9-2。

表 9-2　移动商城的竞争态势

项　目	内　容
所选移动商城的竞争态势	
提高消费者购物体验的途径	

项目考核

（一）名词解释

（1）移动电子商务；（2）兴趣社交；（3）移动教育；（4）移动旅游。

（二）单项选择题

（1）移动电子商务就是利用（　　）连接上互联网并开展电子商务的活动。

A．移动设备　　B．计算机
C．通信设备　　D．电子设备

（2）（　　）是纯粹的移动电子商务平台。

A．京东 App　　B．手机天猫 App
C．淘宝 App　　D．拼多多 App

（3）第（　　）阶段的移动电子商务采用基于无线应用协议（wireless application protocol, WAP）技术的方式，移动端主要通过浏览器来访问 WAP 网页。

A．一　　B．二
C．三　　D．四

（4）抖音 App 上线的“抖音商城”属于（　　）。

A．企业自营移动商城
B．基于零售电商平台的移动商城
C．基于社交平台的移动商城
D．基于直播平台的移动商城

（三）多项选择题

（1）移动电子商务的特点有（　　）。

A．广泛性　　B．灵活性

C．安全性　　D．创新性

（2）移动电子商务的应用有（　　）。

A．移动购物　　B．兴趣社交

C．移动医疗　　D．移动旅游

（3）基于零售电商平台的移动商城 App 有（　　）。

A．京东 App　　B．手机天猫 App

C．淘宝 App　　D．拼多多 App

（4）企业自营移动商城的典型应用有（　　）。

A．小米商城 App　　B．苏宁易购 App

C．淘宝 App　　D．拼多多 App

（四）思考题

（1）简述移动电子商务的特点。

（2）移动电子商务的应用有哪些？

（3）简述我国移动电子商务的发展阶段。

（4）简述移动电子商务购物平台的类型。

项目评价

学习本项目后，请结合本项目学习情况进行自评、互评和师评，并将评价结果填入表 9-3 中。

表 9-3　项目评价

评价项目	评价内容	评价分数			
		分值	自评	互评	师评
知识（40%）	对移动电子商务的定义、特点、应用和我国移动电子商务的发展等相关知识点的理解和运用程度	20 分			
	对移动电子商务购物平台的类型等相关知识点的理解和运用程度	20 分			
技能（40%）	创建移动网店的熟练度	20 分			
	在兴趣社交 App 上进行移动电子商务活动的熟练度	20 分			

（续表）

评价项目	评价内容	评价分数			
		分值	自评	互评	师评
素养（20%）	遵守课堂纪律，上课精神饱满	5 分			
	具有自主学习意识，做好课前准备	5 分			
	善于思考，积极参与，勇于提出问题	5 分			
	具有团队合作精神，出色完成小组任务	5 分			
合计	综合分数______自评（25%）+互评（25%）+师评（50%）	100 分			
	综合等级______	指导老师签字__________			
综合评价	最突出的表现（创新或进步）： 还需改进的地方（不足或缺点）：				

项目十

跨境电子商务

项目导读

近年来，我国跨境电子商务交易规模迅速递增，跨境电子商务被视为我国对外贸易转型升级的新引擎。随着关税、物流、支付等各个环节的不断完善及政府优惠政策的不断推出，跨境电子商务强劲的发展势头在未来较长时期内还将延续下去。

知识目标

- 了解跨境电子商务的定义、分类、交易流程、支付方式和物流。
- 了解跨境电子商务的主流平台。

能力目标

- 能够合理选择跨境支付方式。
- 能够注册跨境电子商务交易平台的卖家账号。

素养目标

- 树立大国自信、建立家国情怀，具备接力跨境电子商务发展的使命感。
- 培养在跨境电子商务方面的创新意识。

任务一 了解跨境电子商务

任务导入

扫码观看微课视频“2022 年（上）中国跨境电商市场数据报告分析”，然后说一说你所理解的跨境电商是什么，并说一说你知道哪些跨境电商平台。

2022 年（上）中国跨境电商市场数据报告分析

一、什么是跨境电子商务

跨境电子商务，是指分属不同关境的交易主体通过电子商务平台达成交易，进行支付结算，并通过跨境物流及异地仓储送达商品，从而完成交易的一种国际商业活动。实际上，跨境电商就是把传统国际贸易加以网络化、电子化的新型贸易方式。

提　示

关境又称海关境域或税境，是一个国家或地区行使海关主权的执法空间。交易主体分属不同关境是指商品的销售需要“过海关”。

与国内电子商务相比，跨境电子商务的业务环节更多，新增了海关通关、检验检疫、外汇结算等环节。

二、跨境电子商务的分类

按照不同的分类标准，跨境电子商务可以分为不同的类型。

（一）按照交易主体属性分类

按照交易主体属性分类，跨境电子商务主要有 B2B、B2C 和 C2C 三类，如表 10-1 所示。

表 10-1 跨境电子商务按照交易主体属性分类

平台类型	平台简介	平台示例
B2B	企业对企业的跨境电子商务，即分属不同关境的企业之间通过互联网进行商品或服务的交易	敦煌网和阿里巴巴国际站等
B2C	企业对用户的跨境电子商务，即企业以网上零售的方式将商品或服务直接售卖给境外用户	全球速卖通和亚马逊等
C2C	用户对用户的跨境电子商务。C2C 模式是跨境电子商务发展的初级阶段	eBay 的早期阶段

（二）按照进出口方向分类

按照进出口方向分类，跨境电子商务可以分为进口跨境电子商务和出口跨境电子商务。

我国的进口跨境电子商务经历了 3 个发展阶段，各个发展阶段的特点如表 10-2 所示。目前，进口跨境电子商务平台主要有天猫国际、考拉海购、京东全球购、聚美优品、洋码头、小红书等。

表 10-2 进口跨境电子商务的发展阶段及特点

阶 段	特 点
1.0 时代（代购时代）	这一阶段是进口跨境电商的发展初期，消费群体比较小众，跨境网购普及度不高。消费者主要通过海外买手、职业代购购买进口产品。这一消费模式周期长、价格高，而且产品的真伪及质量难以保障
2.0 时代（海淘时代）	在这一时期，形成了常规的买方市场和卖方市场。进口跨境电商市场开始形成，消费群体也开始扩大，商品的品类丰富多样起来，不断开始有进口跨境电商平台成立，逐渐开始有消费者选择通过进口跨境电商平台购买进口产品。跨境网购用户的消费渠道逐渐从海淘代购转向进口跨境电商平台
3.0 时代（跨境进口时代）	2015 年，随着政策变更及社会经济的发展，进口跨境电商加速发展，跨境购物开始走向规范化。随着进口跨境电商的合法化，越来越多的消费者选择在进口跨境电商平台购买海外产品。各类模式的进口跨境电商平台出现，满足了消费者消费需求，跨境网购走向常态化。消费者对商品品质、品类追求逐渐提升

我国跨境电子商务以出口为主，2022 上半年中国跨境电子商务的进出口结构上，出口占比达到 77.47%，进口占比为 22.53%。目前，出口跨境电子商务平台主要有阿里巴巴国际站、敦煌网、全球速卖通、兰亭集势等。

（三）按照运营方式分类

按照电子商务平台运营方式分类，跨境电子商务可以分为第三方开放平台型和自营型两种，如表 10-3 所示。

表 10-3 跨境电子商务按照运营方式分类

平台类型	平台简介	平台盈利模式	平台示例
第三方开放平台型	通过搭建线上商城，并整合物流、支付、运营等服务资源，吸引商家入驻，为其提供跨境电子商务交易服务	以收取商家佣金为主要盈利模式	eBay、全球速卖通、亚马逊、Wish、敦煌网
自营型	平台方整合供应商资源，通过较低的进价采购商品，然后在自身平台出售商品赚取差价	以赚取商品差价为主要盈利模式	兰亭集势、米兰网、考拉海购

（四）按照业务专业性分类

按照电子商务平台业务专业性分类，跨境电子商务可以分为垂直型跨境电子商务与综合型跨境电子商务。

其中，垂直型跨境电子商务专注于某些特定的领域或特定的商品品类，如米兰网的宗旨是做最专业的服装跨境电商 B2C 平台；综合型跨境电子商务是一个与垂直型跨境电子商务相对应的概念，它所销售的商品种类繁多，涉及多个行业，如全球速卖通、亚马逊等。

三、跨境电子商务的交易流程

跨境电子商务兼具一般电子商务和传统国际贸易的双重特性，涉及国际运输、进出口通关、国际支付与结算等环节。以出口跨境电子商务为例，其交易流程如图 10-1 所示。

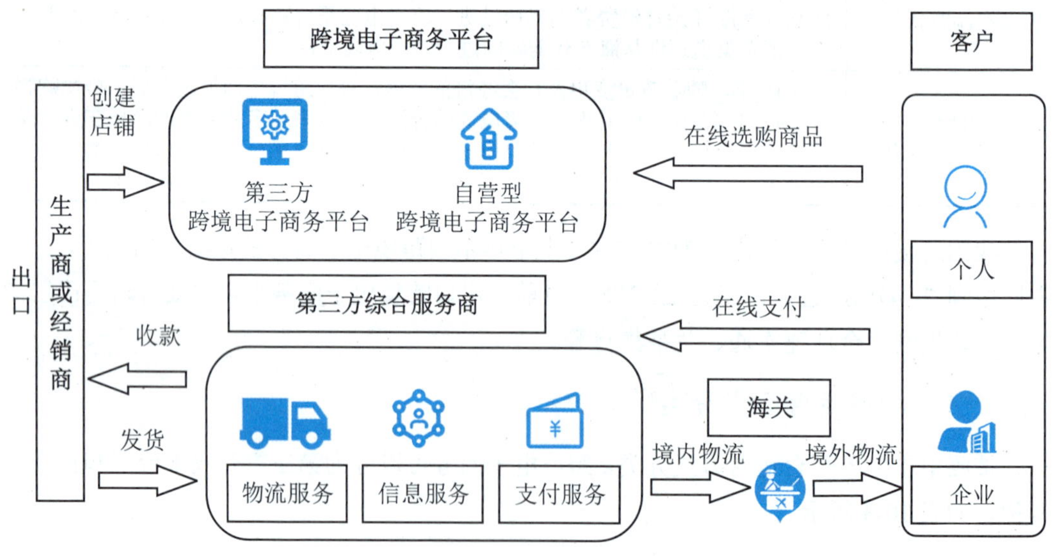

图 10-1 出口跨境电子商务的交易流程

出口时，生产商或经销商将商品通过跨境电子商务平台网站进行线上展示，在商品被选购下单并完成支付后，将商品交付给境内物流企业进行投递，经过出口国和进口国的海关通关商检后，最终经由境外物流企业送达个人或企业手中。

在实际操作中，有的跨境电子商务企业直接与第三方综合服务商合作，让第三方综合服务商代办物流、通关商检等环节的手续；也有的跨境电子商务企业通过设置海外仓等方法简化跨境电子商务部分环节的操作，但其流程仍不脱离以上框架。

进口跨境电子商务的流程除了与出口跨境电子商务的流程相反之外，其他内容基本相同。

四、跨境电子商务支付方式

跨境支付是指两个或两个以上国家或地区之间因国际贸易、国际投资及其他方面发生的国际债权债务，借助一定的结算工具和支付系统实现资金跨国和跨地区转移的行为。例如，我国买家在网上购买国外卖家的产品或国外买家购买我国卖家的产品时，由于币种不同，就需要通过一定的结算工具和支付系统实现两个国家之间的资金兑换，最终完成交易。

在跨境电子商务交易中，支付方式多种多样，包括银行汇款支付（主要是电汇）、信用卡支付、第三方支付等。

（一）电汇

电汇（telegraphic transfer, T/T）是最为典型的一种商业银行跨境汇款，适合大额跨境电子商务交易。电汇主要依靠环球银行间金融电讯网络的电文来完成银行间的信息传递。该网络由环球银行金融电信协会（society for worldwide interbank financial telecommunications, SWIFT）运营，全世界几乎所有的重要金融机构都是该系统的成员。我国是 SWIFT 会员国，中国银行、中国工商银行、中国农业银行、中国建设银行、交通银行等均加入了 SWIFT 组织，开通了 SWIFT 网络系统服务。

（二）信用卡支付

信用卡支付也是跨境电子商务主要支付方式之一。现在绝大部分的跨境电子商务平台通过与威士国际组织（visa international service association, VISA）和万事达卡国际组织（mastercard international）合作，或直接与海外银行合作，开通接收海外银行信用卡支付的端口。

（三）第三方支付

目前，第三方支付已经广泛介入跨境支付行业，如 PayPal 和支付宝等。第三方支付促进了跨境支付交易选择的多样化，为跨境支付交易者带来了便利，推动了跨境电子商务的发展。

第三方跨境支付可以实现更快到账，快速回款，不仅大大降低了商家的汇率损失风险，同时保证了其资金得以正常运转。此外，银行电汇存在手续费高昂、流程繁琐的痛点，第三方跨境支付机构则通过聚集多笔小额跨境支付交易，有效降低交易成本，非常适用于金额小、数量多的跨境电子商务交易。

五、跨境电子商务物流

跨境物流是跨境电子商务贸易中的重要一环，它主要解决了如何将产品送到消费者手上的问题。由于跨境物流相比国内物流的环节更多、价格差异更大、配送时间更长，因此需要卖家合理地利用和整合物流资源，以便降低交易成本及提高买家的购物体验，最终提升企业或产品的市场竞争力。下面主要介绍 B2C 跨境电子商务进出口物流情况。

（一）B2C 跨境电子商务进口物流

B2C 跨境电子商务进口物流的常用模式有保税备货和海外直邮两种，如图 10-2 所示。

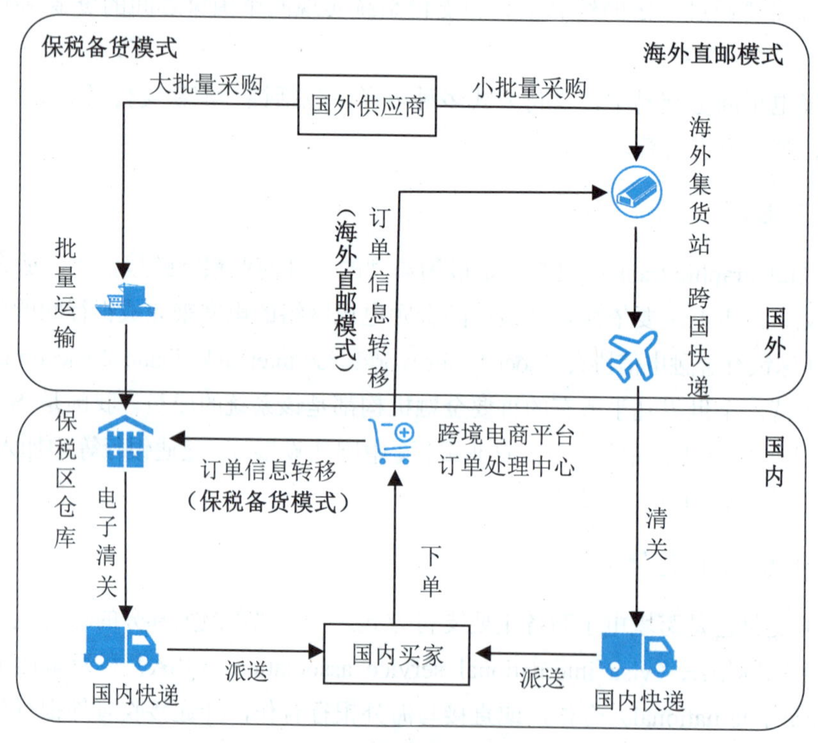

图 10-2　B2C 跨境电子商务进口物流的常用模式

1．保税备货模式

保税备货模式的操作流程为：跨境电子商务平台在海外大批量集中采购产品，然后将产品预先通过海运、空运或陆运等批量物流方式运送回国，产品入境后集中存储在保税区仓库。待销售后台接到订单后，利用电子清关，直接由保税区发货，通过国内快递将产品派送至买家手中。

知识拓展

通关又叫清关、结关，是指进出口货物和转运货物进入或出口到一国海关关境或国境时必须向海关申报，办理海关规定的各项手续，履行各项法规规定的义务。只有在履行各项义务，办理海关申报、查验、征税、放行等手续后，货主或申报人才能提货。

报关是指货物、行李和邮递物品、运输工具等在进出关境时，由其所有人或其代理人向海关申报，交验规定的单据、证件，请求海关办理进出口有关手续的全过程。报关是通关的流程之一，但与通关有所区别。报关是单向的，仅指申报人向海关进行申报的这一段流程。

跨境电子商务企业可以通过通关服务平台实现通关一次申报，同时海关、税务、检验检疫、市场监管等部门也可通过通关服务平台获得跨境电子商务的相关信息，并对跨境交易实现全流程监管。

保税备货模式的优势有：① 派送周期短，客户体验大大改善；② 大批量运输，物流成本低；③ 通关能力强，全程信息可跟踪，可采用电子通关，渠道正规；④ 经销受到市场检验认可的爆款产品及大众产品时优势明显。

保税备货模式的劣势有：① 产品的品类比较单一；② 资金回流速度慢。

保税备货模式适用于品类单一、实力雄厚的大型国内代购平台。代表平台有天猫国际、唯品会、聚美优品、美悦优选等。

2. 海外直邮模式

海外直邮模式的操作流程为：跨境电子商务平台从国外供应商处进行小批量的采购，然后将其集中存放在海外集货站（海外仓）。当国内买家下单（或集合多人订单）后，由集货站通过国际快递将产品直接邮寄给买家（跨国快递负责将产品递送到国内口岸，清关后由合作的国内物流企业进行派送）。

海外直邮模式的优势有：① 产品品类丰富，可为买家提供稀缺、优质、新奇的全球产品，以满足其个性化购物需求；② 没有任何第三方中转，可避免“假货”“掉包”现象。

海外直邮模式的劣势有：① 物流成本较高；② 派送周期长；③ 需要建设海外集货站。

海外直邮模式适用于品类多样的大型综合类跨境电子商务平台及综合类代购网站。代表平台有京东国际、考拉海购等。

（二）B2C 跨境电子商务出口物流

B2C 跨境电子商务出口物流所进行的国际货运大多以快递包裹和各种专线为主；有实力的卖家还会在国外设立海外仓，以提供更加便宜、快捷的物流派送服务。

1. 邮政物流

跨境电子商务出口业务 70%的包裹都通过邮政物流投递，其中中国邮政占据 50%左右的市场份额。中国邮政提供的服务包括中国邮政小包和大包、e 邮宝（ePacket）、邮政特快专递服务（express mail service, EMS）等。

邮政物流覆盖面特别广，基本上全世界的国家都加入了万国邮政联盟（universal postal union, UPU），并且联盟成员均承诺提供基础服务并只收取较为低廉的费用。

2. 商业快递

自 TNT 快递（TNT Express）被联邦快递（FedEx）收购后，四大国际快递巨头只剩下 3 个：敦豪快递（DHL）、联合包裹速递服务（UPS）和 FedEx。以 UPS 为例，其主要提供 4 种快递服务：一是全球特快加急；二是全球特快；三是全球速快（俗称“红单”）；四是全球快捷（俗称“蓝单”）。其中，全球特快加急资费最高，速度最快；全球快捷价格最低，速度最慢。

3. 国际专线

国际专线与传统物流（包括邮政物流和商业快递）的不同之处在于一个“专”字，一般是通过航空包舱的方式将货物运输到国外，再通过合作的物流公司进行目的国国内的派送。国际专线通过规模效应来降低物流成本，总体时效比邮政物流快，比国际快递慢。

以全球速卖通平台为例，其主要采用的国际专线有菜鸟大包专线（针对俄罗斯 31 kg、欧洲 20 kg 及以下大包）、Aramex 中东专线、4PX 新邮挂号小包等。

4. 海外仓

跨境电子商务海外仓指在除了本国以外的其他国家建立仓库。海外仓服务是指由网络电商交易平台、物流服务商独立或共同为卖家在销售目的地进行仓储、分拣、包装及配送的一站式控制及管理服务。卖家将货物提前存储到当地仓库，当买家有需求时，可第一时间做出响应，提高物流时效，同时提升了买家购物体验。

素养之窗

2022 年《政府工作报告》中提出“加快发展外贸新业态新模式，充分发挥跨境电商作用，支持建设一批海外仓。”跨境电商海外仓凭借“本土化销售、去中间商、配送时效高”等特性，大大便利了国内出口企业直接面向海外终端消费者，加快了对外贸易由单纯的加工制造出口向提供全球定制化供应链服务的转变，对于国内外贸企业充满吸引力。据统计，目前宁波至少已有 62 家企业在全球 23 个国家（地区）建设经营海外仓 217 个，总面积超过 280 万平方米。

宁波海关将落实《政府工作报告》要求，继续大力推动跨境电商创新发展，积极拓展海外仓出口物流通道，支持企业开通全货机航线、海运快船等跨境电商物流专线，深化空海、空空、邮铁、空邮出口转关，支持建设一批前置仓、海外仓，打通生产端到贸易端，助力宁波海外仓规模继续保持全国领先。

任务实施 注册 PayPal 个人账户

PayPal 是全球使用最为广泛的第三方跨境支付工具之一，即时支付，即时到账，并且买家只需要一个邮箱便能注册，开户免费。假设你是跨境电子商务买家，需要注册 PayPal 个人账户，可按下述步骤进行操作。

步骤 1 在浏览器中访问 PayPal 官方网站（https://www.PayPal.com），进入 PayPal 主页面（见图 10-3），单击“注册”按钮。

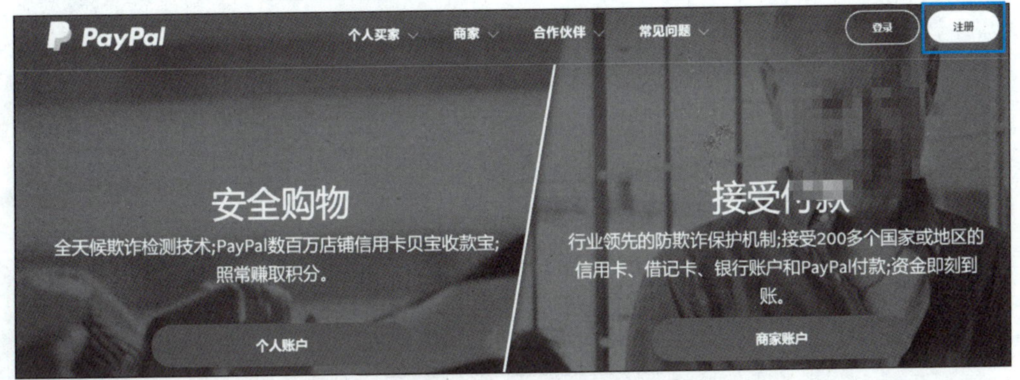

图 10-3 PayPal 主页面

步骤 2 在弹出的对话框中，系统默认选中“个人账户”的单选钮，单击“下一步”按钮，进入“注册 PayPal 账户”页面（见图 10-4），填写手机号码后，单击“下一步”按钮。在跳转的页面中输入验证码后，进入“设置您的用户信息”页面（见图 10-5），按提示填写用户信息。填写完成后，单击“下一步”按钮。

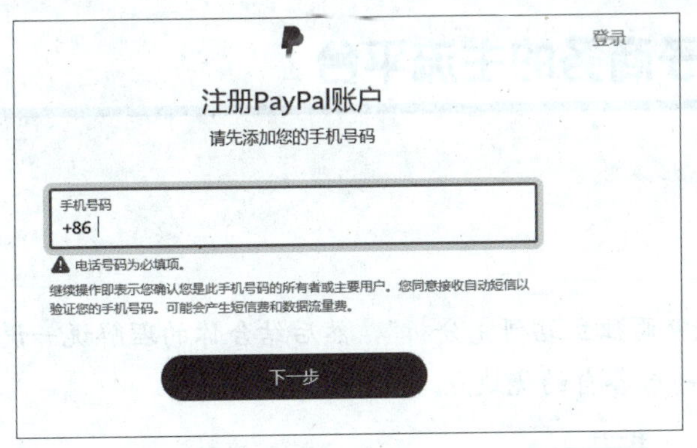

图 10-4 “注册 PayPal 账户”页面

图 10-5 “设置您的用户信息”页面

步骤 3 在跳转的“添加您的地址”页面（见图 10-6）中，按提示填写地址信息，选中最下方确认相关信息的复选框，然后单击“同意并创建账户”按钮，PayPal 个人账户即创建成功。

添加您的地址

正确信息有助于保护您和PayPal免受欺诈。

出生日期

身份证件类型 身份证

身份证件号码

邮政编码

省/直辖市

市

地址第1行

地址第2行

激活One Touch™

接收PayPal发送的促销和优惠。您随时可以更改此设置。

您确认您已阅读、同意并接受PayPal《用户协议》和《隐私政策》，且您已年满18周岁。您同意在线接收这些规则。

同意并创建账户

图 10-6 “添加您的地址”页面

任务二 了解跨境电子商务的主流平台

任务导入

扫码观看微课视频“中国跨境电商独立站研究分析”，然后结合你的理解说一说跨境电商独立站和跨境电商第三方平台各自的优缺点。

扫一扫

中国跨境电商独立站研究分析

跨境电子商务平台的主要作用是信息展示、在线匹配和撮合。对于跨境电子商务卖家来说，在线渠道多元化是拓展网络营销渠道和规模的重要途径。对于某些商品或品牌来说，选择合适的目标市场进行深耕细作也是一种策略。跨境电子商务各大平台都有自己的特点、行业优势及客户群。因此，选择适合自己的跨境电子商务平台就显得尤为重要。目前，典型的跨境电子商务平台有全球速卖通和敦煌网等。

知识拓展

在跨境电子商务平台注册店铺，上架商品，平台会收取相关费用，还有很多规则限制，并存在封店风险。因此，目前越来越多跨境电子商务商家选择做跨境独立站。

跨境电子商务独立站是指由跨境电子商务网站管理者完全独立运营的在线交易平台，包括有网站域名、独立服务器及独立网站程序。

与第三方平台卖家相比，独立站卖家可以更自由地实现个性化运营，不用遵守平台的条款和限制；更重要的是，独立站卖家可以用自身的流量积累实现二次营销、二次转化，提高消费者品牌忠诚度和品牌溢价转化率。

一、全球速卖通

全球速卖通（AliExpress）是阿里巴巴集团旗下面向全球市场打造的在线交易平台，其业务模式主要是 B2C。全球速卖通帮助中小企业接触海外终端消费者，又被广大卖家称为跨境版“天猫”。全球速卖通买家首页如图 10-7 所示。

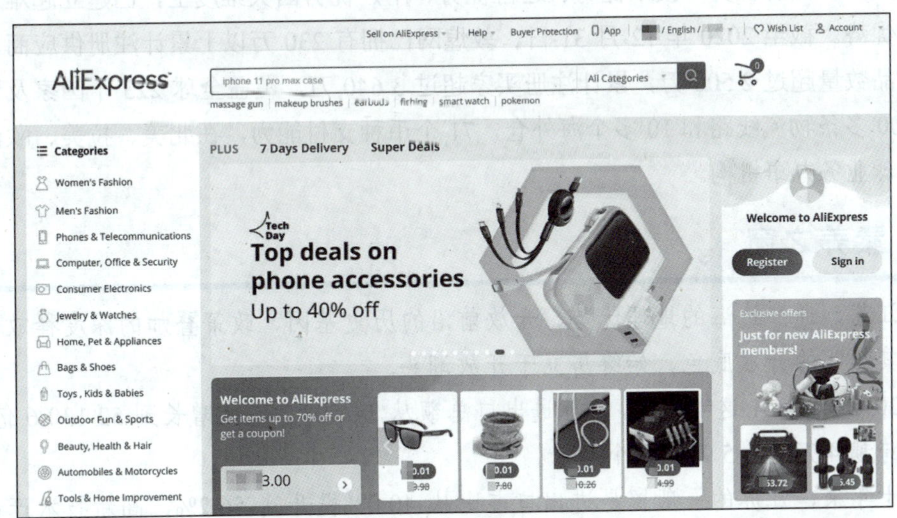

图 10-7 全球速卖通买家首页

全球速卖通于 2010 年 4 月上线，经过 10 多年的高速发展，活跃买家遍布全球 240 多个国家和地区，平台共计拥有超过 34 万个店铺，交易额超过 100 亿美元。

二、敦煌网

敦煌网（见图 10-8）于 2005 年正式上线，是我国 B2B 跨境电商领跑者。通过整合传统外贸企业在关检、物流、支付、金融等领域的生态圈合作伙伴，敦煌网打造了集相关服务于一体的全平台、线上化外贸闭环模式，极大地降低了中小企业对接国际市场的门槛，不仅赋能国内中小产能，也惠及全球中小微零售商，并成为两者之间的最短直线。

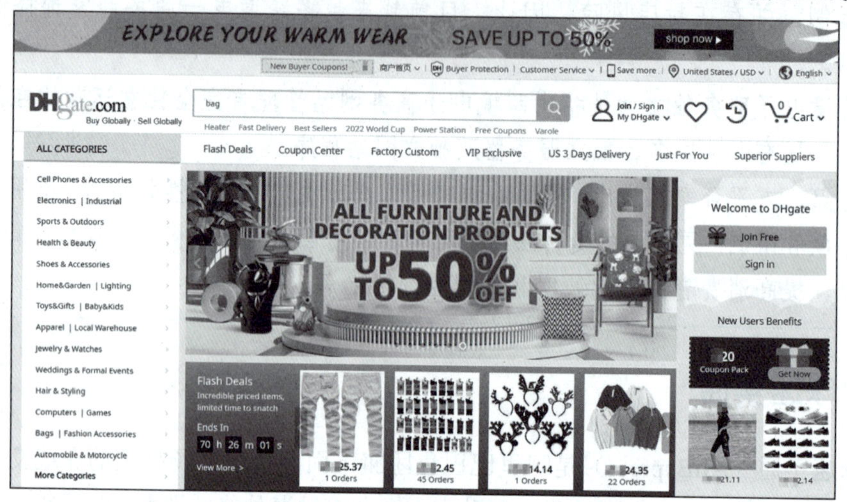

图 10-8　敦煌网买家首页

敦煌网在品牌优势、技术优势、运营优势、用户优势四大维度上，已建立起难以复制的竞争优势。截至 2020 年 12 月 31 日，敦煌网已拥有 230 万以上累计注册供应商，年均在线产品数量超过 2 500 万，累计注册买家超过 3 640 万，覆盖全球 223 个国家及地区，拥有 100 多条物流线路和 10 多个海外仓，71 个币种支付能力，在北美、拉美、欧洲等地设有全球业务办事机构。

素养之窗

江苏，通江达海的地理优势、开放前沿的历史基因、政策叠加的深度释放，造就了其鲜明的开放底色，始终勇立于开放潮头。

2012 到 2021 这十年来，江苏进出口总额从 34 598.2 亿元增长到 52 130.6 亿元，连续跨越 4 万亿、5 万亿两个台阶。

十年来，江苏的一般贸易进出口占比从 40.0%提升到 56.2%，高新技术产品出口的比重提升了 6.64 个百分点，江苏在全球要素分工体系中的地位不断攀升，对外贸易的结构持续优化。

十年来，江苏有进出口实绩的企业增长了3.6万家，达8.1万家，企业"走出去"的足迹已遍及172个国家和地区，民营企业占比从26.0%提升到38.5%，外贸市场主体活力持续激发。

2019年8月，中国（江苏）自由贸易试验区巨轮起航。南京海关推出27项制度创新举措，复制推广48项自贸试验区改革试点经验，助力江苏自贸"试验田"结出累累"创新果"。

2021年10月，金陵海关与金融部门合力创新的"海外仓离境融"金融产品落地，向海外仓出口企业提供融资支持。首家试点企业美达环球科技产业有限公司总经理表示，通过"海外仓离境融"项目，企业资金回笼周期从180天压缩到3天，极大地缓解了公司的流动资金压力。

任务实施 注册全球速卖通的卖家账号

全球速卖通现已成为我国最大的跨境电商平台，流量瞩目，海外成交买家数量突破1.5亿。假设你作为一个开拓海外市场的卖家，想要注册全球速卖通的卖家账号，可按下述步骤进行操作。

步骤1 在浏览器中访问全球速卖通官网（https://www.aliexpress.com），将鼠标指针移至右上角的"Account"上方，在弹出的下拉列表中单击"Register"按钮，如图10-9所示。

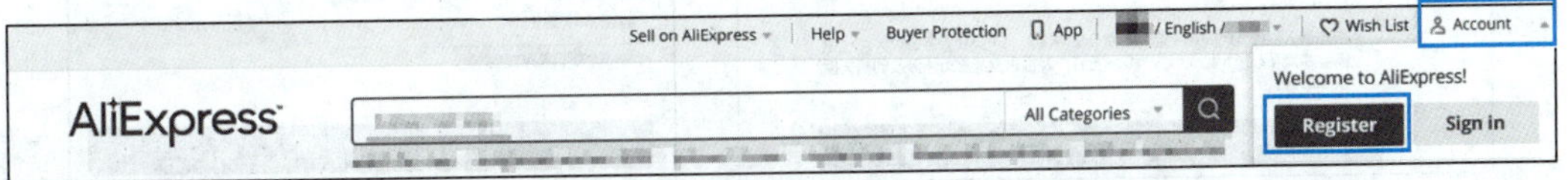

图10-9 单击全球速卖通首页中的"Register"按钮

步骤2 在弹出的对话框中单击"点此注册卖家账号"超链接，此时页面会跳转至注册流程，如图10-10所示。

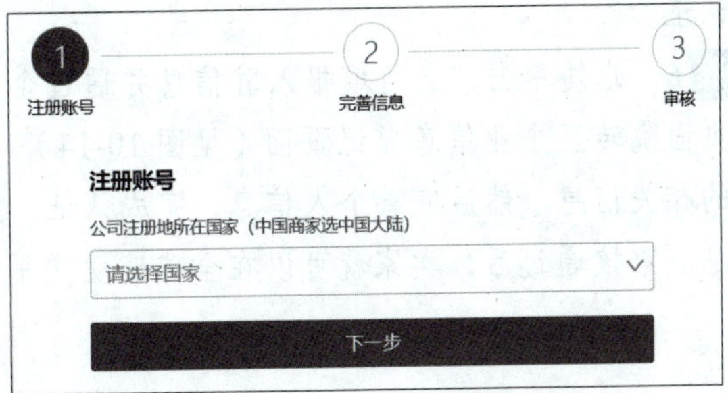

图10-10 单击"点此注册卖家账号"超链接，进入注册流程

步骤3 在“请选择国家”下拉列表中，选择“中国（大陆）”选项，此时页面上会自动出现相关信息填写栏。输入电子邮箱地址、登录密码、密码确认、手机号码后，选中同意相关授权和协议的单选钮，最后单击“下一步”按钮，如图10-11所示。

步骤4 页面弹出“验证手机”对话框，如图10-12所示。将手机收到的验证码输入到文本框后单击“提交”按钮，此时弹出“添加邮箱登录名”对话框，同时全球速卖通会发送一封含有验证码的邮件至刚刚填写的电子邮箱。打开电子邮箱获取验证码，输入验证码后单击“提交”按钮。此时提示“电子邮箱已经注册，请使用邮箱进行登录”，即全球速卖通的卖家账号注册成功。

图10-11 填写账号信息

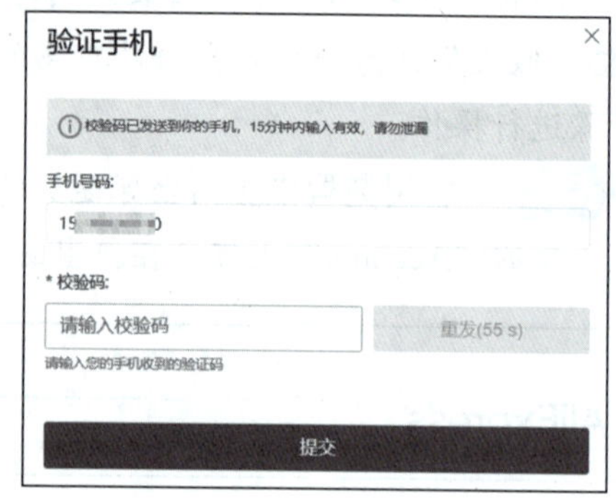

图10-12 验证手机

步骤5 单击页面顶部“卖家登录”超链接，在弹出的对话框中输入账号名和登录密码，单击“登录”按钮。随即进入企业实名认证阶段，如图10-13所示。在这里，卖家可以通过“企业支付宝授权认证”或“自行填报入驻信息并通过企业法人授权认证”方式进行实名认证。

步骤6 此处单击“自行填报入驻信息并通过企业法人授权认证”区域的“去认证”按钮，页面跳转至企业信息登记页面（见图10-14），按照要求上传“营业执照”照片，填写企业的相关信息。然后完善个人信息，完成认证。此后全球速卖通平台工作人员会审核相关信息。审核通过后，卖家就可以在全球速卖通平台上开店了。

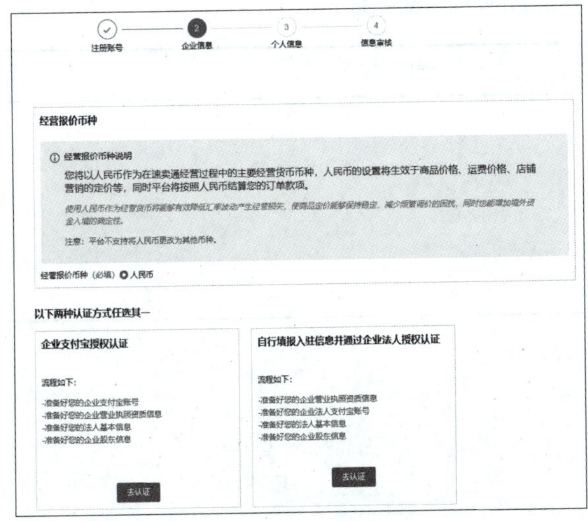

图 10-13　企业实名认证

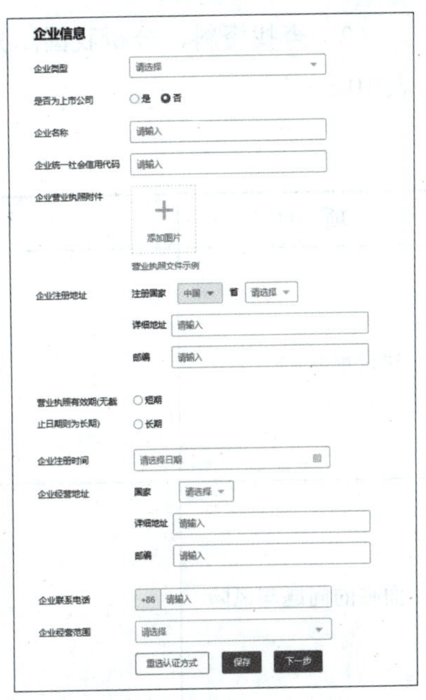

图 10-14　填写企业信息

项目实训

海外仓模式具有提前备货、配送时效高、本土化服务、供应链保障等优势，受到越来越多跨境卖家的欢迎，海外仓规模实现迅速增长。商务部数据显示，截至 2021 年 12 月，我国海外仓的数量超 2 000 个，总面积超 1 600 万平方米。

（一）实训目标

调研我国海外仓的建设情况，了解海外仓的特点和优势。

（二）实训内容

（1）查找资料，分析海外仓模式的优缺点，并填写表 10-4。

表 10-4　海外仓模式的优缺点

项　目	内　容
海外仓优点	
海外仓缺点	

（2）查找资料，分析我国海外仓的建设现状、面临的问题与风险及改善措施，并填写表 10-5。

表 10-5　我国海外仓的建设情况

项　目	内　容
建设现状	
面临的问题与风险	
改善措施	

项目考核

（一）名词解释

（1）跨境电子商务；（2）海外仓；（3）通关；（4）报关。

（二）单项选择题

（1）下列说法中，错误的是（　　）。

A．目前，我国跨境电子商务以出口为主

B．我国的进口跨境电子商务经历了 3 个发展阶段

C．综合型跨境电子商务专注于某些特定的领域或特定的商品品类

D．B2C 跨境电子商务出口物流所进行的国际货运大多以快递包裹和各种专线为主

（2）下列属于进口跨境电子商务平台的是（　　）。

A．天猫国际　　B．阿里巴巴国际站

C．全球速卖通　　D．敦煌网

(3)( )非常适用于金额小、数量多的跨境电子商务交易。

A. 银行汇款支付 B. 信用卡支付

C. 第三方支付 D. 货到付款

(4)我国跨境电子商务领域 B2B 出口贸易的领跑者是( )。

A. 阿里巴巴国际站 B. 敦煌网

C. 全球速卖通 D. 亚马逊

(三)多项选择题

(1)保税备货模式的优势有( )。

A. 派送周期短,客户体验大大改善

B. 大批量运输,物流成本低

C. 通关能力强,全程信息可跟踪,可采用电子通关,渠道正规

D. 产品品类丰富,可为买家提供稀缺、优质、新奇的全球产品,以满足其个性化购物需求

(2)跨境电子商务相比国内电子商务新增的业务环节包括( )。

A. 海关通关 B. 检验检疫

C. 外汇结算 D. 营销推广

(3)第三方开放平台型跨境电子商务包括( )。

A. 全球速卖通 B. 敦煌网

C. 亚马逊 D. 兰亭集势

(4)目前,国际快递巨头有( )。

A. TNT B. FedEx

C. DHL D. UPS

(四)思考题

(1)简述跨境电子商务的交易流程。

(2)跨境电子商务的支付方式有哪些?

(3)简述 B2C 跨境电子商务进口物流的两种常用模式。

(4)简述跨境电子商务的主流平台。

项目评价

学习本项目后,请结合本项目学习情况进行自评、互评和师评,并将评价结果填入表 10-6 中。

表 10-6　项目评价

<table>
<tr><th rowspan="2">评价项目</th><th rowspan="2">评价内容</th><th colspan="4">评价分数</th></tr>
<tr><th>分值</th><th>自评</th><th>互评</th><th>师评</th></tr>
<tr><td rowspan="2">知识
（40%）</td><td>对跨境电子商务的定义、分类、交易流程、支付方式和物流等相关知识点的理解和运用程度</td><td>20 分</td><td></td><td></td><td></td></tr>
<tr><td>对跨境电子商务的主流平台的了解程度</td><td>20 分</td><td></td><td></td><td></td></tr>
<tr><td rowspan="2">技能
（40%）</td><td>选择跨境支付方式的能力</td><td>20 分</td><td></td><td></td><td></td></tr>
<tr><td>注册跨境电子商务交易平台的卖家账号的熟练度</td><td>20 分</td><td></td><td></td><td></td></tr>
<tr><td rowspan="4">素养
（20%）</td><td>遵守课堂纪律，上课精神饱满</td><td>5 分</td><td></td><td></td><td></td></tr>
<tr><td>具有自主学习意识，做好课前准备</td><td>5 分</td><td></td><td></td><td></td></tr>
<tr><td>善于思考，积极参与，勇于提出问题</td><td>5 分</td><td></td><td></td><td></td></tr>
<tr><td>具有团队合作精神，出色完成小组任务</td><td>5 分</td><td></td><td></td><td></td></tr>
<tr><td rowspan="2">合计</td><td>综合分数______自评（25%）+互评（25%）+师评（50%）</td><td>100 分</td><td></td><td></td><td></td></tr>
<tr><td>综合等级______</td><td colspan="4">指导老师签字______________</td></tr>
<tr><td>综合评价</td><td colspan="5">最突出的表现（创新或进步）：

还需改进的地方（不足或缺点）：</td></tr>
</table>

参考文献

［1］鲜军．电子商务概论（微课版）［M］．第1版．北京：人民邮电出版社，2022．

［2］侯红山，邱小波，宋民冬．电子商务基础［M］．第1版．北京：清华大学出版社，2021．

［3］王华新，赵雨．电子商务基础与应用（慕课版）［M］．第1版．北京：人民邮电出版社，2021．

［4］白东蕊．电子商务基础［M］．第3版．北京：人民邮电出版社，2021．

［5］万守付，罗慧．电子商务基础［M］．第5版．北京：人民邮电出版社，2019．

［6］魏亚萍．电子商务基础［M］．第3版．北京：机械工业出版社，2018．